ESSENER GEOGRAPHISCHE ARBEITEN

Band 26

Gerhard Henkel (Hrsg.)

Außerlandwirtschaftliche Arbeitsplätze im ländlichen Raum

Vorträge und Ergebnisse des 9. Essener Dorfsymposiums
in Bleiwäsche (Kreis Paderborn) am 09. und 10. Mai 1995

Klartext

ESSENER GEOGRAPHISCHE ARBEITEN

Herausgegeben von
G. Henkel, D. Kelletat, W. Kreuer, W. Trautmann und H.-W. Wehling

Institut für Geographie

Schriftleitung: Dr. G. Schellmann

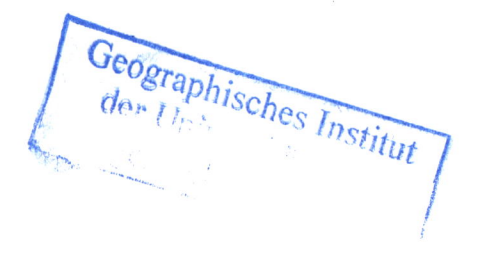

Alle Rechte, auch die der auszugsweisen
fotomechanischen Wiedergabe und der Überset-
zung, vorbehalten.
© Klartext Verlag, Essen 1995
Gesamtherstellung: Klartext
Druck: Fuck, Koblenz
Alle Rechte vorbehalten
ISBN 3-88474-291-4

Inhaltsverzeichnis

Vorwort des Herausgebers		1
Lenger, F.:	Das Landhandwerk im neuzeitlichen Deutschland: Grundlinien der Entwicklung	3
Zarth, M.:	Bilanz und Perspektiven der Beschäftigungsentwicklung im ländlichen Raum	13
Wienke, B.:	Ursachen der relativ niedrigen Arbeitslosenquote im Hochsauerlandkreis (NRW)	27
Hartung, W.:	Arbeitsplatzsicherung durch Kultur	31
Prinz, K.-H.:	Kommunalpolitik und dörfliches Handwerk. Das Beispiel Görzke im Kreis Potsdam-Mittelmark	41
Habermann; D.:	Beratung zur Schaffung von Arbeitsplätzen für Landfrauen in den neuen Bundesländern. Am Beispiel von Modellprojekten zur Dorfentwicklung „Einkommenssicherung durch Dorftourismus"	55
Zimmermann, H.-O.:	Informations- und Kommunikationstechniken im ländlichen Raum. Das Beispiel „Gelbes Haus" in Schotten, Vogelsbergkreis (Hessen)	75
Zillenbiller, E.:	Sanfter Tourismus als Wirtschaftsfaktor? Beispiele und Erfahrungen aus Sachsen	95
Lüneburg, E. von:	Ländliche Arbeitsplätze durch dezentrale Energieversorgung. Das Projekt Strohheizwerk Schkölen, Landkreis Eisenberg (Thüringen)	129
Priebs, A.:	Nachbarschaftsläden und Postagenturen	135
Resolution von Bleiwäsche 1994:	„Außerlandwirtschaftliche Arbeitsplätze im ländlichen Raum"	145
Anhang:	Übersicht über die bisherigen Dorfsymposien des Bleiwäscher Kreises (1977-1994)	147
Essener Geographische Arbeiten		152

Vorwort[1]

Der interdisziplinäre Arbeitskreis Dorfentwicklung hat sein 9. Dorfsymposium wiederum an dem schon traditionellen Platz in Bleiwäsche, Kreis Paderborn, durchgeführt. Das 8. Dorfsymposium im Jahre 1992 über den ländlichen Raum in den neuen Bundesländern hatte einmalig in Wilhelmsthal in Thüringen stattgefunden.
Das diesjährige Tagungsthema zielt auf die ökonomische Basis des Landlebens. Im Mittelpunkt stehen die nichtagraren Arbeitsplätze im Bereich des Gewerbes und der Dienstleistungen.
Mit dieser konkreten wirtschaftlichen Themenstellung betritt der Bleiwäscher Kreis in gewisser Weise Neuland. Wir haben hier bisher überwiegend über die Rahmenbedingungen des Lebens auf dem Lande, die materielle, politische, kulturelle, bauliche und soziale Infrastruktur im weitesten Sinne, referiert und diskutiert. Es ging um Fragen der Dorferneuerung, der Dorfkultur, der Autonomie, der Administration, der politischen und wissenschaftlichen Leitbilder.
Das Nachdenken über die Wirtschaft hat derzeit in Politik und Wissenschaft oberste Priorität. Die weltweite Rezession, das ökonomische Gefälle zwischen armen und reichen Weltregionen, der Strukturwandel vieler Branchen erfordert ein Umdenken und neue Strategien. Ein spezielles Problem Deutschlands liegt derzeit in der ökonomischen und infrastrukturellen Erneuerung der neuen Bundesländer.
Welchen Weg wird der ländliche Raum hierzulande nehmen – im Vergleich zu den Großstädten und Verdichtungsgebieten? Ehemals durch seine Autarkie definiert, hat der ländliche Raum seit Jahrzehnten gravierende Arbeitsplatzverluste in der Land- und Forstwirtschaft und im Handwerk hinnehmen müssen. Durch den immer noch anhaltenden Strukturwandel in der Land- und Forstwirtschaft werden die agraren Erwerbsmöglichkeiten weiter zurückgehen. Den Arbeitsplatzverlusten folgen in der Regel Infrastrukturverluste und Abwanderungen vor allem jüngerer Menschen. Damit entsteht ein wirtschaftlicher „Teufelskreis" der ländlichen Entwicklung, wenn es nicht gelingt, einen Ausgleich für die verlorenen Funktionen zu finden.
Strategien zur Schaffung außerlandwirtschaftlicher Arbeitsplätze im ländlichen Raum sind daher das Gebot der Stunde. Sie entsprechen dem raumordnungspolitischen Grundsatz, gleichwertige Lebensbedingungen in allen Teilräumen des Staates, d. h. nicht zuletzt in ländlichen Regionen, zu schaffen.
Neben den traditionellen und „normalen" Aktivitäten der regionalen und kommunalen Wirtschaftspolitik, die praktisch flächendeckend betrieben werden, sind in jüngerer Zeit verschiedene – bisher überwiegend punkthafte – Modellprojekte zur Schaffung und Sicherung außerlandwirtschaftlicher Arbeitsplätze im ländlichen Raum entwickelt und zum Teil bereits erprobt worden. Es handelt sich dabei sowohl um staatliche als auch private Initiativen, häufig in gemischten Förderungen und Trägerschaften. Mehrere dieser Initiativen vermitteln den Anschein, daß sie erfolgversprechend und möglicherweise auf andere Orte und Regionen übertragbar sind. Gerade diese innovativen Projekte und Modelle werden diesmal in Bleiwäsche im Mittelpunkt des Interesses stehen.
Bereits an dieser Stelle sei angemerkt, daß nicht wenige Anregungen aus dem benachbarten Ausland übernommen wurden, daß die Akzeptanz für innovative Projekte in den neuen Ländern derzeit besonders hoch ist.
Insgesamt will dieses Symposium die bisherige Entwicklung außerlandwirtschaftlicher Arbeitsplätze auf dem Lande bilanzieren, politische Programme und Prognosen sowie eine Reihe konkreter Projekte vorstellen und diskutieren. Die Zusammensetzung unseres Kreises aus Wissenschaft, Wirtschaft und Politik bietet Gewähr für ein gutes Ergebnis.
Schon zu einem Markenzeichen der Essener

---

1 Herausgeber Prof. Dr. Gerhard Henkel, Universität / GHS Essen, FB 9 Institut für Geographie, Universitätsstr. 5, 45117 Essen

Dorfsymposien in Bleiwäsche ist die Resolution geworden. Die Resolution, in der die wesentlichen Ergebnisse und vor allem auch Diskussionsschwerpunkte von Referenten und Teilnehmern zusammengefaßt werden, verfolgt nicht zuletzt das Anliegen, aus den kritischen Analysen und Bewertungen politische und wissenschaftliche Empfehlungen abzuleiten. Sie richtet sich mit ihren knappen pointierten Formulierungen bewußt an eine breite Öffentlichkeit. Das Dorfsymposium und die Resolution von Bleiwäsche wollen diesmal dazu beitragen, daß Beispiele und Strategien zur Schaffung außerlandwirtschaftlicher Arbeitsplätze im ländlichen Raum ausgetauscht und verbreitet werden.

Der interdisziplinäre „Arbeitskreis Dorfentwicklung", der die Dorfsymposien veranstaltet, besteht seit nunmehr 17 Jahren. Er hat sich zu einem anerkannten Forum wissenschaftlicher und gesellschaftlicher Bemühungen um den ländlichen Raum etabliert. Ziel der Dorfsymposien ist es, anstehende Fragen und Probleme des Landes im Diskurs von Wissenschaft und Praxis, von Experten und Dorfbewohnern zu behandeln und möglichst auch Antworten und Anregungen zu entwickeln. Manche Impulse aus Bleiwäsche haben zu Änderungen in der Beurteilung und Behandlung des ländlichen Raumes durch Politik und Wissenschaften beigetragen. So sind z. B. die inzwischen allgemeingültigen politischen Programme der „erhaltenden Dorferneuerung" nicht zuletzt auf die ersten Bleiwäscher Tagungen und „Resolutionen" zurückzuführen, so hat das Thema „Kommunale Gebietsreform und Autonomie im ländlichen Raum" (1986) ein verstärktes Nachdenken und Nachforschen über die gravierenden Verluste angeregt, die durch die Beseitigung der kommunalen Selbstbestimmung in ca. 16.000 deutschen Dörfern ausgelöst worden sind. Ein kurzer Überblick über die bisherigen inhaltlichen Schwerpunkte und Publikationen der Bleiwäscher Dorfsymposien ist als Anhang beigefügt.

Essen im August 1994
Gerhard Henkel

Das Landhandwerk im neuzeitlichen Deutschland
Grundlinien der Entwicklung

Friedrich Lenger[1]

Zusammenfassung

Der Beitrag versucht die noch unzulänglich erforschte Entwicklung des Landhandwerks im neuzeitlichen Deutschland zumindest in ihren Grundlinien darzustellen. Wurde die Entwicklung des Landhandwerks zunächst primär von der Bevölkerungsentwicklung im Zusammenspiel mit den regional sehr unterschiedlichen Agrarstrukturen bestimmt, führte die Industrialisierung zu einer immer stärkeren Marktintegration. Die Unterschiede zwischen Stadt- und Landhandwerk verringerten sich in diesem Prozeß, und das Landhandwerk teilte die wichtigsten Entwicklungen des städtischen Handwerks: Verdrängung aus der Neuproduktion, Verlagerung auf Reparatur und Vertrieb, etc. Trotz dieser Verringerung von Stadt-Land-Unterschieden weist das Land auch heute noch besondere Standortvorteile auf, die aber nicht auf das Handwerk beschränkt, sondern Bereichen der gewerblichen Wirtschaft insgesamt eigen sind.

Summary

This article attempts a survey of the development of the rural handicrafts in modern Germany, which is insufficiently investigated. While population growth and regionally differentiated agrarian structures first governed the development of the rural handicrafts, industrialisation brought about a heightened market integration. Thereby the differences between urban and rural handicrafts decreased, and the rural artisans largely shared the fate of their urban colleagues: loss of handicraft production, change towards repair and distribution etc. Despite of this lessened urban-rural difference the countryside retains certain advantages even today but these are not specific to the rural handicrafts but to some areas of the economy at large.

---

[1] Dr. Friedrich Lenger, Universität Tübingen, Historisches Seminar, Wilhelmstr. 36, 72074 Tübingen.

Die Entwicklung des neuzeitlichen Landhandwerks in der zur Verfügung stehenden Zeit abhandeln zu wollen, scheint kein leichtfertiges Unterfangen, auch wenn man sich auf einige Grundzüge beschränkt. Ein solcher Versuch wird überdies noch erschwert durch die geradezu desolate Forschungslage. Das lange Vorherrschen rechtsgeschichtlicher Ansätze in der handwerksgeschichtlichen Forschung hat zur Folge gehabt, daß sie den Blick lange einseitig auf das städtische Zunfthandwerk gerichtet und das Landhandwerk vernachlässigt hat.[2] Auch von Seiten der Agrargeschichte, die erst in den letzten Jahren wieder breiteres Interesse findet, hat das Landhandwerk eine eher kursorische Behandlung erfahren.[3] Grundlage der folgenden Bemerkungen sind deshalb zumeist vereinzelte Regionalstudien, deren Ergebnisse nur sehr vorsichtig verallgemeinert werden können und deren Dichte für das achtzehnte und neunzehnte Jahrhundert sehr viel größer ist als für das sechzehnte oder das zwanzigste Jahrhundert. Vieles muß also notgedrungen vorläufig und skizzenhaft bleiben.

Was aber ist mit *Landhandwerk* überhaupt gemeint? Versucht man zunächst den Begriff „Handwerk" näher zu bestimmen, so hält die umfangreiche Literatur zwei Arten von Definitionen bereit. Zum einen die entwicklungsgeschichtlich angelegten Begriffsbestimmungen von Marx, Bücher oder Sombart, die die kleine Warenproduktion, die Stadtwirtschaft oder die handwerkliche Wirtschaftsgesinnung jeweils als Entwicklungsstufen fassen, die mit der Ausbildung einer kapitalistischen Volkswirtschaft zum Untergang verdammt sind.[4] Zum anderen hat vor allem Karl Heinrich Kaufhold dafür geworben, im Handwerk eine Betriebsform neben anderen zu sehen, die lediglich durch die Kennzeichen der selbständigen Gewerbetätigkeit, der handwerklichen Fertigkeit und der persönlichen Mitarbeit des Handwerkers sowie des begrenzten Maschineneinsatzes bestimmt sei.[5] Benutzt man ihrer größeren Offenheit wegen diese letztgenannte Definition, bietet das Kriterium wirtschaftlicher Selbständigkeit eine Abgrenzungsmöglichkeit gegenüber dem gerade auf dem Lande lange wichtigen Verlagssystem und der Hausindustrie. Die persönliche Mitarbeit des Betriebsinhabers und der begrenzte Maschineneinsatz grenzen andererseits das Landhandwerk von industriellen Produktionsformen ab.

I.

Im Einzelnen sind dergleichen Abgrenzungen natürlich nur mit großen Schwierigkeiten vorzunehmen. Das gilt in der nun zuerst zu behandelnden frühneuzeitlichen Epoche z.B. für die recht zahlreichen Leineweber, für die sich oft kaum zuverlässig bestimmen läßt, inwieweit sie handwerklich oder hausindustriell tätig waren. Ohnehin ist aber eine allzu strikte Unterscheidung wenig sinnvoll, bestimmte doch eine epochentypische Entwicklung die Verbreitung sowohl des Landhandwerks als auch der sogenannten Protoindustrie: gemeint ist die enorme Zunahme der unterbäuerlichen Schichten seit dem

---

2 Für die frühe Neuzeit hat sich dies in den letzten Jahren erfreulicherweise geändert; vgl. den vorzüglichen Forschungsüberblick von Wilfried Reininghaus, Gewerbe in der Frühen Neuzeit, (= Enzyklopädie deutscher Geschichte, Bd. 3) München 1990, 64-75.

3 Vgl. zum Forschungsstand zuletzt Christof Dipper, Landwirtschaft im Wandel. Neue Perspektiven der preußisch-deutschen Agrargeschichte im 19. Jahrhundert, Neue Politische Literatur XXXVIII (1993), 29-42.

4 Vgl. Karl Marx/Friedrich Engels, Die deutsche Ideologie, in: Marx/Engels, Werke, Bd. 3, Berlin 1973, bes. 52; Karl Marx, Grundrisse der Kritik der politischen Ökonomie, Berlin 1974, bes. 411 f.; Karl Bücher, Art. Gewerbe, Handwörterbuch der Staatswissenschaften, Bd. IV, Jena ³1909, 847-880, bes. 862 ff. und ders., Die gewerblichen Betriebsyteme in ihrer geschichtlichen Entwicklung, in: ders., Die Entstehung der Volkswirtschaft. Vorträge und Aufsätze, Bd. 1, Tübingen ¹¹1919, 161-196; Werner Sombart, Der moderne Kapitalismus, 2 Bde., Leipzig 1902 sowie dazu Friedrich Lenger, Werner Sombart. Eine Biographie, München 1994, Kap. VI.

5 Vgl. Karl Heinrich Kaufhold, Umfang und Gliederung des deutschen Handwerks um 1800, in: Wilhelm Abel (Hg.), Handwerksgeschichte in neuer Sicht, Göttingen ²1978, 27-63, bes. 28; ausführlicher dazu Friedrich Lenger, Sozialgeschichte der deutschen Handwerker seit 1800, Frankfurt a. M. 1988, 9 ff., eine Studie, auf die ich mich in den Abschnitten II und III wiederholt stütze.

Spätmittelalter.⁶ Auch wenn, wie Hermann Grees gezeigt hat, der Landbesitz dieser unterbäuerlichen Schichten zunahm, reichte er doch zumeist nicht zur Existenzsicherung aus, so daß das Anwachsen der Bevölkerung eine erhebliche Nachfrage nach außerlandwirtschaftlicher Arbeit schuf. Die „Territorialisierung des Gewerbes", von der Eckart Schremmer gesprochen hat, und die „Rustikalisierung der Industrie", die schon Werner Sombart betont hat, hatten hier eine gemeinsame Wurzel.⁷ In welchem Ausmaß eine Zunahme der Landhandwerker möglich war, hing zunächst von der Agrarverfassung ab. Gutsherrschaftlich geprägte Gebiete wiesen sehr viel geringere Handwerkeranteile auf als grundherrschaftliche, und in den ostelbischen Gebieten blieb das Handwerk lange in die Gutsherrschaft eingebunden.⁸ Neben den gutsherrschaftlichen Gebieten Ostelbiens hat Wilfried Reininghaus drei weitere Regionen mit je unterschiedlicher Bedeutung des Landhandwerks unterschieden: erstens, großbäuerlich geprägte Gebiete, in denen die Bekleidungs- und Gerätschaftsherstellung zunehmend aus der Hauswirtschaft ausgegliedert wurde; zweitens, Gebiete mit einem starken Exportgewerbe, in denen die berufliche Spezialisierung auch das traditionelle Landhandwerk begünstigte, und schließlich drittens, den dicht bevölkerten deutschen Südwesten mit „relativ geringem Anteil der Landarmut".⁹

Stieg also einerseits in den genannten Gebieten von Ostelbien bis nach Südwestdeutschland das zahlenmäßige Gewicht des Landhandwerks stetig an, bleibt andererseits festzuhalten, daß seine Bedeutung wohl in allen angesprochenen Regionen zunahm. Darauf deuten jedenfalls für die Zeit nach dem Ende des dreißigjährigen Krieges Studien zu so unterschiedlich strukturierten Regionen wie Schleswig-Holstein und der Mark Brandenburg, zu Bayern und Mecklenburg.¹⁰ In den Gebieten mit starker landhandwerklicher Durchsetzung wie dem westfälischen, dem sächsisch-thüringischen und vor allem dem südwestdeutschen Raum kamen im achtzehnten Jahrhundert auf eintausend ländliche Einwohner zwischen fünfzig und siebzig Handwerksmeister.¹¹ Festhalten läßt sich auf der Grundlage des bisher Gesagten zweierlei: Erstens besteht in der Forschung seit langem darüber Einigkeit, daß die verschiedenen Versuche vor allem des achtzehnten Jahrhunderts, das städtische Handwerksmonopol auf dem Wege der Verordnung durchzusetzen, kein Hemmnis für die Ausbreitung des Landhandwerks darstellten.¹² Entscheidend war augenscheinlich vielmehr zweitens die Entwicklung der Marktverflechtungen im ländlichen Raum. „Daß Stadt und Land als zwei sich in der Hauptsache selbst genügende Wirtschaftsbereiche einander gegenüberstehen", schien schon August Skalweit als kennzeichnend für die frühe Neuzeit, und Helga Schultz hat diese Feststellung vor zehn Jahren noch einmal unterstrichen, als sie die ausgeprägten regionalen Differenzen „nicht als unterschiedliche Grade der Aufhebung der Arbeitsteilung zwischen Stadt und Land" wertete, „sondern als unterschiedliche

---

6 Eine instruktive Zusammenstellung schon bei Hermann Grees, Unterschichten mit Grundbesitz in ländlichen Siedlungen Mitteleuropas, in: Gerhard Henkel (Hg.), Die ländliche Siedlung als Forschungsgegenstand der Geographie, (= Wege der Forschung, Bd. 616) Darmstadt 1983, 193-223, bes. die Karte nach 200. Dazu zuletzt Walter Achilles, Landwirtschaft in der frühen Neuzeit, (= Enzyklopädie deutscher Geschichte, Bd. 10) München 1991, 107-113.

7 Vgl. Eckart Schremmer, Die Wirtschaft Bayerns. Vom hohen Mittelalter bis zum Beginn der Industrialisierung. Bergbau – Gewerbe – Handel, München 1970 und Werner Sombart, Der moderne Kapitalismus. Historisch-systematische Darstellung des gesamteuropäischen Wirtschaftslebens von seinen Anfängen bis zur Gegenwart, Bd. II, ND der zweiten Auflage, München 1987, 803 und passim.

8 Vgl. vor allem Helga Schultz, Landhandwerk im Übergang vom Feudalismus zum Kapitalismus. Vergleichender Überblick und Fallstudie Mecklenburg-Schwerin, Berlin 1984.

9 Reininghaus, Gewerbe, 70.

10 Vgl. Fritz Hähnsen, Die Entwicklung des ländlichen Handwerks in Schleswig-Holstein, (= Quellen und Forschungen zur Geschichte Schleswig-Holsteins, Bd. 9) Leipzig 1923; Hartmut Harnisch, Die Herrschaft Boitzenburg. Untersuchungen zur Entwicklung der sozialökonomischen Struktur ländlicher Gebiete in der Mark Brandenburg vom 14. bis zum 19. Jahrhundert, (= Veröffentlichungen des Staatsarchivs Potsdam, Bd. 6) Weimar 1968; Schremmer, Wirtschaft; Schultz, Landhandwerk.

11 Helga Schultz, Art. Handwerk, in: Handbuch Wirtschaftsgeschichte, Bd. 1, Berlin 1981, 579.

12 So schon sehr pointiert Hähnsen, Entwicklung; vgl. auch August Skalweit, Vom Werdegang des Dorfhandwerks, Zeitschrift für Agrargeschichte und Agrarsoziologie II (1954), 1-17.

Grade der Arbeitsteilung zwischen Landwirtschaft und Dorf."[13]

Damit ist aber zugleich die Frage nach der beruflichen Differenzierung des Landhandwerks angesprochen, wobei davon auszugehen ist, daß die bereits eingeführte Differenzierung verschiedener regionaler Typen auch hierfür bedeutsam ist. Bereits für das Spätmittelalter sind Wagner, Stellmacher und Schmiede sowie Müller nachgewiesen, daneben auch Schneider, Leineweber und Schuhmacher.[14] Die drei letztgenannten Berufe, deren Tätigkeitsbereich sich also besonders früh aus der häuslichen Eigenproduktion gelöst hatte, waren in der Folgezeit auch die, deren zahlenmäßige Bedeutung besonders rasch anstieg. Bäcker und Fleischer spielten bis weit ins neunzehnte Jahrhundert hinein nur eine untergeordnete Rolle. Selbst in den kleineren Städten wurde noch lange selbst gebacken und geschlachtet, so daß unter den Landhandwerkern der frühen Neuzeit nur vereinzelt Weißbäcker und einige wenige Lohnschlachter zu finden sind.

Dagegen scheint die Entwicklung des ländlichen Tischlerhandwerks direkt vom Maße bäuerlichen Wohlstands abhängig gewesen zu sein, während die Verbreitung der Maurer an die vor 1800 noch geringe Verbreitung des Steinbaus gebunden blieb.[15]

Damit sind die wichtigsten, aber keinesfalls sämtliche Landhandwerke der Zeit angesprochen. Eckart Schremmer hat vielmehr für Bayern nach dem Ende des Dreißigjährigen Krieges geurteilt, daß sich „von der Handwerksdichte und der Handwerksspezialisation her gesehen, mehr und mehr der Unterschied zwischen dem flachen Land mit seinen Dörfern und den Städten und Märkten" verwischt habe.[16] Von dieser Einschätzung wären sowohl die Nahrungsmittelhandwerke als auch die Spezialhandwerke auszunehmen und überdies weitere Differenzierungen einzuführen. So konnte für Oberhessen gezeigt werden, welch große Rolle im späten achtzehnten Jahrhundert die Ortsgröße für die Berufsstruktur des ländlichen Handwerks besaß. Unter Ausklammerung der Weber dominierten dort Müller, Schneider, Schmiede und Wagner in den Orten mit weniger als 250 Einwohnern, während in den größeren Dörfern auch Maurer und Zimmerleute, Schuhmacher und Schreiner zahlreich vertreten waren. Erst in den kleinen Landstädten traten auch Nahrungsmittelhandwerker hinzu.[17] Dagegen verfügte z.B. die Siedlung Neuholland in der Mark Brandenburg noch im späten achtzehnten Jahrhundert lediglich über einige wenige Schmiede und Schneider. Wenn Johann Christian Caließ, ein dortiger Milchviehbauer, daher in seinem Anschreibebuch Ausgaben für Zimmerer, Dachdecker oder Ofensetzer aufführte, handelte es sich um städtische Handwerker.[18] Generell entsprach östlich der Elbe das sehr viel größere Stadt-Land-Gefälle einer klaren Abgrenzung und Funktionsteilung von Stadt- und Landhandwerk.[19] Aufschlußreich scheint z.B., daß an der Wende zum neunzehnten Jahrhundert in den ostpreußischen Provin-

---

13 August Skalweit, Das Dorfhandwerk vor Aufhebung des Städtezwangs, (= Abhandlungen des europäischen Handwerks-Instituts Frankfurt am Main, Heft 1) Frankfurt a. M. o. J., 9; Schultz, Landhandwerk, 42; ähnlich auch Bernd Habicht, Stadt- und Landhandwerk im südlichen Niedersachsen. Ein wirtschaftsgeschichtlicher Beitrag unter Berücksichtigung von Bedingungen des Zugangs zum Markt, (= Göttinger Beiträge zur Wirtschafts- und Sozialgeschichte, Bd. 10) Göttingen 1983.
14 Vgl. zusammenfassend Friedrich-Wilhelm Henning, Deutsche Wirtschafts- und Sozialgeschichte im Mittelalter und in der frühen Neuzeit, (= Handbuch der Wirtschafts- und Sozialgeschichte Deutschlands, Bd. 1) Paderborn 1991, 235.
15 Vgl. zum Vorstehenden vor allem Hähnsen, Entwicklung; Schultz, Landhandwerk; Schremmer, Wirtschaft sowie Arno Steinkamp, Stadt- und Landhandwerk in Schaumburg-Lippe im 18. und beginnenden 19. Jahrhundert, (= Schaumburger Studien, Heft 27) Rinteln 1970.
16 Schremmer, Wirtschaft, 378.
17 G. Emig, Die Berufserziehung bei den Handwerkszünften in der Landgrafschaft Hessen-Darmstadt und im Großherzogtum Hessen vom Beginn des 18. Jahrhunderts bis zur Einführung der Gewerbefreiheit 1866, Frankfurt 1969, 83.
18 Vgl. Jan Peters/Hartmut Harnisch/Lieselott Enders, Märkische Bauerntagebücher des 18. und 19. Jahrhunderts. Selbstzeugnisse von Viehbauern aus Neuholland, Weimar 1989, 81-153, bes. 89, 106-109, 114 und (kommentierend) 254f. sowie die – gleichfalls eine eher geringe Differenzierung ausweisende – Aufstellung der Handwerker in der Herrschaft Boitzenburg für das Jahr 1773 bei Harnisch, Herrschaft, 233.
19 Zur dortigen Ausprägung des Stadt-Land-Gegensatzes grundlegend Horst Matzerath, Urbanisierung in Preußen 1815-1914, Stuttgart 1985.

zen etwa 60% der Schneider, 80% der Tischler und 90% der Schuhmacher in Städten arbeiteten, während die entsprechenden Anteile in den Westprovinzen sämtlich unter 50% lagen.[20] Wie mit Bezug auf die Dichte des Landhandwerks zeichnet sich also auch für die berufliche Ausdifferenzierung desselben eine in etwa vom Nordosten zum Südwesten Deutschlands verlaufende Entwicklungslinie ab.

Innerhalb der ländlichen Gesellschaft hatten die verschiedenen handwerklichen Berufe einen höchst unterschiedlichen Stellenwert. Schneider, Leineweber oder Schuhmacher befanden sich meist in einer wirtschaftlich sehr viel weniger gesicherten Lage als Müller und Schmiede.[21] Wenn die beiden letztgenannten Berufsgruppen häufig über mehr Land verfügten, sagt das noch wenig über das genaue Verhältnis handwerklicher und landwirtschaftlicher Tätigkeit. Mit Ausnahme der Müller mußten die Landhandwerker der frühen Neuzeit in aller Regel ohne Hilfskräfte auskommen. Häufig arbeiteten sie überdies im Haushalt des Auftraggebers, nicht selten mit von diesem bereitgestellten Rohstoffen. Typisch war auch die parallele Ausübung verschiedener Berufe. Klar ist überdies, daß die Landhandwerker – bei aller nötigen Differenzierung zwischen den verschiedenen Berufen – überwiegend zur „Landarmut" zählten. Anders war dies nur in den Realteilungsgebieten vor allem des Südwestens.[22]

II.

Viele der bislang angedeuteten Entwicklungslinien setzten sich bis weit ins neunzehnte Jahrhundert, zu dem ich nun komme, fort. Vor allem das Anwachsen der unterbäuerlichen Schichten beschleunigte sich in der ersten Hälfte des neunzehnten Jahrhunderts noch.[23] Regional hatte das starke Bevölkerungswachstum schon in der zweiten Hälfte des achtzehnten Jahrhunderts einen Schwerpunkt in den agrarkapitalistisch geprägten preußischen Ostprovinzen gehabt.[24] Auch dort begünstigte nun die Gewerbefreiheit im Zusammenspiel mit den Agrarreformen, die zu einer stärkeren Differenzierung der ländlichen Gesellschaft und einer „Einkommenszunahme bei den verschiedenen Schichten bäuerlicher Bevölkerung" führten, ein kräftiges Anwachsen des Landhandwerks.[25] Diese von den preußischen Reformern durchaus beabsichtigte Wirkung ist für den Regierungsbezirk Potsdam am genauesten untersucht.[26] Von 1819 bis 1846 hatte sich dort auf dem Lande die Zahl der Bäcker und der Schlosser mehr als verfünffacht, die der Zimmerleute und der Tischler mehr als verdreifacht, und die der Maurer sogar mehr als verachtfacht. Diese rasante Entwicklung übertraf die in den Städten ebenso bei weitem wie den Anstieg der ländlichen Bevölkerung innerhalb des Regierungsbezirks um 63%.[27] Da in den zuvor schon wesentlich dichter versorgten Westprovinzen der Zuwachs an Landhandwerkern sehr viel geringer ausfiel, mancherorts wie z.B. im Münsterland sogar hinter der Bevölkerungsentwicklung zurückblieb, verringerten sich die

---

20 Vgl. Karl Heinrich Kaufhold, Das Gewerbe in Preußen um 1800, Göttingen 1978, 94.
21 Zur inneren Differenzierung des Landhandwerks vgl. z.B. die ungeheuer detaillierte Dorfstudie von Rainer Beck, Unterfinning. Ländliche Welt vor Anbruch der Moderne, München 1993, bes. 243-301 sowie Hermann Grees, Ländliche Unterschichten und ländliche Siedlung in Ostschwaben, Tübingen 1975.
22 Vgl. neben den verschiedenen bereits angeführten Regionalstudien auch Henning, Deutsche Wirtschafts- und Sozialgeschichte, 704 sowie zur Sonderstellung der Realteilungsgebiete Grees, Unterschichten mit Landbesitz, 198.
23 Vgl. zusammenfassend nur Jürgen Kocka, Arbeitsverhältnisse und Arbeitsexistenzen. Grundlagen der Klassenbildung im 19. Jahrhundert, Bonn 1990, bes. 184-190.
24 Vgl. dazu Jürgen Kocka, Weder Stand noch Klasse. Unterschichten um 1800, Bonn 1990, bes. 196-201.
25 Hartmut Harnisch, Kapitalistische Agrarreform und Industrielle Revolution. Agrarhistorische Untersuchungen über das ostelbische Preußen zwischen Spätfeudalismus und bürgerlich-demokratischer Revolution von 1848/49 unter besonderer Berücksichtigung der Provinz Brandenburg, Weimar 1984, 336.
26 Zu den Intentionen der Reformer vgl. Barbara Vogel, Allgemeine Gewerbefreiheit. Die Reformpolitik des preußischen Staatskanzlers Hardenberg (1810-1820), Göttingen 1983, bes. 153.
27 Die Zahlen nach Harnisch, Kapitalistische Agrarreform, Tabelle XII und XIII.

ausgeprägten regionalen Differenzen in der Handwerkerdichte.[28]

Während sich die „traditionellen Zweige des Landhandwerks, die vor allem von der Herstellung und Instandhaltung der landwirtschaftlichen Arbeitsgeräte lebten, wie Schmiede und Rademacher" in etwa im Einklang mit der Bevölkerungsentwicklung bewegten, waren es vor allem die Bauhandwerke, die im Regierungsbezirk Potsdam die explosionsartige Entwicklung des Landhandwerks bestimmten.[29] Das entsprach der Entwicklung des deutschen Handwerks in der ersten Jahrhunderthälfte insgesamt.[30] Gleichwohl bleiben einige Ungewißheiten, wohnte doch „ein großer Theil der verheirateten Gesellen (...) auf dem Lande, weil er da wohlfeiler lebt".[31] Mochte also der Anstieg der Handwerkerzahlen im Baugewerbe übertrieben scheinen, so stand umgekehrt hinter dem gleichfalls kräftigen Zuwachs an Landbäckern mancherorts nur der nicht länger gegebene Zugang der unterbäuerlichen Schichten zu den Backöfen der Bauern.[32] Insgesamt blieben aber gerade im Bereich des Nahrungsmittelhandwerks die regionalen Disparitäten ausgeprägt, der Grad der Eigenversorgung hoch. So zählte Johann Gottfried Hoffmann 1837 in Pommern bei etwa einer Million Einwohner keine 200 Landbäcker und ganze 79 Landfleischer, in Schlesien mit etwa 2,7 Millionen Einwohnern dagegen jeweils weit über 3000 Vertreter dieser beiden Handwerke.[33] Letztlich bleibt aber die Aussagekraft solcher Zahlen sehr begrenzt. Zwar entsprach es der Wirklichkeit, wenn schon die Zeitgenossen bemerkten, daß „in neuester Zeit, im Allgemeinen wenigstens, die Zahl der Handwerker auf dem Lande mehr als in den Städten" zunehme.[34] Was aber läßt sich aus einer quantitativen Zunahme in einer Zeit ableiten, die nicht umsonst als Epoche des Pauperismus charakterisiert wird, für die nicht offene Arbeitslosigkeit, sondern die „Abwertung des Stellenwertes des einzelnen Arbeitsplatzes" kennzeichnend sei?[35] Gerade für den besonders dicht mit Landhandwerkern besetzten südwestdeutschen Raum ist denn auch in „der häufigen Kombination beruflicher Tätigkeit in mehreren Bereichen" eher ein Krisenphänomen gesehen worden.[36] Die gerade dort sehr hohe Auswanderung bestätigt diese pessimistische Sicht ebenso wie die zahllosen zeitgenössischen Elendsschilderungen.[37]

Die wirtschaftliche und soziale Lage der Landhandwerker scheint sich während der ersten Hälfte des neunzehnten Jahrhunderts ebenso wie die der unterbäuerlichen Schichten insgesamt nicht verbessert zu haben. Interne Differenzierungen blieben dabei erhalten und waren verhaltensprägend. Andreas Gestrich hat das für das schwäbische Ohmenhausen pointiert formuliert: „Die Schuster, Schneider, Zimmerleute usw., jene notorischen Hungerleider und Armenhausaspiranten des Dorfes waren dazu verdammt, sich permanent selbst zu ergänzen. Ein Aufstieg in die besseren dörflichen Handwerke (Schmied, Wagner, Küfer) war für sie in der ersten Hälfte des 19. Jahrhunderts so gut wie ausgeschlossen. Um Bauer zu werden, hätte wohl nicht einmal eine Mesalliance mit der Tochter

---

28 Vgl. Otto Nübel, Das Landhandwerk des Münsterlandes um die Wende des 19. Jahrhunderts, Diss. Münster 1913, bes. 21.
29 Harnisch, Kapitalistische Agrarreform, 340.
30 Vgl. Lenger, Sozialgeschichte, bes. 41-44.
31 Johann Gottfried Hoffmann, Die Bevölkerung des Preußischen Staats, Berlin 1839, 123 ff.
32 Vgl. Hähnsen, Entwicklung, 122.
33 Hoffmann, Bevölkerung, 123 ff.
34 G. von Gülich, Geschichtliche Darstellung des Handels, der Gewerbe und des Ackerbaus der bedeutendsten handeltreibenden Staaten unsrer Zeit, Bd. IV, Jena 1844, 667.
35 Wolfgang Köllmann, Bevölkerung und Arbeitskräftepotential in Deutschland 1815-1865, wieder in: ders., Bevölkerung in der industriellen Revolution, Göttingen 1974, 61-98, hier 79.
36 Wolfgang von Hippel, Bevölkerungsentwicklung und Wirtschaftswachstum im Königreich Württemberg 1815/65, in: Ulrich Engelhardt u.a. (Hg.), Soziale Bewegung und politische Verfassung, Stuttgart 1976, 270-371, hier 324.
37 Einige Beispiele bei Lenger, Sozialgeschichte, 48f.

des Schultheißen ausgereicht ... "[38] Die rigide innerdörfliche Hierarchie und das Überwiegen ärmlicher Existenzen innerhalb des Landhandwerks darf aber nicht über die zur gleichen Zeit zu beobachtende Wohlhabenheit einiger Spitzen des ländlichen Handwerks hinwegsehen lassen. So konnte z.B. eine Auswertung von Anschreibebüchern einiger Tischler aus dem Osnabrücker Artland nicht nur respektable Jahresumsätze von durchschnittlich über 700 oder gar 800 Talern nachweisen, sondern auch zeigen, daß diese Landtischler seit 1820 „ohne merkliche Zeitverzögerung gegenüber innovationsfreudigen städtischen Zentren" Biedermeiermöbel herstellten. Einer dieser Tischler war nach Berlin und Wien gewandert und entnahm „aus Journalen" die neuesten „Dessins".[39] Die Spannweite von diesen Spitzen des Landhandwerks bis hin zum Nebenerwerbslandwirt, der vielleicht im Sommer als Maurer, im Winter als Lohnschlachter arbeitete, war also ganz enorm.[40]

Das Landhandwerk konnte in einigen Bereichen durchaus der städtischen Konkurrenz standhalten, und die angeführten Landtischler verkauften ihre Möbel auch in Osnabrück. Schon deshalb waren die Folgen der im Verlaufe der Industrialisierung verbesserten Verkehrsbedingungen, die räumlich immer größer werdende Märkte erschlossen, durchaus ambivalent. Für die Artländer Landtischler erwies sich die mit der Fertigstellung einer Eisenbahnlinie von Osnabrück nach Oldenburg nähergerückte städtische Konkurrenz letztlich als übermächtig. Sie wichen auf die Bauschreinerei aus.[41] Umgekehrt profitierten, den Berichten des Württembergischen Innenministeriums zu folge, nicht selten auch die Landhandwerker von den durch die Eisenbahn verbesserten Absatzwegen.[42] Wie rapide sich die durch die Verkehrsentwicklung bedingte Aufsprengung ehemals räumlich sehr begrenzter Märkte vollzog, wird vielleicht deutlich, wenn man liest, daß schon 1864 im Großherzogtum Hessen jeder vierte Einwohner in einem Eisenbahnstationsort lebte.[43] Ehemals typisch landhandwerkliche Kennzeichen, wie das Arbeiten im Haushalt des Auftraggebers, verloren nun z.B. in der Schneiderei rasch an Bedeutung. Es änderten sich aber nicht nur die Absatzwege handwerklicher und anderer Produkte, auch Arbeitsmärkte strukturierten sich ganz neu. Generell wird man sagen können, daß die Industrie einem großen Teil der unterbäuerlichen Schichten eine berufliche Alternative zum Landhandwerk bot. In industrienahen Dörfern pendelte um die Wende zum zwanzigsten Jahrhundert oft ein Viertel, nicht selten mehr als die Hälfte der erwerbstätigen Bevölkerung zu ihren städtisch-industriellen Arbeitsplätzen. Aber auch innerhalb des Handwerks gewann die dann meist saisonale Wanderung an Bedeutung. Schon vor der Mitte des neunzehnten Jahrhunderts waren z.B. Bauhandwerker aus den Dörfern des mittleren Neckarraumes bis ins Elsaß tätig.[44]

All das mahnt zur Vorsicht bei der Bewertung umfassender statistischer Kennziffern. Diese zeigen für die zweite Hälfte des neunzehnten Jahrhunderts reichsweit einen Anstieg der Selbständigen je 1000 Landeinwohner, während die Zahl

---

38 Andreas Gestrich, Traditionelle Jugendkultur und Industrialisierung: Sozialgeschichte der Jugend in einer ländlichen Arbeitergemeinde Württembergs, 1800-1920, Göttingen 1986, 85.
39 Helmut Ottenjann, Anschreibebücher als ergänzendes Quellenmaterial zur Produktion und Konsumtion handwerklicher Erzeugnisse, Kieler Blätter zur Volkskunde XVII (1985), 85-123, hier 106 und ders., Buchführungssysteme ländlicher Werkstätten. Zum Biedermeiertrend in der Möbelkultur des Osnabrücker Artlandes, in: ders./Günther Wiegelmann (Hg.), Alte Tagebücher und Anschreibebücher, Münster 1982, 151-204, hier 189.
40 Die Berufskombination belegt bei Harnisch, Kapitalistische Agrarreform, 340.
41 Vgl. Ottenjann, Anschreibebücher, 109-114.
42 Vgl. dazu Eckart Schremmer, Zusammenhänge zwischen Katastersteuersystem, Wirtschaftswachstum und Wirtschaftsstruktur im 19. Jahrhundert, in: Ingomar Bod u.a. (Hg.), Wirtschaftliche und soziale Strukturen im Wandel, Bd. III, Hannover 1974, 679-706, bes. 686.
43 Vgl. Emig, Berufserziehung, 309
44 Das Vorstehende nach Wolfgang vo Hippel, Industrieller Wandel im ländlichen Raum. Untersuchungen im Gebiet des mittleren Neckar 1850-1914, Archiv für Sozialgeschichte XIX (1979), 43-122, bes. 100f. und 69-71.

der Handwerksbetriebe in den Städten rückläufig war. Umgekehrt war die durchschnittliche Zahl der Hilfskräfte im ländlichen Handwerk unverändert gering geblieben, während sie in den Städten stark gestiegen war. Da zudem unter den Hilfskräften des Landhandwerks die Lehrlinge auf Kosten der Gesellen zugenommen hatten, ging Paul Voigt Ende der 1890er Jahre davon aus, daß „die Lage der Landmeister sich in den letzten 40 Jahren augenscheinlich verschlechtert" habe.[45] Das bleibt angesichts der desolaten Forschungslage schwer zu beurteilen. In welchem Maße einzelne Zweige des Landhandwerks von der „Konkurrenz der Fabrikware" betroffen waren, über die die schleswig-holsteinischen Landhandwerker mit Blick auf die 1890er Jahre klagten, wäre im Einzelnen noch zu untersuchen.[46] Fritz Hähnsen, Autor einer gründlichen Studie zu Schleswig-Holstein, urteilte in den frühen zwanziger Jahren, daß es „wohl kein Handwerk" gebe, „außer den Bäckern und Schlachtern vielleicht, dem nicht irgendein kleinerer oder größerer Teil der gewerblichen Produktion aus dem technischen Betrieb entzogen ist."[47] Das galt gegen Ende des neunzehnten Jahrhunderts sicher schon für die Tischlerei, die auch im ländlichen Raum nur Teile der Möbelherstellung behaupten konnte, für die Drechslerei und ganz besonders für die Schmiederei und Stellmacherei. Das gröbere landwirtschaftliche Arbeitsgerät wurde ebenso wie die Wagenreifen längst fabrikmäßig gefertigt. Gleichzeitig entstanden „infolge des gestiegenen Verkehrs und der ausgedehnten Verwendung eiserner Gerätschaften und Maschinen, besonders in der Landwirtschaft" neue Betätigungsfelder auf dem Gebiet der Reparatur.[48]

Dennoch lassen sich vielleicht einige Grundlinien der Entwicklung im gesamten zwanzigsten Jahrhundert ziehen.[49] Schon zu dessen Beginn war das ländliche Handwerk wie das Handwerk insgesamt auf vielen Gebieten aus der gewerblichen Produktion verdrängt. Die in den Städten zu beobachtende Gegenbewegung verstärkter Maschinisierung und einer personellen Vergrößerung mancher Betriebe hatte dagegen – wohl auch wegen der späteren Elektrifizierung – zunächst keine Parallele. Erst nach dem Zweiten Weltkrieg stieg auch auf dem Lande die durchschnittliche Größe der Handwerksbetriebe spürbar an.[50] Dennoch trug das Landhandwerk auch zu Beginn des zwanzigsten Jahrhunderts schon ein „moderneres" Gepräge, als es bislang den Anschein haben mag. Es machte nämlich nicht nur den bereits angesprochenen Übergang zum Reparaturhandwerk mit, sondern teilte auch die auf einen Ausbau der Handelsfunktion gerichtete Gesamtentwicklung. Jene Installateure, Mechaniker, Elektromonteure und Maschinenbauer, von denen Hähnsen für Schleswig-Holstein berichtet, arbeiteten kaum anders als ihre städtischen Kollegen, obschon ihre Betriebe kleiner sein mochten. Aber auch sie erschlossen dem von der industriellen Entwicklung geprägten Land-

---

45 Paul Voigt, Die Hauptergebnisse der neuesten deutschen Handwerkstatstik von 1895, Schmollers Jahrbuch für Gesetzgebung, Verwaltung und Volkswirtschaft XXI (1897), 997-1030, hier 1007; vgl. dagegen Schultz, Landhandwerk, 88, die für Mecklenburg einen Rückgang des Landhandwerks konstatiert.
46 Vgl. Hähnsen, Entwicklung, 149, der hier auf eine Befragung zurückgreift, sowie zur Stellmacherei, die die Neuwagenproduktion einbüßte, Otto Kettemann, Ländliches Handwerk in Schleswig-Holstein im 19. Jahrhundert: Projektbericht und erste Ergebnisse, in: II. Internationales Handwerksgeschichtliches Symposium in Veszprem 1982, Veszprem 1983, 39-48.
47 Hähnsen, Entwicklung, 167.
48 Hans Grandke, Die vom „Verein für Sozialpolitik" veranstalteten Untersuchungen über die Lage des Handwerks in Deutschland, mit besonderer Rücksicht auf seine Konkurrenzfähigkeit gegenüber der Großindustrie. Zusammenfassende Darstellung, Schmollers Jahrbuch für Gesetzgebung, Verwaltung und Volkswirtschaft XXI (1897), 1031-1088, bes. 1045-1048, Zitat 1079.
49 Dabei können allerdings die Rückwirkungen der Veränderungen im Bereich der Landwirtschaft auf das Landhandwerk nicht eingehender behandelt werden; vgl. dazu nur den Überblick von Herbert Kötter, Die Landwirtschaft, in: Werner Conze/M. Rainer Lepsius (Hg.), Sozialgeschichte der Bundesrepublik Deutschland. Beiträge zum Kontinuitätsproblem, Stuttgart [2.]1985, 115-142.
50 Vgl. Hermann-Adolf Ihle, Die Anpassung landhandwerklicher Betriebe an sich ändernde Marktverhältnisse, in: Wilhelm Abel (Hg.), Landhandwerk und Landwirtschaft, Göttingen 1964, 61-86, hier 75.

handwerk neue Betätigungsfelder.⁵¹ Allerdings standen diese neuen Handwerkszweige häufig in direkter Abhängigkeit von den industriellen Produzenten, deren Produkte sie reparierten und vertrieben.⁵² Industrialisierung bedeutete also keineswegs nur Verdrängung des Handwerks, und in manchen Bereichen fand geradezu eine Industrialisierung des Landhandwerks statt. Zu denken wäre etwa an die Exportschlachtereien und Möbelfabriken, die schon vor dem Ersten Weltkrieg im ländlichen Raum ihren Standort hatten.⁵³ Daß hier Städte vom Land aus versorgt wurden, war nichts prinzipiell Neues. Das hatten z.B. die wenigen frühneuzeitlichen Landbäcker auch getan, doch wuchsen die angeführten Betriebe rasch aus dem Bereich des Handwerks heraus.

Verwischen sich hier die Grenzen zwischen Handwerks- und Industriebetrieb, so sind andererseits auch die Grenzen zwischen Stadt und Land undeutlich geworden. Von „Stadt und Land als zwei sich in der Hauptsache selbst genügende(n) Wirtschaftsbereiche(n)" kann seit dem Beginn der Industrialisierung immer weniger gesprochen werden. Hatte sich der Kleinbauernsohn Fritz Wiechering, als er 1910 aus der Landgemeinde Dielingen auf die Präparandenanstalt für Volksschullehrer nach Herford wechselte, noch seiner „Hemden aus selbstgewebtem Leinen" und des „altmodischen Schnitt(s) seines Anzugs" geschämt, so haben seither die modernen Massenkommunikationsmittel und die Automobilisierung der Gesamtgesellschaft zu einer weitgehenden Uniformierung der Nachfrage geführt.⁵⁴ Bei deren Befriedigung spielen handwerkliche Produzenten kaum noch eine Rolle, und das in Stadt und Land. Sind so ehemals zahlreich besetzte Berufe wie der des Schneiders oder des Schuhmachers fast völlig verschwunden, haben sich in anderen Bereichen Möglichkeiten der Anpassung oder völlig neue Tätigkeitsfelder eröffnet, die mit den Stichworten Vertrieb, Installation, Wartung und Reparatur sowie persönliche Dienstleistungen umrissen werden können. Aber auch hier ist außerhalb des Landmaschinenbaus wenig spezifisch landhandwerkliches auszumachen. Gerade die Technisierung und Motorisierung des ländlichen Raums führt auch hier zur Etablierung der „industriellen Folgehandwerke" des Elektrohandwerks, der Sanitär- und Heizungstechnik etc.⁵⁵ Dabei mag der auf Kupferarbeiten spezialisierte Installationsbetrieb wirtschaftlich von seinem ländlichen Standort profitieren, nach Aufträgen wird er – wie das gesamte Bauhandwerk – landes-, wenn nicht bundes- oder europaweit suchen müssen. Umgekehrt wird der dörfliche Elektrohandwerker bei der Abschätzung seiner Absatzchancen auf dem Gebiet der Unterhaltungselektronik nicht von der Konkurrenz durch Versandhäuser oder oft weit entfernte Großmärkte absehen können. Angesichts solcher großräumiger Marktverflechtungen scheint der Begriff des Landhandwerks jedwede Bestimmtheit zu verlieren. Von der Nachfrage des Landes nach spezifischen Produkten und Dienstleistungen her läßt er sich wohl nur für sehr wenige Dienstleistungsberufe definieren. Fragt man umgekehrt nach einem spezifischen Angebot des Landes und damit nach den Standortvorteilen des Landes für bestimmte Wirtschaftszweige, wird man vermutlich feststellen, daß die Kategorie des Handwerklichen kaum noch eine sinnvolle Abgrenzung von anderen Bereichen der gewerblichen Wirtschaft leistet.

---

51 Schon 1960 übertraf beispielsweise der Handelsumsatz des Schmiede-, Landmaschinenmechaniker- und Stellmacherhandwerks ihren Handwerksumsatz; vgl. Friedrich Bernhard Hausmann, Die Nachfrage der Landwirtschaft nach Leistungen des Handwerks – Entwicklungen und Aussichten, in: Abel (Hg.), Landhandwerk, 1-20, hier 2.
52 Vgl. Ihle, Anpassung, 84 zur vertraglichen Ausgestaltung solcher Abhängigkeitsverhältnisse.
53 Die angeführten Beispiele nach Hähnsen, Entwicklung, 144 ff.
54 Berichtet bei Josef Mooser, Kleinstadt und Land im Industrialisierungsprozeß 1850 bis 1930. Das Beispiel Ostwestfalen, in: Manfred Hettling u.a. (Hg.), Was ist Gesellschaftsgeschichte? Positionen, Themen, Analysen, München 1991, 124-134, hier 124.
55 Vgl. hierzu Gerhard Henkel, Der ländliche Raum. Gegenwart und Wandlungsprozesse in Deutschland seit dem 19. Jahrhundert, Stuttgart 1993, 160.

Bilanz und Perspektiven der Beschäftigungsentwicklung im ländlichen Raum

Michael Zarth[1]

Zusammenfassung

Im vorliegenden Beitrag wird zunächst ein Überblick über die Beschäftigungsentwicklung der ländlichen Räume in der früheren Bundesrepublik gegeben. Als regionale Beobachtungseinheiten dienen die siedlungsstrukturellen Gebietstypen der Bundesforschungsanstalt für Landeskunde und Raumordnung. Es zeigt sich, daß die ländlichen Räume in ihrer Gesamtheit sowohl im langfristigen als auch mittelfristigen Vergleich ein günstigere Beschäftigungsentwicklung aufzeigen als die Kernstädte und hochverdichteten Kreise. Die Unterschiede in den Wachstumsraten der Beschäftigung innerhalb der verschiedenen Gebietstypen der ländlichen Räume sind aber zum Teil beträchtlich: Manche ländliche Räume haben sich positiv entwickelt; andere wiederum kämpfen mit weiterhin erheblichen Strukturproblemen. Daran anknüpfend werden mögliche Gründe für die Beschäftigungsentwicklung der ländlichen Räume und deren Perspektiven diskutiert.

Nach einem kurzen Überblick zur Lage der ländlichen Räume in den neuen Ländern werden mögliche Strategien zur Entwicklung der ländlichen Räume thematisiert. Im Mittelpunkt steht die Forderung nach einer stärkeren regionalen und interkommunalen Zusammenarbeit.

Summary

The first part of the paper gives a short analysis of the employment trends in rural areas in the former Federal Republic. It ist shown that, in the long and medium term, the employment trends in the rural areas have been more favourable then in the core-cities and verly densely populated counties. However, the employment trends show great regional disparities within the rural areas: e. g. there are structurally weak areas. Starting with this result the paper describes possible risks of the employment trends in the rural areas.

After a briew overview of the current situation in „the new Laender" it discusses possible concepts and strategies of craeting more job opportunities. Finally it emphasizes a cooperation between local and regional policy-makers to improve the employment and regional prospectes in the rural areas. This may be a chance to coordinate the different forms of goverment assistance (e. g. financial investment incentives and infrastructure) and to improve the efficiency of the regional policy.

---

[1] Dipl.-Volksw. Michael Zarth, Wiss. Rat., Bundesforschungsanstalt für Landeskunde und Raumordnung, Postfach 200130, 53131 Bonn-Bad Godesberg

1. Vorbemerkung

Das mir gestellte Thema erfordert zunächst einige grundsätzliche Anmerkungen zum Begriff „Ländlicher Raum". Die Versuche der Regionalwissenschaften, diesen Raumtyp abzugrenzen, sind kaum überschaubar. Nahezu alle Abgrenzungsversuche stellen die geringe Bevölkerungsdichte ins Zentrum ihrer Überlegungen (vgl. Eltges 1993, S.18). Weiterhin ist allen ländlichen Räumen gemeinsam, daß sie der ursprüngliche Standort der Landwirtschaft waren (vgl. Herdzina 1994, S.2). Mit dem Fortschreiten des sektoralen Strukturwandels hat die Landwirtschaft ihre ökonomische Bedeutung weitgehend verloren. Selbst in peripheren ländlichen Räumen trug sie 1990 in der Regel weit weniger als 10 v.H. zu der gesamten Wertschöpfung bei. 1987 waren in der alten Bundesrepublik nur noch 3,2 v.H. der Erwerbstätigen in der Landwirtschaft tätig. Seit der Volkszählung 1970 hat sich die Zahl der landwirtschaftlichen Erwerbstätigen nahezu halbiert; etwa 1,1 Mio. landwirtschaftliche Arbeitsplätze sind weggefallen. Dies verdeutlicht die Notwendigkeit der Schaffung neuer – d.h. außerlandwirtschaftlicher – Arbeitsplätze.

Trotz dieser Gemeinsamkeiten ist festzuhalten, daß der Ländliche Raum – den viele häufig nur als eine sog. Restkategorie verstehen oder mit dem landwirtschaftlichen Sektor gleichsetzen – kein homogenes Gebilde darstellt, sondern vielfältige Differenzierungen aufweist (vgl. Herdzina 1994, S. 2). Unabhängig von siedlungsstrukturellen Merkmalen gibt es deutliche Unterschiede in der Wirtschaftsstruktur, in der Ausstattung mit Infrastruktur sowie in der Eignung für landwirtschaftliche und touristische Nutzung. Der Raumordnungsbericht 1993 (S. 42f.) der Bundesregierung unterscheidet z.B. folgende Typen ländlicher Räume:

- Zentrennahe Räume (d.h. das ländliche Umland der Agglomerationen);
- Zentrenferne Räume mit schlechter Erreichbarkeit und Struktur- und Anpassungsproblemen;
- Attraktive Räume für überregionalen Fremdenverkehr;
- Räume mit relativ günstigen Produktionsbedingungen für die Landwirtschaft;
- und schließlich Räume mit industriellen Wachstumstendenzen.

Im übrigen haben die einzelnen ländlichen Räume in der Vergangenheit unterschiedlich am gesamtwirtschaftlichen Beschäftigungswachstum profitiert.

Vor diesem Hintergrund versuche ich im folgenden eine Bilanz der Beschäftigungsentwicklung der ländlichen Räume während der letzten 15 Jahre zu ziehen. Den Aspekt der Arbeitslosigkeit werde ich ausklammern, da dieser Gegenstand des Vortrages von Herrn Wienke ist. Sowohl die gegebenen Datenrestriktionen als auch die großen Unterschiede in den wirtschaftlichen Rahmenbedingungen verhindern den Einschluß der neuen Länder in die Analyse. Auf die Probleme der dortigen ländlichen Räume werde ich daher gesondert eingehen. Der letzte Abschnitt meines Beitrages thematisiert mögliche Strategien zur Entwicklung der ländlichen Räume.

Die Grundlage meiner empirischen Analyse ist die Statistik der sozialversicherungspflichtig Beschäftigten. Im Bundesdurchschnitt erfaßt sie rd. 80 v.H. aller Erwerbstätigen. Die regionalen Beobachtungseinheiten meiner Auswertung sind die siedlungsstrukturellen Gebietstypen der Bundesforschungsanstalt für Landeskunde und Raumordnung (BfLR). Da eine längerfristige Analyse eine räumliche Konstanz der Gebietstypisierung erfordert, wurden die bis vor der deutschen Einigung verwendeten Abgrenzungskriterien zugrundegelegt. Dadurch wird verhindert, daß bei der Übernahme der „neuen" Abgrenzungskriterien bislang als ländlich typisierte Räume nun mehr als verdichtete Kreise eingestuft werden. Drei siedlungsstrukturelle Regionstypen werden unterschieden:

- Regionen mit großen Verdichtungsräumen
- Regionen mit Verdichtungsansätzen
- sowie ländliche Regionen.

Innerhalb der beiden ersten Regionstypen wird das ländliche Umland als eigenständiger Raumtyp gesondert betrachtet. Die ländlichen Regionen werden in Anlehnung an die neue Gebietstypisierung der BfLR in verdichtete Kreise (z.B. kreisfreie Städte mit oberzentralen Funktionen und deren Umland) und ländliche Kreise unterteilt.

Karte 1: Ländliche Räume in den alten Ländern

■ Kernstädte und hochverdichtete Kreise
■ ländliches Umland in Regionen mit großen Verdichtungsräumen
■ ländliches Umland in Regionen mit Verdichtungsansätzen
▨ Verdichtete Kreise in ländlichen Regionen
▨ Ländliche Kreise in ländlichen Regionen

Quelle: Laufende Raumbeobachtung der BfLR – Kreise

2. Die Beschäftigungsentwicklung der ländlichen Räume

Sowohl im langfristigen – d.h. ab 1978 – als auch im mittelfristigen Vergleich seit dem letzten gesamtwirtschaftlichen Beschäftigungstief im Jahre 1983 zählen die ländlichen Räume zu den Gewinnern des regionalen Strukturwandels. Unter allen Gebietstypen weisen sie die höchsten Zuwachsraten bei der Beschäftigung auf. Im ländlichen Umland der großen Agglomerationen waren sie am höchsten. Es folgen dann das ländliche Umland in Regionen mit Verdichtungsansätzen sowie die Gebietstypen der ländlichen Regionen.

sonderheiten verwischt.

Obwohl die ländlichen Räume in den 80er Jahren aufgeholt haben, erreichen sie dennoch nicht den durchschnittlichen Beschäftigtenbesatz der alten Länder, der 1992 bei 365 Beschäftigten je 1 000 Einwohner lag. Mit 278 Beschäftigten ist dieser im ländlichen Umland der großen Agglomerationen am niedrigsten. Anders formuliert: Die Kernstädte und hochverdichteten Gebiete besitzen für die ländlichen Räume weiterhin eine wichtige Funktion als Arbeitsmarktzentren.

In den alten Ländern ist mittlerweile die Mehrheit der Beschäftigten im Dienstleistungsbereich tätig (1992: 51,2 v.H.). Auch in den ländlichen

Tabelle 1: Beschäftigungsentwicklung in den alten Ländern nach Kreistypen

	Entwicklung in % 1992/78	Entwicklung in % 1992/83	Beschäftigtenbesatz*) 1992
Regionen mit großen Verdichtungsräumen			
Kernstädte	8,0	11,3	456
Hochverdichtetes Umland	23,3	20,5	312
Ländliches Umland	27,9	24,3	278
Regionen mit Verdichtungsansätzen			
Kernstädte	12,2	13,3	510
Ländliches Umland	24,0	20,7	303
Ländliche Regionen			
Verdichtete Kreise	23,6	19,9	349
Ländliche Kreise	24,6	20,2	318
Alte Bundesländer	17,2	16,8	365

*Beschäftigte je 1.000 Einwohner
Quelle: Laufende Beobachtung der BFLR

Bemerkenswert ist vor allem, daß die Zuwachsraten aller ländlicher Gebietstypen über dem Bundesdurchschnitt liegen. Dieses an sich positive Ergebnis ist allerdings zu relativieren: Zu einem guten Teil beruht dieser Trend darauf, daß Aktivitäten, die in Verdichtungsräumen abgebaut wurden, (z.B. Produktionsaktivitäten), in ländlichen Räumen länger fortbestehen oder nach dorthin verlagert wurden. Diesen Aspekt werde ich an späterer Stelle nochmals aufgreifen. Auch muß man beachten, daß sich bescheidene Zuwächse von einem niedrigen Niveau aus schon in hohen Zuwachsraten niederschlagen und daß eine Gesamtbetrachtung regionale Be-

Räumen zeigt sich „der Trend zur Dienstleistungsgesellschaft". Der sektorale Strukturwandel erfolgt jedoch mit einer gewissen Zeitverzögerung. Die überdurchschnittliche Dynamik des Dienstleistungsbereichs darf angesichts des niedrigen Ausgangsniveau nicht überbewertet werden. Am weitesten ist der Strukturwandel in den ländlich geprägten Rändern der großen Agglomerationen fortgeschritten. Mitte 1992 fanden dort fast 47 v.H. der Beschäftigten ihr Auskommen im Dienstleistungsbereich. Im ländlichen Umland der Regionen mit Verdichtungsansätzen sowie in den ländlichen Regionen waren es rd. 43 bzw. 42 v.H..

Tabelle 2: Entwicklung der Dienstleistungen und des Verarbeitenden Gewerbes
in den alten Ländern nach Kreistypen

	Dienstleistungen			Verarbeitendes Gewerbe		
	1992/83 in %	Anteil 92 in %	Besatz in %	1992/83 in %	Anteil 92 in %	Besatz 1992*)
Regionen mit großen Verdichtungsräumen						
Kernstädte	19,2	62,6	298	−2,1	28,1	134
Hochverdichtetes Umland	32,4	44,5	139	10,4	43,4	135
Regionen mit Verdichtungsansätzen	26,6	46,5	130	19,4	38,6	108
Regionen mit Verdichtungsansätzen						
Kernstädte	10,7	57,7	294	6,6	31,0	158
Ländliches Umland	21,5	42,7	130	16,2	42,9	130
Ländliche Regionen						
Verdichtete Kreise	20,6	43,0	151	14,5	43,2	151
Ländliche Kreise	17,9	41,5	132	18,2	42,7	136
Alte Bundesländer	21,1	51,2	189	9,2	36,7	134

*) Beschäftigte je 1.000 Einwohner
Quelle: Laufende Raumbeobachtung der BfLR

Gleichwohl ist in den ländlichen Räumen der Beschäftigtenbesatz bei den Dienstleistungen nach wie vor unterdurchschnittlich. Im Durchschnitt der alten Länder kamen Mitte 1992 auf 1 000 Einwohner etwa 189 Beschäftigte im Dienstleistungsbereich. Der Dienstleistungsbesatz der ländlichen Gebietstypen reicht von 151 Beschäftigten in den verdichteten Kreisen der ländlichen Regionen bis hin zu 130 Beschäftigten im ländlichen Umland der Agglomerationen.

Bemerkenswert ist die äußerst günstige Entwicklung der Industriebeschäftigung in den ländlichen Räumen. Dies wird nicht nur bei einer relativen Wachstumsbetrachtung deutlich. Verglichen mit den übrigen Gebietstypen wurde das Beschäftigungswachstum dort in einem viel stärkeren Maße vom verarbeitenden Gewerbe getragen. Rund jedes dritte sozialversicherungspflichtige Beschäftigungsverhältnis, das seit 1983 in den ländlich geprägten Gebietstypen neu entstand, zählt zum verarbeitenden Gewerbe. Dessen Beitrag zum Beschäftigungswachstum ist vor allem in den ländlichen Kreisen ausgeprägt; beinahe jedes zweite neue Beschäftigungsverhältnis entfiel dort auf das verarbeitende Gewerbe. Im Durchschnitt der alten Länder war es nur etwa jedes fünfte.

Diese Entwicklung spiegelt sich im Industrialisierungsgrad der ländlichen Räume wider. Während der Industriebesatz der Kernstädte und hochverdichteten Gebiete zurückging, stieg er in den ländlich geprägten Gebietstypen deutlich an. Am niedrigsten ist er nach wie vor im ländlichen Umland der großen Agglomerationen und am höchsten in den ländlichen Regionen, und dort vor allem in den verdichteten Kreisen.

Die Beschäftigungsentwicklung der ländlichen Räume während der 80er Jahre war durch ein Süd-Nord-Gefälle geprägt (vgl. Eltges 1993, S. 33). Infolge des einigungsbedingten Nachfragebooms und des damit einhergehenden überdurchschnittlichen Beschäftigungsanstiegs in einzelnen nördlichen Regionen hat sich das Bild mittlerweile umgekehrt: Die ländlichen Räume im Norden der Bundesrepublik weisen in ihrer Gesamtheit eine leicht stärkere Wachstumsdynamik auf (21,4 zu 20,6 v.H.). Dies gilt vor allem für das ländliche Umland der großen Agglomerationen (Nord: 25,4 v.H.; Süden: 20,6 v.H.). Allerdings erreichen die Gebietstypen der ländlichen Regionen im Süden weiterhin höhere Zuwachsraten als ihre nördlichen Gegenüber.

Einem durchschnittlichen Wachstum von 20,4 v.H. steht ein Minimum von -16,3 v.H. für den Landkreis Pirmasens und ein Maximum von 37,9 v.H. für den Landkreis Regensburg gegenüber. Von den ländlichen Kreisen steht der Landkreis Rhoen-Grabfeld mit einer Zuwachsrate von 36,4 v.H. an erster Stelle. Das Schlußlicht bildet der Landkreis Steinburg mit einer Zuwachsrate von nur 7,5 v.H.

Ein ähnliches Bild ergibt eine Betrachtung der Beschäftigungsentwicklung differenziert nach Dienstleistungen und verarbeitenden Gewerbe.

Tabelle 3: Beschäftigungsentwicklung der ländlichen Räume im Nord-Süd-Vergleich

	Anzahl	92/93 in %	Minimum	Maximum
Ländliches Umland in Regionen mit großen Verdichtungsräumen	30	23,8	9,6	31,7
Norden	20	25,4	10,4	37,7
Süden	10	20,6	9,6	34,8
Ländliches Umland in Regionen mit Verdichtungsansätzen	98	20,4	–16,3	37,9
Norden	31	20,9	– 1,9	36,1
Süden	67	20,2	–16,3	37,9
Ländliche Regionen				
Verdichtete Kreise	43	20,5	7,5	34,6
Norden	8	17,8	9,0	27,2
Süden	35	21,1	7,5	34,6
Ländliche Kreise	47	20,1	7,5	36,4
Norden	9	17,5	7,5	26,6
Süden	38	20,8	8,9	36,4
Ländliche Räume	218	21,0	–16,3	37,9
Norden	68	21,4	– 1,9	37,7
Süden	150	20,6	–16,3	37,9

Quelle: Laufende Raumbeobachtung der BfLR

Eine Gesamtbetrachtung des ländlichen Raumes nivelliert zwangsläufig regional unterschiedliche Entwicklungen. Nicht alle ländlichen Räume konnten am Beschäftigungswachstum der achtziger Jahre profitieren. Manche ländliche Gebiete haben sich positiv entwickelt; andere wiederum kämpfen mit erheblichen Strukturproblemen.
Die Unterschiede in den Wachstumsraten der Beschäftigung innerhalb der einzelnen ländlichen Gebietstypen sind zum Teil beträchtlich. Im ländlichen Umland der Regionen mit Verdichtungsansätzen ist die Spannweite am größten. Auch hier bestehen deutliche interregionale Unterschiede.

3. Gründe der günstigen Beschäftigungsentwicklung

In der Vergangenheit haben die ländlichen Räume von der Verlagerung industrieller Fertigungsstätten aus den Agglomerationen heraus profitiert. Dadurch konnten ursprüngliche Engpaßfaktoren wie die Verfügbarkeit und die Kosten von Gewerbeflächen in den Zentren überwunden werden (Bruymann 1994, S.41). Auch qualifizierte Arbeitskräfte und ein niedrigeres Lohnniveau stärkten die Standortgunst der ländlichen Räume. Nach Jakoby (1990, S.210) beträgt die Spanne der Durchschnittslöhne zwischen dem Ballungskern und den peripheren Gebieten ca. 20 v.H. Die günstigen Grundstückspreise und das geringere Lohnniveau begründen im wesentlichen die Standortattraktivität der ländlichen Räume für Fertigungsbetriebe. Ferner werden zu Gunsten der ländlichen Räume auch Einflußfaktoren wie die Arbeitsmoral und handwerklichen Fähigkeiten der aus der Landwirtschaft freigesetzten Arbeitskräfte sowie die im allgemeinen größere Bereitschaft zur Schichtarbeit erwähnt (vgl. Zarth 1987, S. 59).

Als eine weitere Erklärung wird die „regionale Parallelität sektoraler Entwicklungen" (Reissert u.a. 1989, S. 28) angeführt. Danach besteht ein enger Zusammenhang zwischen dem Wachstum des verarbeitenden Gewerbes und dem des Dienstleistungsbereichs. Räume mit geringen Beschäftigungsverlusten oder hohen Gewinnen im verarbeitenden Gewerbe weisen in der Regel die höchsten Zuwachsraten im Dienstleistungsbereich auf. Umgekehrt fallen die Zuwachsraten des tertiären Sektors vor allem in Regionen mit starken Beschäftigungsverlusten im verarbeitenden Gewerbe niedrig aus.

Wie kommt der enge Zusammenhang zwischen der Entwicklung des verarbeitenden Gewerbes und der Dienstleistungen zustande? Nach Köppel (1983, S. 206) ist von zwei Einflüssen auszugehen: Die unternehmensorientierten Dienstleistungen hängen unmittelbar von der gewerblichen Warenproduktion ab. Sie werden entweder als Vorleistungen oder Folgeleistungen von Produktionsunternehmen extern nachgefragt. Die in der Industrie erzielten Einkommen haben einen mittelbaren Einfluß, da sie eine wichtige Komponente der Nachfrage nach haushaltsorientierten Dienstleistungen (z.B. Handel, Kultur) bilden.

Den produktionsorientierten Dienstleistungen (z.B. Wirtschaftsberatung, Ingenieurbüros) wird im allgemeinen eine wichtige Bedeutung für die regionale Wettbewerbsfähigkeit und Entwicklung zuerkannt (vgl. Bade 1987). Allerdings benötigen diese Dienstleistungen wiederum eine positive Entwicklung der übrigen Wirtschaft, um selbst wachsen zu können (vgl. Karr 1991, S. 68). Produktionsorientierte Dienstleistungen werden zum Teil von den Unternehmen extern bezogen, oder intern erbracht. Die „technischen Berufe" bilden die hochwertige Dienstleistungsproduktion in der Industrie ab und beinhalten vor allem Forschungs- und Entwicklungstätigkeiten. (vgl. Kunz 1991, S. 581). Ein enger positiver Zusammenhang zwischen der Beschäftigungsentwicklung im verarbeitenden Gewerbe und bei den technischen Berufe liegt daher nahe. Eine Korrelationsanalyse über alle 328 Kreise und kreisfreien Städte des früheren Bundesgebiets bestätigt den erwarteten Zusammenhang (r=0,72).

Für den Zeitraum 1992/83 zeigt sich bei den unternehmensorientierten Dienstleistungen eine leichte Angleichungstendenz zwischen den ländlichen und verdichteten Räumen. Diese Tendenz ist bei den technischen Berufen deutlicher ausgeprägt. Die höchste Zuwachsrate erreichen die ländlichen Kreise mit rd. 46 v.H. Nach Bade (1987, S. 172) ist der geschätzte positive Einfluß der Produktionsdienste auf die regionale Beschäftigungsentwicklung zudem außerhalb der Verdichtungsräume um ein Vielfaches größer als innerhalb der großen Agglomerationszentren.

Gleichwohl weisen die ländlich geprägten Gebietstypen in ihrer Gesamtheit noch Defizite bei unternehmens- und produktionsorientierten Dienstleistungen auf. Dieses Ergebnis ist nicht weiter überraschend: Denn diese Dienste haben ihren Standort vor allem in größeren Städten, da nur sie die für ein effizientes Angebot nötige Mindestmarktgröße gewährleisten (vgl. Sommer 1989, S. 75). Auch der Beschäftigtenanteil der technischen Berufe verharrt in den ländlichen Räumen auf einem niedrigen Niveau; hierüber dürfen die hohen Zuwachsraten der 80er Jahre nicht hinwegtäuschen. In den Kernstädten der großen Agglomerationen war der Beschäftigtenanteil der technischen Berufe 1992 doppelt so hoch wie in den ländlichen Kreisen (9,2 zu 4,4 v.H.). Sicherlich hat der Ausbau der innovationsorientierten Dienste die Entwicklung der ländlichen Räume begünstigt; es wäre jedoch vermessen, das Wachstum der ländliche Räume damit alleine begründen zu wollen (vgl. Eltges 1993, S.40).

4. Versuch einer Bewertung

Die günstige Beschäftigungsentwicklung der ländlichen Räume wurde wesentlich vom verarbeitenden Gewerbe getragen. Dieses Ergebnis ist durchaus ambivalent zu werten: Einerseits wurde dadurch die Beschäftigung der ländlichen Räume stabilisiert. Andererseits kann hieraus auch ein Gefährdungspotential erwachsen (vgl. Böhm/Zarth 1987, S.17).

– Der langfristige Strukturwandel wird von konjunkturellen Einflüssen überlagert, wobei dies in rezessiven Phasen zu starken Einbrüchen im sekundären Sektor führt (vgl. Karr 1991, S. 66). Mit Ausnahme der distributiven Dienstleistungen wird der tertiäre Sektor von diesen Einbrüchen weniger stark tangiert.

Das mögliche Ausmaß solcher Einbrüche dokumentiert die aktuelle Entwicklung: Der Beschäftigtenabbau setzte bereits 1991 ein. Bis Juni 1993 sind rd. 640.000 Arbeitsplätze im verarbeitenden Gewerbe weggefallen, wobei dies die süddeutschen Regionen am stärksten zu spüren bekamen. Das Beispiel Baden-Württemberg macht deutlich, daß diese Entwicklung nicht vor den Zentren halt macht. Im Gegenteil, die Kernstädte der großen Agglomerationen sind der eigentliche Verlierer der gegenwärtigen Rezession. Fast 43 v.H. der 1993/92 insgesamt abgebauten Beschäftigungsverhältnisse gingen dort verloren. Dieses räumliche Konjunkturmuster zeigt sich auch bei einer längerfristigen Betrachtung der Entwicklung ab 1978.

Offensichtlich besitzen die ländlichen Räume im Vergleich zu den Kernstädten und hochverdichteten Gebieten eine „stärkere Konjunkturstabilität": Am Beschäftigungswachstum im Aufschwung partizipieren sie überdurchschnittlich, am Abbau in der Rezession jedoch nur unterdurchschnittlich. Zudem schneiden sie in allen Konjunkturphasen auch bei der Industriebeschäftigung besser ab.

– Mit dem Fortschreiten der internationalen Arbeitsteilung wird befürchtet, daß das Kostenmotiv bei Direktinvestitionen an Bedeutung gewinnt und daher zunehmend Produktionsstätten ins Ausland verlagert werden. Die komparativen Vorteile der Bundesrepublik im internationalen Standortwettbewerb werden eher bei humankapitalintensiven Tätigkeiten gesehen. Diese sind vorwiegend in Stammbetrieben und Unternehmenszentralen angesiedelt. Nach Gräber (1986, S.683) entfällt auf diese in den Zentren ein höherer Beschäftig-

Tabelle 4: Beschäftigungsentwicklung der alten Länder nach Konjunkturphasen und Kreistypen

	Entwicklung 1983/80 in %	Entwicklung 1988/83 in %	Entwicklung 1992/88 in %	Entwicklung 1993/92 in %
Regionen mit großen Verdichtungsräumen				
Kernstädte	–5,1	2,7	8,3	–2,1
Hochverdichtetes Umland	–3,0	8,0	11,5	–1,9
Ländliches Umland	–2,4	8,2	14,8	–0,7
Regionen mit Verdichtungsansätzen				
Kernstädte	–4,6	4,2	8,7	–2,2
Ländliches Umland	–3,2	7,2	12,6	–1,2
Ländliche Regionen				
Verdichtete Kreise	–2,7	7,2	11,9	–1,9
Ländliche Kreise	–2,3	7,1	12,2	–1,1
Alte Bundesländer	–3,8	5,5	10,6	–1,7
Quelle: Laufende Raumbeobachtung der BfLR				

tenanteil. Der Anteil an Zweigbetrieben, die überwiegend Fertigungsaufgaben erfüllen, und kleineren Ein-Betriebs-Unternehmen ist hingegen in den ländlichen Räumen höher. Dies könnte zur Folge haben, daß die ländlichen Räume von der Verlagerung industrieller Fertigungsstätten stärker tangiert werden. Bisher liegen jedoch keine Studien vor, die eine umfassende und verläßliche Einschätzung dieser Entwicklung – insbesondere unter regionalen Aspekten – erlauben.

Die Entwicklung der Dienstleistungen in den ländlichen Räumen verlief bislang überaus günstig. Ob sich der Trend in dieser Stärke fortsetzen wird und dadurch mögliche Beschäftigungseinbrüche des verarbeitenden Gewerbes kompensiert werden, erscheint m.E. nicht sicher. Zwar besteht in den ländlichen Räumen – wie die eingangs erwähnten Besatzzahlen dokumentieren – noch ein Nachholbedarf an Dienstleistungen, wobei dieser wesentlich durch die demographische Entwicklung mitgetragen wird. Allerdings sind die überwiegend öffentlich finanzierten gesellschaftsbezogenen Dienstleistungen (z.B. Bildung, Kultur, Gesundheit) nicht beliebig ausweitbar. Außerdem hängen produktionsorientierte und haushaltsorientierte Dienstleistungen nicht unwesentlich von der Entwicklung des warenproduzierenden Gewerbes ab.

Vor diesem Hintergrund erscheinen die Perspektiven der ländlichen Räume im Vergleich zur Entwicklung in den 80er Jahren insgesamt weniger günstig, auch wenn ihnen eine stärkere Konjunkturstabilität zu attestieren ist. Zudem darf nicht übersehen werden, daß der Ankündigungseffekt des EG-Binnenmarktes und der einigungsbedingte Nachfrageboom zwei singuläre Ereignisse waren, die die wirtschaftliche Entwicklung Ende der 80er und Anfang der 90er Jahre wesentlich bestimmten und u.a. dazu führten, daß die Industriebeschäftigung über das Niveau von 1980 hinaus anstieg. Die Zahl der sozialversicherungspflichtig Beschäftigen im verarbeitenden Gewerbe stieg bis Mitte 1991 um rd. 560 000, ging bis Juni 1993 rezessionsbedingt dann um rd. 640 000 zurück. Ferner lassen die Wirkungen der gemeinsamen Agrarpolitik weitere Arbeitsplatzverluste erwarten. Nach Eltges (1993, S.29) werden hiervon insbesondere die ländlichen Gebiete im Süden der Bundesrepublik betroffen, da dort kleinflächige Betriebe dominieren.

5. Ländliche Räume in den neuen Ländern

Im Gegensatz zu den alten Ländern besitzt die Landwirtschaft in den neuen Länder gegenwärtig noch eine größere beschäftigungspolitische Bedeutung. Mitte 1992 war der landwirtschaftliche Beschäftigtenbesatz mit rd. 15 Beschäftigten je 1.000 Einwohner dort fünfmal so hoch (vgl. Zarth 1994, S.113). Aufgrund fehlender alternativer Erwerbsquellen ist der Anpassungsdruck in den ländlichen Räumen der neuen Länder daher sehr hoch.

Eine umfassende Bestandsaufnahme des wirtschaftlichen Aufbaus in den neuen Ländern ist derzeit nicht möglich. Entscheidend wird sein, in welchem Maße es gelingt, einen neuen Unternehmensbestand aufzubauen und den vorhandenen aktiv zu sanieren. Eine Auswertung der Förderdaten des ERP-Existenzgründungsprogramms für den Bewilligungszeitraum 1990 bis 1992 läßt ein Land-Stadt- und ein leichtes Süd-Nord-Gefälle erkennen (vgl. Zarth 1994, S. 118 f.). Im übrigen ergibt die regionale Inanspruchnahme der „Gemeinschaftsaufgabe Verbesserung der regionalen Wirtschaftsstruktur" im Zeitraum 1990 bis 1993 ein weitgehend ähnliches Bild (vgl. Nolte/Ziegler 1994, S.65).

Rund die Hälfte der ländlich geprägten Kreise zeigt zumindest eine überdurchschnittliche, häufig sogar stark überdurchschnittliche Inanspruchnahme der ERP-Förderung auf. Gleichwohl bestehen innerhalb der Gebietskategorie der ländlichen Kreise zum Teil deutliche Unterschiede. Ferner fällt die zumeist hohe Programminanspruchnahme der Kreise Thüringens und Sachsens heraus. Beide Länder boten schon zu Zeiten der damaligen DDR aufgrund der relativ vielseitigen Wirtschaftsstruktur günstige Ansatzpunkte für die Entwicklung des Mittelstandes.

Ein möglicher Grund für die relativ hohe Inanspruchnahme der ländlichen Räume kann in dem Nachholbedarf an Handwerksbetrieben und sonstigen regional tätigen Betrieben liegen. Auch dürften diese Räume in den handwerklich ausge-

Karte 2:
Inanspruchnahme der ERP-Förderung in den neuen Ländern 1990/92

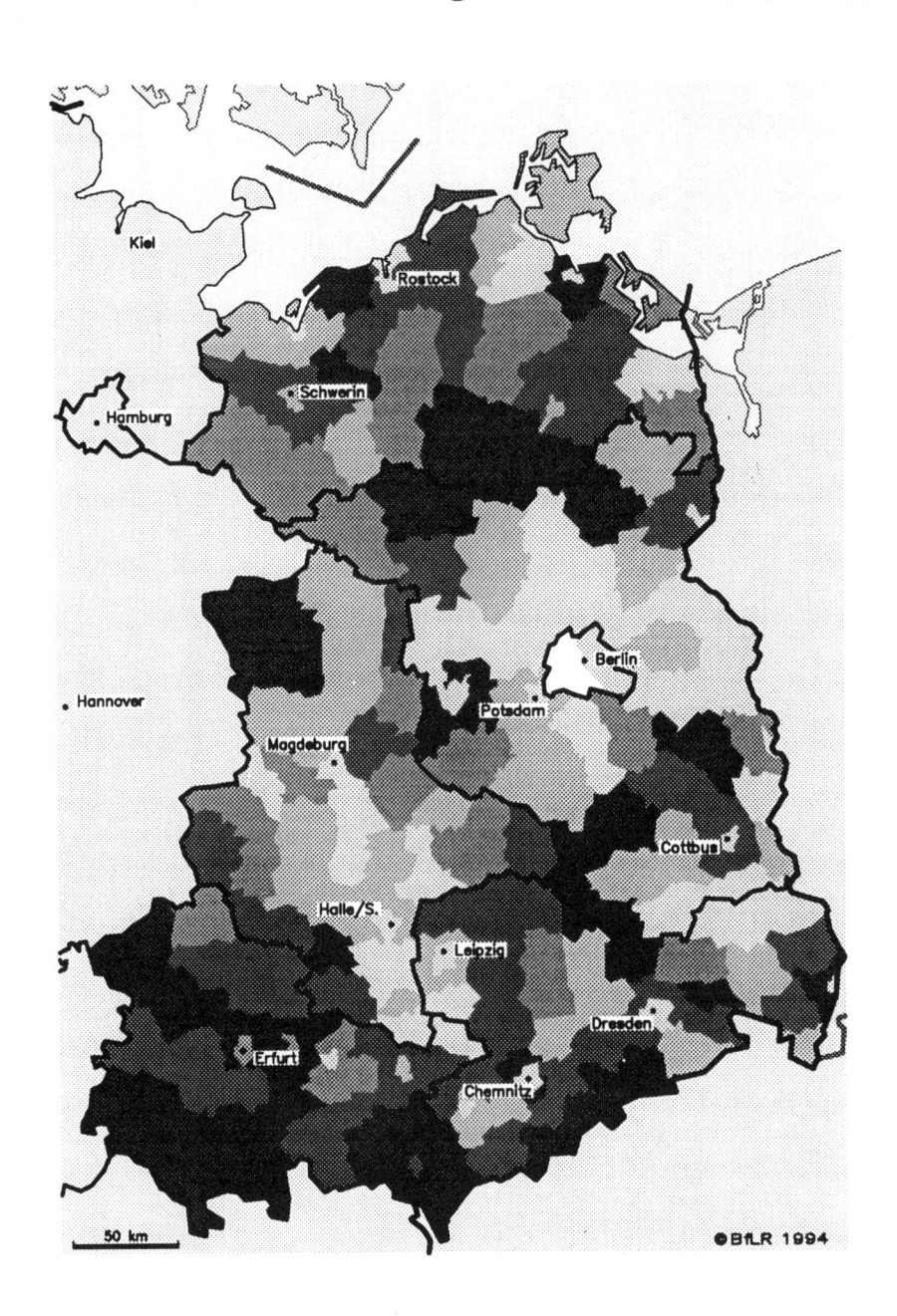

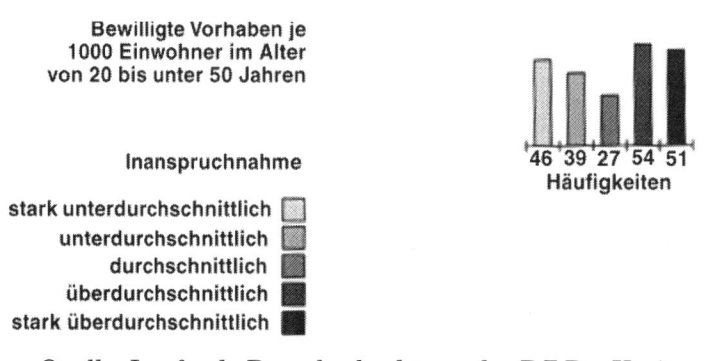

Bewilligte Vorhaben je
1000 Einwohner im Alter
von 20 bis unter 50 Jahren

Inanspruchnahme

stark unterdurchschnittlich
unterdurchschnittlich
durchschnittlich
überdurchschnittlich
stark überdurchschnittlich

Häufigkeiten: 46　39　27　54　51

Quelle: Laufende Raumbeobachtung der BfLR – Kreise

bildeten Arbeitskräften der ehemaligen LPGs ein gewisses Selbständigenpotential besitzen. Anscheinend haben die ungeklärten Eigentumsrechte in den ländlichen Räumen im Gegensatz zu den Zentren auch eine geringere Bedeutung als Investitionshemmnis.

Diese in der Tendenz relativ günstigen Einschätzungen für die ländlichen Räume sollen jedoch nicht darüber hinwegtäuschen, daß der Bedarf an außerlandwirtschaftlichen Arbeitsplätzen enorm groß ist. Nach dem Raumordnungsbericht 1993 (S. 70) sind „ ...in den ländlich geprägten Räumen (.) vor allem Engpässe im Bereich Qualifikation/Innovation sowie in der Infrastrukturausstattung und Verkehrsanbindung festzustellen. In den ehemaligen ländlichen Randräumen im Südosten und Westen fallen diese Engpässe mit einer besonders ungünstigen Wirtschaftsstruktur zusammen. In den ländlichen Regionen des Nordens und Nordostens werden die Strukturprobleme zusätzlich von niedriger Bevölkerungsdichte sowie der starken Freisetzung landwirtschaftlicher Arbeitskräfte geprägt."

6. Mögliche Strategien für den ländlichen Raum

Die Erfahrungen mit der Gemeinschaftsaufgabe „Verbesserung der regionalen Wirtschaftsstruktur" zeigen, daß die Möglichkeiten einer staatlichen Investitionsförderung begrenzt sind, eine selbsttragende Regionalentwicklung in den ländlichen Räumen zu induzieren. Allerdings ist es der regionalen Strukturpolitik gelungen, ein weiteres Auseinanderdriften der regionalen Disparitäten zu verhindern und zumindest in einigen Teilgebieten das Entwicklungspotential dauerhaft zu stärken (vgl. Koller 1990, S. 245).

Die Begrenzung resultiert nicht so sehr aus der Konzeption der regionalen Strukturpolitik, wie sie bislang in der Bundesrepublik Deutschland praktiziert wird. Entscheidend ist viel mehr, daß der Erfolg der regionalen Strukturpolitik in starkem Maße von den gesamtwirtschaftlichen Konjunktur- und Wachstumsprozesssen abhängt (vgl. Klemmer/Hamm 1993, S. 17). Mit anderen Worten, eine hohe gesamtwirtschaftliche Wachstumsrate ist fast eine notwendige Voraussetzung für eine erfolgreiche Arbeitsplatzentwicklung in den ländlichen Räumen. Dennoch würden – und hierfür spricht die Erfahrung der vergangenen Jahrzehnte – einzelne ländliche Räume trotz hoher gesamtwirtschaftlicher Wachstumsraten weiterhin Gefahr laufen, in der Standortgunst privater Investoren außen vor zu bleiben.

Eine weitere Ausdehnung der Fördergebietskulisse in der Bundesrepublik halte ich wohl kaum für realistisch. Dies gilt m.E. sowohl für die nationalen Fördergebiete im Rahmen der Gemeinschaftsaufgabe als auch für die Zielgebiete der Europäischen Strukturpolitik. Deutlich wird dies, wenn man sich die gegenwärtige Fördergebietskulisse vor Augen führt: Die neuen Länder gelten bis Ende 1996 flächendeckend als GRW-Gebiet und als Ziel-1-Gebiet sogar bis 1999. Das nationale Fördergebiet der Gemeinschaftsaufgabe umfaßt in den alten Ländern rd. 22 v.H. der Wohnbevölkerung. Zudem wurden die Ziel-5b-Gebiete (Ländliche Räume) für die Förderperiode 1994 bis 1999 um 75 v.H. ausgedehnt (vgl. BMELF-Information 1994 Nr. 7). Damit fallen künftig rd. 38 v.H. der Fläche des alten Bundesgebietes in die Ziel-5b-Förderung.

In der regionalwissenschaftlichen Literatur wird eine Vielzahl an Strategien und Vorschlägen zur Entwicklung der ländlichen Räumen diskutiert. Das Spektrum reicht von den traditionellen Instrumenten der kommunalen Wirtschaftsförderung bis hin zu innovations- und qualifikationsorientierten Maßnahmen. Eine umfassende Darstellung würde den Rahmen meines Beitrages sprengen.

Im übrigen gibt es kein „Patentrezept". Ein solches kann es auch nicht geben, da die Entwicklungsprobleme und -möglichkeiten der einzelnen ländlichen Räume unterschiedlich sind. Zwei aus meiner Sicht wesentliche Aspekte, auf denen jede Strategie aufbauen sollte, möchte ich erwähnen:

Eine zentrale Aufgabe der regionalen Akteure besteht darin, vor dem Hintergrund der regionalen Stärken und Schwächen Entwicklungskonzepte für den jeweiligen Raum zu erarbeiten. Sie kennen sicherlich alle das Schlagwort vom „endogenen Entwicklungspotential". Hierzu zählt auch die Bereitschaft und Fähigkeit der regionalen Akteure, solche Entwicklungskonzepte zu erarbeiten. Der Verweis auf die „unüberschaubare Vielfalt an Förderprogrammen" entbindet die Akteure nicht von dieser Pflicht. Sicherlich wäre es vermessen, solche Konzepte als ein Allheilmittel zu betrachten. Sie bieten jedoch prinzipielle Chancen, um die Effektivität der regionalen Strukturpolitik zu steigern (vgl. Klemmer/ Hamm 1993, S. 64).

Damit ist natürlich die Frage gemeindeübergreifender Kooperationen angesprochen. Auch für ländliche Räume bieten diese eine sinnvolle Möglichkeit, Standorte für Investoren attraktiv zu machen. Mittlerweile findet man in der Bundesrepublik Beispiele für erfolgreiche regionale Kooperationen. Nennen möchte ich hier die „Zukunftsinitiative Aachener Raum" sowie die vielfach gelobten Formen der regionalen Zusammenarbeit im Dortmunder Modell (Dortmunder Konsens).

Die vorliegenden Erfahrungen mit solchen regionalen Kooperationsmodellen zeigen, daß ihr Erfolg von bestimmten Voraussetzungen abhängt (vgl. Borowczak/Sieber 1992, S. 103f.): Notwendig sind vor allem regionale Moderatoren und informelle Netzwerke. Entscheidend sind ferner der regionale Problemdruck und dessen Wahrnehmung als gemeinschaftliche Herausforderung durch die regionalen Akteure sowie entsprechende finanzielle Rahmenbedingungen.

Ich sage dies deshalb, weil mir bewußt ist, welche Widerstände und Probleme einer regionalen Zusammenarbeit in der Praxis entgegenstehen. So dürfte die Ausgestaltung des Gemeindefinanzsystems – speziell die Gewerbesteuer – die interkommunale Konkurrenz eher schüren, und zwar bereits unterhalb der Kreisebene (vgl. Hardt 1991, S. 96).

Dennoch glaube ich, daß eine stärkere regionale Zusammenarbeit auch im Eigeninteresse der ländlichen Räume liegt. Und dies nicht nur mit Blick auf die begrenzten Handlungsspielräume der regionalen Akteure und möglicher Herausforderungen infolge der fortschreitenden europäischen Integration. Auch die wirtschaftlichen Transformationsprozesse der osteuropäischen Staaten werden nicht ohne Auswirkungen auf die relative Standortposition der deutschen Städte und Regionen bleiben. Die regionale Umverteilung der öffentlichen Finanzhilfen und die Einbeziehung der neuen Bundesländer in den Finanzausgleich wird m.E. zudem den Handlungsspielraum der verschiedenen Gebietskörperschaften in den alten Ländern einschränken.

Das Erfordernis einer stärkeren regionalen Kooperation stellt sich in den neuen Bundesländern noch viel dringender: Dies nicht nur aufgrund der begrenzten finanziellen Handlungsmöglichkeiten. Die Herausforderungen, vor denen die regionalen Akteure dort stehen, sind vielfach größer und häufig nur mittelfristig – wenn nicht sogar langfristig – zu lösen.

Verzeichnis der Quellen

F.J. Bade (1987): Regionale Beschäftigungsentwicklung und produktionsorientierte Dienstleistungen, Berlin

W. Borowczak/W. Sieber (1992): Problemwahrnehmung und Handlungsmöglichkeiten regionaler Akteure gegenüber dem EG-Binnenmarkt. In: Raumordnerische Aspekte des EG-Binnenmarktes, Schriftenreihe des Bundesministeriums für Raumordnung, Bauwesen und Städtebau, Bonn

D. Böhm/M. Zarth (1989): Bedingungen und Möglichkeiten der Schaffung neuer Arbeitsplätze im ländlichen Raum. Gutachten im Auftrag des Ministeriums für Ländlichen Raum, Ernährung, Landwirtschaft und Forsten Baden-Württemberg. Institut für Angewandte Wirtschaftsforschung, Tübingen

M. Eltges (1993): Die Abgrenzung ländlicher Räume im Rahmen der Regionalpolitik der Europäischen Gemeinschaften. Materialien zur Raumentwicklung, Heft 54, Bonn

U. Hardt (1991): Regionalpolitik: zentrale oder dezentrale Aufgabe? In: Niedersächsisches Institut für Wirtschaftsforschung (NIW): Zur Neuorientierung der regionalen Wirtschaftspolitik, NIW-Workshop 1991, Hannover, S. 79-106

K. Herdzina (1994): Probleme und Ansätze zur Neuabgrenzung des Ländlichen Raumes. Europäischer Forschungsschwerpunkt Ländlicher Raum, Diskussionsbeiträge Nr. 4, Hohenheim

H. Jakoby (1990): Regionale Lohnstrukturen. Eine theoretische und empirische Analyse regionaler Lohnunterschiede. Frankfurt/New York

W. Karr (1991): Anmerkungen zur Tertiärisierung in den Küstenregionen. In: W. Karr (Hrsg.): Küstenregionen im Strukturwandel. Beiträge zur Arbeitsmarkt- und Berufsforschung, Bd. 169, Nürnberg, S. 60-69

P. Klemmer/R. Hamm (1993): Ansatzpunkte und Möglichkeiten einer Modifizierung der regionalen Strukturpolitik. Expertise im Auftrag des Bundesministeriums für Raumordnung, Bauwesen und Städtebau, Essen

M. Koller (1990): Zur Erfolgskontrolle der regionalen Struktur- und Arbeitsmarktpolitik. Vorschläge zur Auswahl und Beobachtung strukturschwacher Regionen. In: Mitteilungen aus der Arbeitsmarkt- und Berufsforschung, Heft 2, S. 227-245

M. Köppel (1983): Zur Bedeutung der Dienstleistungssektoren für die regionale Entwicklung in der Bundesrepublik. In: RWI-Mitteilungen, Heft 4, S. 205-226

V. Kunz (1991): Infrastruktur, Betriebsgröße und höherwertige Tertiärisierung als Bestimmungsgröße der regionalen Wirtschaftskraft. In: Informationen zur Raumentwicklung, Heft 9/10, S. 579-598

D. Nolte; A. Ziegler (1994): Regionen in der Krise – Regionale Aspekte des Strukturwandels in den neuen Bundesländern. In: WSI-Mitteilungen, Heft 1, S. 58-67

Raumordnungsbericht 1993, Bundestagsdrucksache 12/2143

B. Reissert u.a. (1989) Mehr Arbeitsplätze durch Dienstleistungen? Ein Vergleich der Beschäftigtenentwicklung in den Ballungsregioen der Bundesrepublik Deutschland, WZB-discussion papers FS II 89 – 14, Berlin

K. L. Sommer (1989): Die räumliche Verteilung des Dienstleistungsbereichs in Bayern. Eine theoretische und empirische Untersuchung, Frankfurt a. M./Bern/New York/Paris

M. Zarth (1994): Drei Jahre Existenzgründungsförderung in den neuen Ländern – regionale und sektorale Schwerpunkte privater Investitionen. In: Informationen zur Raumentwicklung, Heft 4, S. 111-125

M. Zarth (1987): Wirtschaftsstruktur und Wirtschaftsentwicklung der Stadt Schwäbisch Hall. Forschungsberichte des Instituts für Angewandte Wirtschaftsforschung, Tübingen

Ursachen der relativ niedrigen Arbeitslosenquote im Hochsauerlandkreis

Baldur Wienke[1]

Zusammenfassung

Maßgeblich für die relativ günstige Beschäftigungssituation ist in erster Linie das breite Spektrum an Wirtschaftszweigen. Keine Branche ist dabei dominierend. Der größte Beschäftiger, der Handel, hat einen Anteil von 10 % an allen sozialversicherungspflichtig Beschäftigten. Fünf weitere Wirtschaftszweige liegen mit ihrem Beschäftigtenanteil über 5 %, alle übrigen darunter. Bei Strukturproblemen eines Zweiges hält sich daher die Negativentwicklung auf dem Gesamtarbeitsmarkt in Grenzen.

Der zweite wesentliche Grund ist in der Struktur der Betriebsgrößen zu sehen. Nur 13 von rd. 7.000 Betrieben mit sozialversicherungspflichtig Beschäftigten haben mehr als 500 Mitarbeiter, fast 2/3 aller Betriebe beschäftigen ein bis fünf Arbeitnehmer. Diese vielen kleinen und mittleren Betriebe passen sich schnell und flexibel an die Marktgegebenheiten an. Hinzu kommen geringe Kosten für Management und Verwaltung, also Kostenvorteile gegenüber Großbetrieben.

Letztlich bedarf das Humankapital der besonderen Erwähnung. Der Grad der beruflichen Bildung im Hochsauerland ist hoch, rd. 70% aller Beschäftigten besitzen einen schulischen oder betrieblichen Ausbildungsabschluß. Die Anforderungen einer modernen Wirtschaft an ein qualifiziertes Arbeitskräftepotential werden damit weitestgehend erfüllt.

Summary

Causes of the relatively low unemployment rates in the Hochsauerlandkreis. The main reason for the relatively good state of employment is the wide range of economies, with no group dominating. Retailing units are the most important employers and hold a 10 per cent share of the total labour force. Five other economic groups hold shares of five per cent each, and the others are fair below. That is why structural problems affecting one group have but limited impact on the total labour market. The second reason is the size structure of the businesses. Of a total of some 7000 units not more than 13 offer 500 and more jobs, whereas two thirds of them employ but one to five workers. These many small and medium-sized businesses are able to react more flexible on changes of the market conditions, low costs for management and administration giving them advantages over large businesses. The human capital is worth mentioning as well. The standard of vocational and practical qualifications is high, as 70 per cent of all employees produced a formal or practical degree and thus meet the requirements of a modern economy for qualified labour force.

---

[1] Verwaltungsdirektor Baldur Wienke, Arbeitsamt Meschede, Postfach 1154, 59851 Meschede

Die aktuelle Arbeitslosenquote im Hochsauerlandkreis beläuft sich auf 7,2 %, damit hat der Hochsauerlandkreis wieder den günstigsten Rangplatz aller Arbeitsamtsbezirke in Nordrhein-Westfalen übernommen, nachdem er in den Wintermonaten Dezember 1993 bis März 1994 auf den zweitgünstigsten Platz zurückgefallen war. Daß das Hochsauerland in den Wintermonaten stets einen deutlichen Anstieg der Arbeitslosigkeit hinzunehmen hat, hängt mit den ausgeprägten jahreszeitlich bedingten Einflüssen zusammen und deren Auswirkungen auf witterungsanfällige Wirtschaftszweige wie Bau, Steinbrüche, Sägewerke, Transportgewerbe und Forstwirtschaft. Im Jahresdurchschnitt könnte der Arbeitsamtsbezirk Meschede, wie in den vergangenen drei Jahren, wieder die niedrigste Quote in NRW aufweisen. Mit bayerischen oder baden-württembergischen Arbeitsamtsbezirken kann er allerdings nach wie vor nur bedingt konkurrieren.

Das Hochsauerland, auch „Land der tausend Berge" genannt, wobei die Berge ab 400 m ü. M. gezählt werden, ist landschaftlich ausgesprochen reizvoll mit in der Regel engen Tälern, viel Wald, Weideland, wenig Ackerbau und wenig flacher Fläche. Das heißt, für die Ansiedlung von Menschen war und ist auch heute noch nicht allzuviel Platz. Bei einer Fläche von nahezu 2.000 qkm und reichlich 275.000 Einwohnern kommen rd. 140 Einwohner auf den qkm; die Besiedlung ist also dünn, die größte Stadt Arnsberg umfaßt weniger als 80.000 Einwohner. Bis zur nächsten echten Großstadt Hagen oder Dortmund sind es jeweils ab Kreisgrenze rd. 50 km. Abschließend noch eine vielleicht überraschende Zahl: am 30.06.1993 wurden bei 277.000 Einwohnern 93.000 sozialversicherungspflichtig Beschäftigte gezählt, das entspricht einem Anteil von 33,6 % gegenüber 33,9 % in NRW. Bildet man den selben Vergleich für Anfang der 80er Jahre, ergibt sich für das Hochsauerland noch ein deutlich ungünstigeres Bild.

Was sind nun die Ursachen der relativ niedrigen Arbeitslosenquoten? Woran liegt es, daß der HSK bisher im Konjunkturabschwung so glimpflich davon gekommen ist?

Zum ersten ist auf die Vielfalt der Wirtschaftszweige, den Branchen-Mix zu verweisen. Keine Branche ist dabei dominierend. Legt man die sozialversicherungspflichtig Beschäftigten als Maßstab zugrunde, so hat Mitte letzten Jahres unser größter Beschäftiger, der Handel, einen Anteil von 10 %, gefolgt von der Elektrotechnik (8,3 %), dem Gesundheitswesen (7,9 %), dem Bau einschließlich des Ausbaugewerbes (7,8 %), der Eisen-, Blech- und Metallwarenherstellung (5,5 %) sowie den Sägewerken einschließlich der Holzverarbeitung (5,4 %). Diese sechs Wirtschaftszweige haben jeder für sich einen Anteil von über 5 % an allen Beschäftigten, alle übrigen liegen darunter. Bekannte Schrumpfungsbranchen wie Bergbau und Stahlerzeugung sind nur in absolut vernachlässigbarer Größenordnung vertreten. Zum Fremdenverkehr noch ein Wort: Im Bereich Gaststätten und Beherbergung lag der Anteil der sozialversicherungspflichtig Beschäftigten bei gut 3 %. Für eine Erholungsregion ist dies nicht viel, allerdings ist zu bedenken, daß in dieser Branche viele geringfügig Beschäftigte eingesetzt werden.

Differenziert man nach sekundärem oder warenproduzierendem Sektor einerseits und tertiärem oder Dienstleistungssektor andererseits, stellt man fest, dar im HSK 57 % aller Beschäftigten im sekundären und „nur" 42 % im tertiären Sektor tätig sind. Anfang der 80-er Jahre war die Schere noch weiter geöffnet. In NRW ist dies praktisch umgekehrt: 45 % sekundärer Sektor und 54 % im tertiären Sektor. Der primäre Sektor spielt sowohl im HSK wie in NRW als Beschäftiger mit einem Anteil von um 1 % keine Rolle.

Dieses breite Spektrum an Wirtschaftszweigen ohne Dominanz einer oder mehrerer Branchen erscheint mir ein besonderer Vorteil; denn bei Branchenkonjunkturen oder Strukturproblemen eines Zweiges halten sich die Negativauswirkungen auf den Gesamtarbeitsmarkt und damit auf die Arbeitslosigkeit in Grenzen. Daß dabei der sekundäre gegenüber dem tertiären Sektor deutlich überwiegt, stellt keinen Nachteil dar, andererseits ergibt sich dadurch noch Entwicklungspotential im tertiären Bereich.

Den zweiten wesentlichen Grund stellt die Struktur der Betriebsgrößen dar. Im HSK gibt es rd. 7.000 Betriebe mit sozialversicherungspflichtig Beschäftigten. Nur ein gutes Dutzend (0,2 %)

haben mehr als 500 Beschäftigte, fast 2/3 aller Betriebe beschäftigen 1 bis 5 Arbeitnehmer. Diese vielen kleinen und mittleren Betriebe agieren und reagieren flexibler und schneller am Markt, passen sich kurzfristiger an als grobe Betriebe. Hier werden vielfach kleine Serien hergestellt. Außerdem hat sich eine Reihe von Betrieben auf Nischenprodukte spezialisiert. Darüber hinaus trennt man sich in Zeiten rückläufiger Konjunktur nicht so schnell von Arbeitnehmern, auch wenn die Auftragslage dies erforderlich macht. Dies hängt mit der „familiären Betriebsatmosphäre" zusammen, die vielfach noch vorherrscht. Voraussetzung für ein Bestehen am Markt, namentlich wenn es darum geht, eine gewisse Durststrecke zu überbrücken, ist sicherlich eine ausreichende Eigenkapitaldecke.

Darüber hinaus spielt auch der Kostengesichtspunkt eine Rolle, und zwar in zweierlei Hinsicht. Zum einen sind die Löhne, und zwar die effektiv gezahlten, in einer Reihe von Fällen niedriger als die für vergleichbare Tätigkeiten in Ballungsgebieten. Zum anderen halten sich wegen der mittelständischen Struktur der Betriebe die „Overhead-Kosten" in überschaubarem Rahmen, also die Kosten für Management und Verwaltung. Bei Einführung flacher Hierarchien ist allerdings auch im HSK noch ein gewisses Potential an Kosteneinsparung vorhanden. Aufgrund der teilweise relativ günstigen Kostenstruktur gegenüber vergleichbaren Produkten ergibt sich anteilmäßig mehr Nachfrage im HSK mit entsprechenden Auswirkungen auf die Beschäftigung.

Letztlich bedarf der Faktor Mensch der besonderen Erwähnung. Hier soll zunächst ein Blick in die Geschichte geworfen werden. Infolge der überwiegend kargen Böden konnte die bäuerliche Wirtschaft den Menschen im Hochsauerland nur eine magere Existenzgrundlage geben. Schon im 18. Jahrhundert lädt sich ein Kleineisengewerbe nachweisen. Beispielsweise wurden Sensen, Sicheln und ähnliches hergestellt. Diese wurden im Rahmen des Wanderhandels vertrieben, wobei Wanderungen bis Berlin und auch darüber hinaus bekannt sind. Mit anderen Worten, die Sauerländer waren schon früher aktiv und umtriebig und sind gewerblich-technisch „vorbelastet". Die Arbeit verbunden mit den Tugenden Fleiß, Disziplin, Ordnung, Pünktlichkeit steht vielfach in der Werteskala auch heute noch hoch im Kurs. Das heißt, der Wertewandel hat sich noch nicht in dem Male breit gemacht wie in den Ballungsgebieten.

Schließlich besitzen die Beschäftigten im Hochsauerland einen hohen Grad an beruflicher Bildung. Der Anteil derjenigen mit einem schulischen oder betrieblichen Ausbildungsabschluß liegt bei nahezu 70 %. Damit wird der Landesdurchschnitt allerdings nicht ganz erreicht. Namentlich Arbeitskräfte mit Hoch- oder Fachhochschulabschluß sind im Hochsauerland unterrepräsentiert. Hier besteht offensichtlich nur ein begrenzter Markt. Jedenfalls ist die Auspendlerquote für Arbeitskräfte mit akademischer Ausbildung (Auspendler/Beschäftigte aus dem Wohnort in %) deutlich höher als die Einpendlerquote. Im Hinblick auf den prognostizierten Nachfragetrend zu höherqualifizierten Arbeitnehmern besteht hier Nachholbedarf. Bei der betrieblichen Ausbildung hingegen sieht dies anders aus. Dies unterstreicht die Angebots-/Nachfragerelation auf dem Ausbildungsmarkt. Schon seit langem liegt sie teilweise beträchtlich über dem Landesschnitt von Nordrhein-Westfalen.

Außerdem erscheint noch ein Punkt erwähnenswert. Unabhängig von der skizzierten Resistenz gegenüber dem Wertewandel gilt für den Hochsauerlandkreis noch eine ausgeprägte „soziale Kontrolle". Damit ist gemeint, dar im Hinblick auf die sehr überschaubaren Größenordnungen der Kommunen, wo sich anders als in Ballungsgebieten in der Regel niemand in der Arbeitslosigkeit „verstecken" kann, die intensive Suche nach einer neuen Tätigkeit gewissermaßen „erzwungen" wird.

Es gibt sicherlich noch eine ganze Reihe weiterer Gründe, die für die relativ niedrige Arbeitslosigkeit im Hochsauerland ursächlich sind, deren Einfluß aber weniger gravierend erscheint.

Arbeitsplatzsicherung durch Kultur

Werner Hartung[1]

Zusammenfassung

Kunst und Kultur werden als „weiche Standortfaktoren" in der Arbeitsmarkt- und Ansiedlungpolitik nahezu ausschließlich dem Fremdenverkehrs- und Freizeitaspekt untergeordnet. Versuche, kulturelle Potentiale ländlicher Regionen für innovative Entwicklungsansätze zu nutzen, scheitern häufig am Homogenitätsdruck einer konstruierten „regionalen Identität". Im Gegensatz zum damit verknüpften Muster der Kompensation von Arbeitslosigkeit und Autonomieverlusten durch die Dezentralisierung kultureller Aufgaben, legen neue Planungsansätze das Gewicht auf die Anregung regionaler Selbstfindungs-Diskurse, die in geeigneten Phasen von Außenstehenden moderiert und beraten werden. Neben einer Ausrichtung der Beschäftigungspolitik auf innovative Modelle des 1. und 2. Arbeitsmarktes, ist die Förderung sozialer Schlüsselkompetenzen und vernetzter Strukturen mit Hilfe künstlerisch kreativer Potentiale der Region eine Grundvoraussetzung für endogene Zielbestimmungen und Umsetzungsstrategien. Ländliche oder flächenbezogen arbeitende Einrichtungen im Kultur- und Bildungsbereich sind als „neutrale Instanzen" akzeptierte Motoren solcher Regionalkonferenzen und Werkstätten.

Summary

Cultural activities to retain jobs. Both the labour policy and the economic promotion activities regard cultural activities as „weak" development factors assigning them to the fields of tourism and leisure. Initiatives to use the cultural potential of the rural areas for the development of innovations often fail because of the compulsory effects of a „regional identity". In contrast to the patterns of compensating unemployment and the loss of local autonomy new planning approaches foster the idea of giving incentives to discourses of regional self-determination, at some times externally moderated and consulted. Next to directing the employment policies to innovative models of the first and second labour market the promotion of social key competence and network structures by means of creative regional potentials is the main pre-condition to define endogenous targets and to develop strategic actions. Cultural and educational organisations operating in the rural areas are accepted as „neutral" moderators of such regional conferences and workshops.

---

[1] Dr. Werner Hartung, Firma in puncto, Miegelweg 9, 30455 Hannover

Arbeitsplatzsicherung durch Kultur – Endstation Hoffnung oder Motor regionaler Entwicklung?

Künstlerischer Produktion mag, Teile des Kunsthandwerks ausgenommen, von nüchternen Gemütern der „Gebrauchswert" abgesprochen werden. Zu den menschlichen Grundbedürfnissen zählt sie doch gerade in schwierigen Zeiten. Dafür steht in Deutschland beispielhaft der 1947 begründete Warentausch „Kunst gegen Kohle" der Recklinghausener Ruhrfestspiele. Wann immer hingegen das Motto „Kohle machen mit Kunst und Kultur" auf die Tagesordnung gesetzt wird, drängt sich der Schluß auf, daß das Latein klassischer Arbeitsmarktpolitik nahezu erschöpft ist.

Kaum eine wirtschaftliche und soziale Umbruchsituation besonders in ländlich geprägten Regionen, die, wo auch „weiche Standortfaktoren" nicht mehr ziehen, nicht zu übertriebenen Erwartungen hinsichtlich der Vermarktung kultureller Leistungen aus Geschichte und Gegenwart in Verbindung mit naturräumlichen Segnungen verleitete. Das Land wird geschminkt und in Szene gesetzt. Es harrt der Heimsuchung und stimulierten Zahlungsbereitschaft jener, deren freie Zeit mit Verweis auf die schwindende Erwerbsarbeit zunehmend wieder beschnitten wird. Und es bleibt vielfach jenen verschlossen, die unter dem schmerzlindernden begrifflichen Zynismus der „Sockelarbeitslosigkeit" ausreichend Gelegenheit zur Freizeitgestaltung erhalten.

1. Kultur und Regionalbewußtsein

Die vorherrschende Reduktion des Verhältnisses von Kultur und Arbeit auf die Vision einer boomenden „Freizeit-Industrie" ist als Handlungsmuster nicht neu. Ihre Wurzeln liegen in der Stadt-Land-Dialektik, die sich seit Beginn der Hochindustrialisierung durch eine gegenläufige Mobilität auszeichnet: Der ökonomisch bedingten „Landflucht" folgte die agrarromantisch geprägte „Stadtflucht". Daraus wiederum der Versuch, in agrarindustriellen Strukturen zum Ziele des Haupt- und Nebenerwerbs Erholungs- und Kompensationsräume für gequälte städtische Seelen zu schaffen. Dieses Geschäft mit Heimatverlust und „Entwurzelung" wurde und wird durch die selbst zugewiesene Prokura städtisch sozialisierter Eliten für die Zukunft des ländlichen Raumes aktiv gefördert. Der in der Heimatbewegung der Jahrhundertwende, speziell im „Heimatschutz" und der ländlichen „Wohlfahrts- und Heimatpflege" Heinrich Sohnreys am deutlichsten ausgeprägte Missionseifer blieb in vorindustriellen Bildern befangen. Er entwickelte keine tragfähige Programmatik zur aktiven Sicherung ländlicher Lebenswelten durch Erschließung neuer Arbeitsfelder[2].

Der verfängliche, oft landschafts- und kulturvernichtende Kreislauf zwischen Arbeits- und Freizeiträumen spiegelt sich in den Kommunikationsmustern zwischen Stadt und Land wider. Ernst Rudorff, der Nestor der deutschen Heimatbewegung, verwies seit den 80er Jahren des 19. Jahrhunderts wiederholt voller Zorn auf den Teufelskreis von rücksichtsloser Überplanung und „Entweihung" des Landes durch Projekte der Großtechnik und der „Prostituierung" von Landschaft und Kultur für einen sensationslüsternen, nach immer neuen Erlebnishöhepunkte gierenden Massentourismus[3].

Mit ihrem Gemisch aus oberlehrerhafter Anleitung und beißender Kritik des angeblich fehlenden Beharrungsvermögens der Landbevölkerung schuf die Mehrzahl städtischer Geschmacksapostel eine für die ländliche Bevölkerung schizophrene Situation, die wenig Raum ließ für einen handlungsorientierten, gleichberechtigten Dialog.

Von den Tagen der Neoromantik unterscheidet sich urbanes kulturelles Sendungsbewußtsein unserer Tage durch einen betont demokratischen Legitimismus, der dem Land jeden (kulturellen)

---

2 Zu den Reformbewegungen des Kaiserreiches siehe Andreas Knaut: Heimatschutz im wilhelminischen Zeitalter, Diss. Phil. München 1992 und Werner Hartung: Konservative Zivilisationskritik und regionale Identität. Am Beispiel der niedersächsischen Heimatbewegung 1895 bis 1919, Hannover 1991.

3 Ernst Rudorff: Über das Verhältnis des modernen Lebens zur Natur, in Preußische Jahrbücher 45 (1880), S. 261-276. Ders.: Heimatschutz, in Grenzboten 56 (1897), Nr. 4, S. 401-414 und Nr. 56, S. 111-117.

Eigenausdruck abspricht. „Alle unsere kulturelle Praxis ist städtische kulturelle Praxis, alle unsere bürgerlichen Freiheiten – ohne die diese kulturelle Praxis nicht denkbar ist – sind städtische Freiheiten", schreibt Volker Plagemann, Vorsitzender des Kulturausschusses des Deutschen Städtetages, und fährt fort:

„Es mag lange neben städtischer Kultur eine bäuerliche, ländliche, dörfliche Kultur gegeben haben. Die Voraussetzungen dafür sind in Westeuropa entfallen: bäuerliche Arbeit, ländliche Abgeschiedenheit. Auch die alten Institutionen ländlicher Kultur, Dorfkneipe, Dorfschule, Dorfkirche sind außer Funktion. Geblieben ist die TV-Vernetzung. Die ältere, unterlegene, bäuerliche Kultur ist nach jahrtausendelangem Prozeß hier in Westeuropa der städtischen Kultur gewichen, selbst wenn leider für viele Landbewohner die für uns Stadtbewohner selbstverständliche aktive Teilhabe und Teilnahme eingeschränkt ist. Es gilt, durch neue Formen städtischer Kultur die Teilhabe der Landbewohner zu ermöglichen."[4]

Aus beiden Positionen, der agrarromantisch-zivilisationskritischen der Jahrhundertwende und dem kämpferischen Urbanismus Plagemanns, wird deutlich, daß die Stadt in ihrem Verhältnis zum „platten" Land erhebliche Irritationen erfahren hat und sich schwertut, es aktiv neu zu bestimmen. Die Verlegenheitsformel, daß den Landbewohnern die Teilhabe an städtischer Kultur durch neue Formen eben dieser städtischen Kultur eröffnet werden müsse, ist auch symptomatisch nicht nur für das traditionelle Verhältnis von Stadtplanung zum „Umland", sondern auch für den Mangel an flächenbezogenen Vorstellungen der sogenannten „Neuen Kulturpolitik", die 1993 mit einem „Blick zurück nach vorn" ihr 20jähriges Jubiläum beging[5]. So wichtig die neuen kulturpolitischen Impulse der beiden letzten Jahrzehnte waren: vernetzendes Denken kommt über Städtebünde selten hinaus und endet in ländlich geprägten Regionen an den künstlich isolierten Horizonten von Klein- und Mittelstädten.

Die (Wieder-)Entdeckung der Region erfolgte zwar schon seit Mitte der 70er Jahre, allerdings erneut im bestimmenden Kontext zivilisations- und technikkritischer Bewegungen gegen Gebietsreformen und Großtechniken. Regionalisierung staatlicher Kulturpolitik hatte denn auch meist kompensatorischen Charakter. Die Akzeptanz der verwaltungstechnischen Zentralisierung des Verfassungsstaates, verbunden mit einem Machtverlust regionaler Eliten, sollte durch regionale Kulturautonomie erleichtert werden. Dieses Prinzip führte zwar zu einer Dezentralisierung kulturpolitischer Entscheidungsprozesse und vereinzelt durchaus zu innovatorischen Ansätzen, nicht aber automatisch zu einer Demokratisierung der Entscheidungsfindung und zu Fördervielfalt. Eher läßt sich heute nachweisen, daß Zentralismus in Planung und Verwaltung bei gleichzeitiger, nahezu ausschließlicher Delegation der Kulturförderung und -entwicklung an einen regionalen Entscheidungsträger regionale Selbstbestimmung und Gestaltungsfähigkeit stark einschränkt[6]. Dies ist in erster Linie die Folge des auch über die Suche nach regional geprägter Identität nur schwer auflösbaren Widerspruchs zwischen städtischen und ländlichen Lebenswelten, eines meist nur historisch legitimierten Regionalismus, der Vertikalisierung begünstigt, wo er die Horizontalisierung von Lebenswelten postuliert. Bei der Entwicklung des regionalen Fremdenverkehrs und auch der sonstigen Wirtschaftsförderung schafft ein auf regionale Identität reduziertes regionales Selbstbewußtsein beträchtliche Blockaden. Zurecht verweist Hermann Voesgen darauf, daß die „Suche nach Klarheit und Eindeutigkeit" Identitätsbrü-

---

4 Volker Plagemann: Bürgerrecht Kultur, in: Kulturföderalismus und Kulturförderung. Neue Bundesstaatlichkeit in Deutschland? Dokumentation 43 der Kulturpolitischen Gesellschaft (Loccumer Protokolle 5/91) S. 83-86, hier S. 83.
5 Zur Theorie und Praxis der „Neuen Kulturpolitik" siehe zusammenfassend Norbert Sievers: Neue Kulturpolitik. Programmatik und Verbandseinfluß am Beispiel der Kulturpolitischen Gesellschaft. Dokumentation 32, Hagen 1988. Außerdem das Sonderheft der „Kulturpolitischen Mitteilungen", Zeitschrift. d. Kulturpol. Ges., Nr. 61/62 (1993) zum Kongreß „Blick zurück nach vorn. 20 Jahre Neue Kulturpolitik" vom 19.-22. Mai 1993.
6 Siehe dazu Hermann Voesgen: Kultur und Krise. Ein Tagungsbericht, in: Kulturpol. Mitteilungen, Zeitschrift. d. Kulturpol. Ges. 56/1992, S. 51 f. Voesgen schildert darin den (weitgehend gescheiterten) Versuch, im Rahmen des Modellversuchs „Kultur & Region" in Ostfriesland und dem benachbarten Raum um Wilhelmshaven mit Zukunftswerkstätten, und ästhetischen Visionen zur Entwicklung von Lebensperspektiven in dieser wirtschaftlichen Krisenregion beizutragen.

che leugnet, vermeintliche Regionalkultur zum Vehikel zwanghafter Abgrenzung macht, sich von der tatsächlichen Alltagskultur entfernt und damit Gefahr läuft, in eine „Authentizitätsfalle" zu tappen[7]. Umgekehrt folgt daraus, daß ein enger Zusammenhang besteht zwischen der Prägung regionaler Entwicklungspotentiale durch Kunst und Kultur und endogener politischer Gestaltungsfähigkeit in allgemeinen Zielfindungs- und Planungsprozessen. Die besondere dynamische Chance der Region sieht Voesgen denn auch nicht in der Identitätssuche im Feld sozial-räumlicher Zusammenhänge, sondern in den sich hier bietenden Chancen, der Versäulung der Gesellschaft durch die Schaffung punktueller, horizontaler Zusammenhänge entgegenzuwirken[8].

2. Kultur und Arbeitsmarktpolitik

Die kulturpolitischen Debatten der 70er und 80er Jahre führten in der Alt-Bundesrepublik zur Postulierung eines neuen Kulturverständnisses. Kultur wurde fortan als „Querschnittsaufgabe" verstanden, als Ferment eines ressortübergreifenden, auf Vernetzung und Problemfeldorientierung zielenden Handelns in Politik und Verwaltung[9]. Mit diesem allgemeinen sozio-kulturellen Gestaltungsanspruch und vor dem Hintergrund der einsetzenden Massenarbeitslosigkeit bestimmten Überlegungen zur Zukunft der Arbeit den kulturpolitischen Diskurs. Daß dennoch die „Querschnittsaufgabe Kultur" bisher so wenig dazu beitragen konnte, die Querschnittslähmungen in Verwaltungen und insbesondere in der Arbeitsmarktpolitik wenigstens zu lindern, ist ein Indiz für den auffälligen Mechanismus individueller und kollektiver Abschottung bei wachsendem Problemdruck. Dieser, so scheint es, stabilisiert Kommunikationsblockaden und schürt Ängste vor neuen Wegen, wo Offenheit und Gestaltungswille die einzige Chance böten.

Die organisierte Kulturszene debattiert nicht nur über die Zukunft der Arbeit, sie selbst profitiert seit den 70er Jahren mit Schwankungen nicht unerheblich vom Verschwinden herkömmlicher Arbeit. Viele Projekte und neue Entwicklungen sind ohne den über das Arbeitsförderungsgesetz (AFG) und flankierende Programme finanzierten „zweiten Arbeitsmarkt" undenkbar. Arbeitsbeschaffungsmaßnahmen (ABM) haben beträchtlich dazu beigetragen, neue Formen kultureller Arbeit zu entwickeln, aber auch allgemein neue Wege für die Arbeitswelt aufzuzeigen. Zukunftsweisende Arbeitsformen entstehen häufig im Kontext kultureller oder kulturell geprägter Projekte, ohne daß die meisten dieser simulierten Zukünfte Bestand hätten[10]. So nimmt es nicht Wunder, daß auch die Kritik an der herkömmlichen Arbeitsmarktpolitik, speziell an der kontraproduktiven personellen Diskontinuität der „Arbeitsbeschaffung" aus dem Kulturbereich heraus mit am deutlichsten artikuliert wird[11]. Notwendige prozessuale Entwicklungen gerade im Kultur- und Sozialbereich reißen meist immer dann ab, wenn sie in ein entscheidendes Stadium für eine dauerhafte Verankerung in der Stadt oder der Region treten.

Eine Zukunft der Arbeit gerade in benachteiligten ländlichen Regionen wird es schwerlich geben, wenn nicht aus der inzwischen verbreiteten Erkenntnis Schlußfolgerungen gezogen werden, daß die hergebrachten ökonomischen Gesetzmäßigkeiten zwischen Wachstum und Beschäfti-

---

7 Hermann Voesgen: Kulturräume – es geht auch ohne Identität, in: Kulturell. Mitteilungen 61/62 (1993), S. 132 f.
8 Ebd., S. 133.
9 Aus der Fülle der Dokumente und Veröffentlichungen sei hier auf die Resolution der Kulturdezernenten der am interkommunalen Projekt „Kultur 90" in NRW beteiligten Städte verwiesen, in: Richard Erny/Wilhelm Godde/Karl Richter (Hg.): Handbuch Kultur 90. Modelle und Handlungsbedarf für die kommunale Kulturarbeit, Köln 1988, S. 331-336.
10 Einen Überblick dazu geben der ehem. Nürnberger Kulturreferent Hermann Glaser: Das Verschwinden der Arbeit. Die Chancen der neuen Tätigkeitsgesellschaft, Wien/New York 1988 und der Bericht über das Saarbrücker Projekt 'Kultur und Arbeit' von Rainer Silkenbeumer, in: Pappermann/Mombauer: Kulturarbeit in der kommunalen Praxis, 2. Aufl., Köln usw. 1991, S. 250-257.
11 Hierzu siehe die Arbeiten von Axel Bust-Bartels, u.a. die Studie "Ökonomische Entwicklung und (Sozio-)Kultur. Argumente für eine unkonventionelle Beschäftigungsinitiative." Kulturpol. Ges., Dokumentation 44, Hagen 1993. Grundlegend zur kulturpol. Debatte über die Zukunft der Arbeit ist die von der Kulturpol. Ges. hg. Dokumentation Nr. 20 „Zukunft der Arbeit – Zukunft der Freizeit", Materialien und Diskussionsergebnisse dreier Tagungen zu diesem Thema, Hagen 1984.

gungsgrad nur noch sehr eingeschränkt gelten. Spätestens mit der Einigung Deutschlands im Oktober 1990 hätte eine innovative und kreative Arbeitsmarktpolitik eingeleitet werden müssen, die Ernst gemacht hätte mit der Formel, Arbeit zu Finanzieren statt Arbeitslosigkeit. Statt dessen wurde die Illusion genährt, die ABM-Gesellschaft DDR sei mit einem klassischen ABM-Feuerwerk aus Nürnberg zu simulieren. Heute ist klar, daß dieser Versuch zwar die Arbeitslosenstatistik geschönt hat, ansonsten aber kläglich gescheitert ist. Dies gilt in der Mehrzahl gerade auch für innovative Projekte im Kulturbereich, die durch die anhaltende drastische Verschlechterung der ABM-Bedingungen (dies auch im Westen) und des vorzeitigen Ausstiegs des Bundes aus der im Einigungsvertrag verankerten Übergangsfinazierung der kulturellen Substanz der neuen Länder doppelt betroffen sind.

Die Frage der Zukunft ländlicher Regionen ist in erster Linie die der Zukunft menschlicher Arbeit in ihnen, ihrer Formen und Finanzierung. Antworten auf diese Herausforderung verlangen bessere staatliche Rahmenbedingungen für neue Wege auf dem ersten und zweiten Arbeitsmarkt. Daß auch auf dem ersten Arbeitsmarkt bei befristeter staatlicher Förderung neue Ergebnisse erzielt werden können, mag das Modell der „Sozialen Betriebe" des Landes Niedersachsen unter Beweis stellen. Bis Ende 1993 sind in 48 geförderten Betrieben über 900 Langzeitarbeitslose und benachteiligte Personen aufgefangen worden mit dem Ziel, Marktnischen auszubauen oder in Kooperationsbeziehungen mit anderen Unternehmen ihre dauerhafte Existenz zu sichern[12].

Im Mittelpunkt soll hier aber die Frage stehen, wie ländliche Regionen selbst mehr Innovationsfähigkeit herstellen können, verbunden mit der Entdeckung und Förderung ihrer kreativen Potentiale. Diese Prozesse setzen Kommunikationsfähigkeit voraus. Kreativität und Kommunikation wiederum hängen entscheidend von den kulturellen (Selbst)Erfahrungs- und Handlungsfeldern ab, die eine Region aufweist. Nicht die Summe verbliebener oder neuer kultureller Einrichtungen und Aktivitäten ist hierbei entscheidend, sondern die Fähigkeit ihrer Trägerinnen und Träger, Netze zu knüpfen, sich von Traditionsdruck zu lösen, sich Provokationen und Widersprüchen in kreativer Gelassenheit engagiert zu stellen.

Für eine integrale Kultur-, Bildungs- und Arbeitsmarktpolitik auf regionaler Ebene ergibt sich daraus eine dreistufige Aufgabenstellung:

1. Künstlerisch-kreative Potentiale sind in der Region zu halten, vorhandene Arbeitsplätze zu sichern, neue zu entwickeln.
2. Einrichtungen und Netzwerke in den Bereichen Kultur und Bildung sind besonders unter dem Gesichtspunkt kreativitätsfördernder und kommunikativer Funktionen zu reformieren oder neu zu entwickeln.
3. Kreative Potentiale müssen genutzt werden, um (auch jenseits gewohnter Verwaltungs- und Entscheidungsstrukturen) regionalspezifische, weitgehend selbstbestimmte Entwicklungsziele zu formulieren und in geeigneten Kooperationsformen umzusetzen.

Ansätze dazu seien mit den folgenden Beispielen aus dem „Innovationsfeld neue Bundesländer" vorgestellt:

4. Perspektiven zur Sicherung künstlerischer Arbeit

4.1 Kultureinrichtungen

Arbeitsplatzsicherung durch Kultur heißt zunächst, Arbeitsplätze in der Kultur selbst sichern. Dies ist leichter gesagt als getan angesichts der Krise der öffentlichen Haushalte und der Sparauflagen, die den Kultur-, Sozial- und Bildungssektor nicht verschonen. Daß hier in West und Ost mancherorts „Überkapazitäten" bestehen, beispielsweise in der Theaterlandschaft, ist nicht zu bestreiten. Auch die Debatte über Steuerungsmängel und Vergünstigungen ist in vielen Fällen gerechtfertigt. Rotstift und Seziermesser sind jedoch ein untaugliches weil unvollständiges Besteck für kostenmindernde und zugleich effektivitätsfördernde Reformen. Für den

---

[12] Dieter Kleine: Wenn der Sozialminister als Existenzgründer auftritt. Soziale Betriebe – ein neues Instrument der Politik in Niedersachsen, in: Frankfurter Rundschau Nr. 216, 17.9.1993, S. 12.

Kulturbereich gilt mehr noch als für andere Handlungsfelder, daß panikartige Schließungen von Einrichtungen oder unmotivierte „Abwicklung" von Theatersparten weder ein Problem lösen (und zuweilen nicht einmal in den erwarteten Zeiträumen haushaltspolitisch spürbar sind), noch geeignet sind, dauerhaft sinnvolle und finanzierbare Infrastrukturen zu sichern.

Die engagierten Debatten um den Kulturabbau legen das vorherrschende methodische Desaster öffentlicher Sparpolitik und Entwicklungsplanung zugleich bloß:

Da wird – zumeist ohne gründliche Kenntnis tariflicher Besonderheiten – heftig über Standorte und Betriebsformen gestritten, kaum jedoch über die Wertigkeit von Zielen. Zumeist sind Ziele nicht einmal verbindlich bestimmt. Wer aber über Geld und Arbeitsplätze reden will, muß zunächst eine möglichst breite Verständigung über inhaltliche Zielsetzungen herbeiführen. Was dann folgt, ist die Hierarchisierung von Entwicklungszielen, Prioritätensetzung, die Festlegung von Zeiträumen, Vorgehensweisen und Varianten unter Einbeziehung der finanziellen Entwicklung. Die Frage nach der Veränderung der Betriebsform ist statt dessen zumeist nur Ausdruck des Bestrebens, eine Problemlösung zu vertagen oder abzuwälzen. Diese Versuchungen gehen derzeit verstärkt einher mit erstaunlichen Illusionen kommunaler Entscheiungsträger über die Möglichkeiten eines zu steigernden Kultursponsorings und neuer Privatisierungsmodelle[13].

Am aktuellen Beispiel des „Theaters der Altmark" in Stendal können klassische Problemabwicklung und neue Problemlösung einander gegenübergestellt werden. Hier wurde vom kommunalen Träger zunächst die Entscheidung getroffen, mit Ende der Spielzeit 1993/94 das Orchester in die Arbeitslosigkeit zu entlassen. Zwischenzeitlich sind die Zweifel daran gewachsen, ob dieser Beschluß tatsächlich die ersehnte finanzielle Entlastung bringt und vor allem, ob die Reduzierung auf ein Schauspielangebot mit gelegentlichen musikalischen Gastspielen von außerhalb dem Bedarf der Altmark-Region entspricht.

Immerhin sind bis 1991 bis zu 80% aller Theaterangebote musikalisch untersetzt oder im konzertanten Bereich angesiedelt und nachweislich bei den Zuschauern weitaus beliebter gewesen. Unvernetzte Problemanalyse führt hier außerdem dazu, daß mit der Orchesterentlassung das Programm der Musikschulen drastisch vermindert wird. Eine wichtige breitenkulturelle Angebotsstruktur der Altmark leidet damit unter einer offensichtlichen Fehleinschätzung von Intendanz und Politik. Zugleich verschuldet sich die Stadt Stendal in beträchtlicher Höhe und auf lange Sicht für einen nun überdimensioniert erscheinenden Theaterneubau.

Für die kommunalen Entscheidungsträger in der Stadt und den beiden neuen Altmarkkreisen spricht, daß sie den Mut zur Korrektur offenkundiger Fehlentscheidungen aufbringen und die Entwicklung eines neuen Orchestermodells prüfen lassen. Ziel ist es nun, das Orchester in neuer Trägerschaft des bisherigen Fördervereins aufzufangen. Neben gemeinsamen Produktionen mit dem Theater sollen in die dauerhafte Finanzierung des Klangkörpers frühere „Nebentätigkeiten" einbezogen werden, etwa die Musikschularbeit. Die einstmals bedeutende regionale Konzerttätigkeit soll neu entwickelt, auf vertragliche Grundlage gestellt und grenzübergreifend ausgeweitet werden.

Das Ziel, künstlerische Potentiale in der Altmark zu erhalten, ist nur erreichbar, wenn die Beschränkung auch kulturpolitischen Denkens auf ein Schubladensystem voneinander isolierter Angebotsformen überwunden wird. Bewegung verlangt ein solches Modell auch vom Orchester selbst und von den Tarifpartnern, die sich von gewohnten Arbeitsplatzbildern und Manteltarif-Bestimmungen werden lösen müssen. Die Einbeziehung von früherer „Zusatz-Mucke" in ein Finanzierungsmodell erscheint nur vordergründig als Abschied von einem Privileg. Dieser Schritt macht bewußt, daß Musiker vorhandene und aktivierte Zusatzqualifikationen nutzbringend einsetzen können, um allein oder im Teilensemble zum dauerhaften Lebensunterhalt beizutragen.

---

13 Werner Hartung: Stiftungen, Spenden, Sponsoring – private Kulturfinanzierung zwischen Illusion und Innovation, in: Zweiter Bericht zur Kulturpolitik 1993/94. Kulturfinanzierung in der Bundesrepublik Deutschland, hg. vom Dt. Kulturrat i.A. der Förderges. für kulturelle Bildung e.V., Bonn 1994, S. 151-155.

Da sich Prozesse dieser Art in Ost und West zu häufen beginnen, sollte die begonnene Stendaler Korrektur zum Nachdenken anregen. Durch intelligente „Umwicklung" und Einbeziehung anderer (zumeist auch finanzierter) Arbeitsfelder in Konzepte und Berechnungen ist mehr kreatives Potential in Stadt und Land zu erhalten, als durch rein finanzpolitisch motivierte Amputationen. Gleiches gilt für die Anwendung von Investoren-Modellen im baulichen Bereich, wie sie jetzt auch für den teuren Theaterbau in Stendal geprüft werden. Hier liegen, im Gegensatz zu üblichen Sponsoringarten, noch beträchtliche Entwicklungsmöglichkeiten privaten Engagements brach, die aufwendige Investitionen kurzfristig ermöglichen, öffentliche Kassen entlasten und damit letztlich Arbeit im Bau- und Dienstleistungssektor sichern.

Als „Nebeneffekt" führt die Orchesterproblematik in der Altmark und die erforderliche Meinungsbildung unter den Gebietskörperschaften dazu, daß im Rahmen einer ständigen „Altmark-Konferenz" künftig alle bedeutenden regionalen Problemstellungen und Entwicklungsperspektiven gemeinsam in Angriff genommen werden sollen.

4.2 Arbeitsgrundlagen für freie Künstlerinnen und Künstler

Die Bedingungen freier Existenz für Künstlerinnen und Künstlern haben sich seit Gründung der Künstlersozialversicherung in der Bundesrepublik zweifellos grundlegend verbessert. Öffentliche und private Künstlerförderung tragen jedoch bei weitem noch nicht wirksam genug dazu bei, solche künstlerischen Potentiale in der Gesellschaft nachhaltig abzusichern[14]. An Modellen, Ideen und Einzelbeispielen von der Wandbildgestaltung von Künstlern und Kindern an einem Kulturtreff bis hin zur Spielplatzgestaltung oder Autorenlesungen in der Schule oder zur Atelierförderung fehlt es nicht. Föransätze jedoch, die auf die regelmäßige Einbindung von Künstlerinnen und Künstlern in kreative Angebote und Prozesse zielen, sind noch immer zu selten.

Der existentielle Umbruch in den neuen Bundesländern, der Künstlerinnen und Künstler zum Teil stark betrifft, hat auch in der Künstlerförderung einige neue Ansätze gebracht, die über die bloße Einbeziehung dieser Berufsgruppe in die Leistungen der Arbeitsverwaltung mittels halbherziger ABM-Projekte hinausgehen. Beispielhaft ist das knapp dreijährige Modellprojekt „freie Hand – Kunst- und Kulturschaffende in sozialen Arbeitsfeldern", getragen von der Bildungsvereinigung Arbeit und Leben Sachsen-Anhalt e.V. In einer landesweiten „Beschäftigungsgesellschaft" wurden über 50 Künstler und Kulturschaffende, die in selbst gestalteten AB-Maßnahmen oder in Partnerprojekten untergebracht waren, durch ein begleitendes Curriculum fortgebildet. Ziel war es, bis zum Ablauf der ABM-Phase und der Leistungen durch das Arbeitsamt den Teilnehmern pädagogische und sonstige Fertigkeiten zu vermitteln, die nicht im Sinne einer „Umschulung", sondern einer Zusatzqualifizierung verstanden wurden. Die Wiederaufnahme einer freien Existenz sollte am Ende ebenso möglich sein wie die Übernahme in ein Angestelltenverhältnis. Die Einzelprojekte waren so zugeschnitten, daß die Beteiligten nicht als Sozialarbeiter, sondern als künstlerische Kräfte in sozialen Arbeitsfeldern zum Einsatz kamen[15]. Aus diesem Pilotprojekt sind zahlreiche langfristige Arbeits- und Honorarverhältnisse hervorgegangen, die den Nachweis erbringen, daß sinnvolle und notwendige Arbeit sprichwörtlich überall auf der Straße liegt. So sind zum Beispiel mit der „Kreativen Kinderwerkstatt" und dem „Senioren-Kreativverein" in Halle neue Wege dezentraler, vernetzter Kultur- und Sozialarbeit beschritten worden. Im institutionellen Bereich ist das Anfang 1994 eingeweihte „Künstlerhaus 188" in Halle mit aus dem Künstlerprojekt hervorgegangen. Der Trägerverein, bestehend aus „Arbeit und Leben Sachsen-Anhalt"

---

14 Zur allg. Orientierung siehe den „Klassiker" von Karla Fohrbeck u.a.: Kunstförderung im internationalen Vergleich. Ein Bericht über Förderformen, Kunst-Fonds und Beispiele praktischer Unterstützung der Bildenden Kunst, Köln 1981.

15 Zwischenbericht über das Projekt „freie Hand", hg. Bildungsvereinigung Arbeit und Leben Sachsen-Anhalt e.V., Magdeburg 1992. Über die Teilprojekte liegen zwischenzeitlich im Selbstverlag von Arbeit und Leben und von weiteren Verlagen Dokumentationen vor.

und dem Künstlerverband „Kunst und Form", unterhält hier künstlerische Produktionsstätten, Veranstaltungsräume, ermöglicht soziokulturelle und soziale Projekte und den Betrieb des kommunalen Kinos. Von Modellen der Kinder- und Jugendarbeit im Museum bis hin zu Biohaus-Projekten weist die Bilanz des Projektes „freie Hand" spannende, zukunftsweisende Ideen auf, an die kommunale und vor allem interkommunale Projekte anknüpfen könnten, beispielsweise ein „Landkino". Denn ein Defizit von „freie Hand" besteht darin, daß flächenbezogene, mobile oder vernetzende Projekte nur in städtischen Ballungsräumen versucht wurden.

Einen eher flächenbezogenen Ansatz verfolgt das Mitte 1994 begonnene und auf eineinhalb Jahre ausgelegte „Künstler-Existenzgründungs-Seminar Ost-Mecklenburg" (KES), das das Neubrandenburger Projektbüro „Kultur & Region" mit Förderung des Landes Mecklenburg-Vorpommern und der EG durchführt. Bildende Künstler und Schriftsteller werden hier für eine erfolgreiche Fortsetzung ihrer freiberuflichen Tätigkeit geschult. Dies geschieht durch eine begleitende Beratung eigener Projekte in der Gruppe, durch Moderatoren und Gastreferenten und in gemeinsamen Projekten während der Laufzeit. Betriebe, Geldinstitute und andere Einrichtungen der Region, in der die Teilnehmerinnen und Teilnehmer ansässig sind, wurden als Projektpartner gewonnen. Sie sind bereit, gemeinsam mit den Künstlern ausgefallene Ideen zu entwickeln und umzusetzen. Grundregel ist es, die Marketing-Interessen der Seminarteilnehmer mit denen der Region und ihrer Wirtschaft zu verbinden. Die künstlerische Gestaltung historischer Stätten oder kreative Angebote in Künstler-Ateliers für Urlauber und sonstige Interesengruppen sind nur zwei Beispiele aus dem Katalog von Vorhaben.

Mit diesem Künstlerseminar wird, im Unterschied zu „freie Hand", das Gewicht weniger auf die Wirkung in sozialen Arbeitsfeldern gelegt als auf die Einbeziehung künstlerischer Kräfte in regionale Entwicklungsstrategien und Planungen. Dieses Ansinnen leitet über zu der Frage nach den Möglichkeiten von Kunst und Kultur zur Belebung der regionalen Eigenentwicklung und damit der Arbeitsförderung in der Region.

5. Kultur und regionale Eigenentwicklung

Flächenbezogene Planungen sind noch immer zu sehr gekennzeichnet durch eine Zentralität, die die Leuchttürme im vollen Glanz erscheinen und die Prärie veröden läßt. Selbst wenn dies nicht beabsichtigt ist, so führen doch beteiligungsarme Planungsweisen und mangelhafte Planungsvernetzung in der Praxis immer wieder dazu, daß Gesamtvisionen und Leitziele zu sehr ordnungspolitisch dargestellt und debattiert werden. Einander widersprechende Entwicklungsmöglichkeiten werden oft auch dort nicht ernsthaft abgewogen, wo (Landes-)Planung das „Gegenstromprinzip" postuliert.

Beteiligungsintensive Planungen gibt es meist nur im freiwilligen Bereich, so in der bislang überwiegend in städtischen Räumen angewandten „Kulturentwicklungsplanung". Eine solche Planung, die 1991/92 in Magdeburg durchgeführt wurde, stieß auf eine gegenüber westdeutschen Erfahrungen erstaunliche Bereitschaft bei Kulturinstituten, freien Trägern und Kulturpolitikern, regelmäßig an der Analyse- und Entwicklungsarbeit teilzunehmen.

Daß die in den Arbeitsgruppen versammelte visionäre Kraft und der geballte Sachverstand im Ergebnis sehr wenig bewegt haben, liegt – das ist kein Einzelfall – an der Starre einer Verwaltung, in der Kooperation und Koordination ebenso unterentwickelt sind wie die Einsicht, daß Tagesarbeit und Planung zwei Seiten einer Medaille sind. Zwischen Verwaltungen in Ost und West gibt es diesbezüglich nur unbedeutende qualitative Unterschiede. Auch müssen politische Entscheidungsträger bereit und in der Lage sein, Planungsziele gerade in Umbruchphasen zeitnah zu diskutieren und zur Entscheidung zu bringen[16].

---

16 Dazu Werner Hartung: Neue Modelle – alte Wege? Hürden und Chancen für kommunale Kultur- und Sozialpolitik in Wendezeiten, in: Kommunale Kultur- und Sozialpolitik. Erste Schritte zu einer neuen Kompetenz. Sondernummer der Demokratischen Gemeinde, Bonn (März 1994), S.94-100.

Von der Beweglichkeit, die die jetzt allenthalben diskutierten „Neuen Steuerungsmodelle"[17] für den kommunalen Bereich voraussetzen, ist in den meisten Verwaltungen wenig zu spüren. Wo Ausnahmen bei Einzelprojekten oder Gesamtplanungen gelingen, sprechen die Ergebnisse für sich. In solchen Fällen gelingt es häufiger, Zielsetzungen und Vorgehensweisen unter Erweiterung oder gar gänzlich außerhalb der üblichen örtlichen oder regionalen Entscheidungsgremien zu erarbeiten und sie dann in enger Kooperation mit allen Beteiligten umzusetzen.

Projektentwicklungen dieser Art sind keine Gutachterleistungen externer Beauftragter. Die Mitwirkung außenstehender Fachleute und Berater besteht in einer überwiegend moderierenden, kommunikationsstiftenden Informationsvermittlung und Unterstützung handelnder Gruppen oder Personen. Wichtig ist dabei ein ausgewogenes Verhältnis zwischen spürbarem Engagement (gegenüber gekünstelter planerischer Distanziertheit) und kritischer, dialogfreudiger Distanz zur rein endogenen Sicht der Dinge. Beteiligungsintensive Eigenplanungen bringen zumeist keine dicken Papiere hervor, dafür aber Entscheidungen, die sich breiterer Akzeptanz erfreuen als planungsbegleitende Bürgerfragestunden. Trotzdem setzt sich dieser Weg nur schwer durch, scheitern immer wieder erfolgversprechende Ansätze auf halbem Wege. Der wesentliche Grund dafür liegt darin, daß Entwicklungsdialoge dieser Art selten von gewohnten Hierarchien initiiert und durchgesetzt werden.

Zumeist sind es Kultur- und Bildungsträger oder Einzelpersönlichkeiten aus diesem Bereich, die regionale Zukunftswerkstätten oder Regionalkonferenzen anregen und diese als „neutrale Adresse" vielleicht auch besser durchsetzen können als die einander oft argwöhnisch begegnenden Gebietskörperschaften und Interessenverbände. Die Motoren-Funktion der Kultur (den Bildungssektor eingeschlossen) offenbart sich in Situationen, wo allein sie dazu in der Lage ist, Blockaden zu lösen, um horizontale Verknüpfungen und Dialogfähigkeit herzustellen. Der Kraftaufwand, den kulturelle Einrichtungen oder Initiativen an Arbeitsleistung und Geld aufbringen müssen, ist hingegen erheblich und überfordert sie schnell. Auch sind die meisten Förderrichtlinien und Förderstrukturen nicht so beschaffen, daß Entwicklungsvorgänge dieser Art über hinreichende Zeiträume gefördert würden. Regionen, in denen Entscheidungsträger einen Werkstatt-Dialog wollen, kommen an der Institutionalisierung eines geeigneten Trägers oder wenigstens an der Verabredung über eine wiederkehrende Form nicht vorbei. Damit ist keine zusätzliche Planungs- und Entscheidungsebene gemeint, wie sie sich hinter dem Schlagwort „Entwicklungsagentur" häufig versteckt, sondern die Bestimmung einer hinreichenden Plattform, die gemeinsames Nachdenken und Handeln mit geringstem Kraftaufwand ermöglicht.

Kultur- und Bildungsträger, wie etwa das vom Verein „Kulturinitiative Neubrandenburg 2000" getragene Projektbüro "Kultur & Region" oder die Akademie Schwerin mit ihrer dörflichen Bildungsstätte Severin bei Parchim, haben in solchen Funktionen den Vorzug, Querdenken zu ermöglichen, verschiedene Lebenswelten und Vorstellungen von regionaler Entwicklung miteinander zu konfrontieren. Dazu gehören auch Zukunftsentwürfe wissenschaftlicher und künstlerischer Natur. „Kreatives Problemlösen" unter Einbeziehung von Künstlerinnen und Künstlern gehört zum Pflichtprogramm einer wachsenden Zahl von Betrieben der freien Wirtschaft. Warum sollte ausgerechnet regionale Selbstfindung, Planung und Projektentwicklung vor diesem Schritt zurückscheuen? Planungs-Moderatoren, die Künstlerinnnen und Künstler zur Mitwirkung einladen, machen es sich damit nicht gerade bequem. Aber die Kunst ist ihr Geld gerade dann wert, wenn sie unbequem und anregend ist.

Träger der Erwachsenenbildung und beruflichen Bildung haben derzeit einen ebenso schweren Stand wie Kultureinrichtungen. Auch bei ihnen liegt das vielfach daran, daß sie ihrer Klientel und deren Bedürfnissen nicht gerecht werden, sich nicht auf ihre Umgebung einstellen und we-

---

[17] Kommunale Gemeinschaftsstelle für Verwaltungsvereinfachung, KGSt (Hg.): Das Neue Steuerungsmodell. Begründung, Konturen, Umsetzung. Bericht Nr. 5/93, Köln 1993.

nig Sensibilität für regionale Prozesse entwickeln. Die schon genannte Akademie Schwerin, hervorgegangen aus der früheren Bezirks-Kulturakademie, geht in dieser Erkenntnis neue Wege. Bildungsangebote für Jugendliche und Erwachsene im Kreativbereich, in der Datenverarbeitung und anderen Feldern werden Zug um Zug auf die Bedürfnisse von Zielgruppen zugeschnitten und fördern Schlüsselkompetenzen für Kommunikation und Vernetzung. Zugleich ist die Akademie in Kooperation mit anderen Trägern und Personen forschend im Bereich von Regionalanalysen in ihrem Umfeld und in anderen Regionen tätig mit dem Ziel, sich als Diskussionsforum in aktuelle Entwicklungsprozesse einzuschalten.

Die jüngste Studie, die die Akademie zur Regionalisierung berufsbezogener Weiterbildung in den neuen Bundesländern vorlegte, bestärkt die Akademie in ihrem Kurs, ebenso wie die Erfahrungen mit der Dezentralisierung von Entwicklungsaufgaben. Der Autor, Matthias Pfüller, kommt in der Bewertung mehrerer Vergleichsregionen zu dem Ergebnis, daß eine standort- und entwicklungsgerechte berufliche Qualifizierungspolitik ohne Fehlschläge und Überqualifizierungstendenzen nur aus einer Region selbst heraus entwickelt werden, die aktiv über ihre endogenen Potentiale und Zielsetzungen nachdenkt. Evaluations- und Beratungsinstanzen sollten weder allein von staatlicher Seite noch durch Großorganisationen oder „parteiische" Einrichtungen erfolgen, sondern durch eigenständige regionale Instanzen. Anders sei die Erhaltung offener, pluralistischer Strukturen nicht gewährleistet[18].

Dieser aus dem Wirkungsfeld von Kultur sowie Fort- und Weiterbildung entstandene Ansatz hat in vielfältiger Weise erhebliche Bedeutung für die regionale Arbeitsmarktentwicklung. Das beginnt bei Arbeitslosenprojekten in eigener Regie und setzt sich in der wachsenden Akzeptanz bei regionalen Entscheidungsträgern fort. Die Entscheidung des Landkreises, eine Jugendpflegerin im Tagungshaus Severin der Akademie Schwerin anzusiedeln und die Fachaufsicht an sie zu delegieren, zeigt, daß Kommunen sich durchaus zu unorthodoxen Kooperationsformen mit freien Kultur- und Bildungsträgern bereit sind.

Dieser Bericht muß sich auf wenige Beispiele beschränken, die das Zusammenspiel zwischen Kultur, regionaler Eigenentwicklung und Beschäftigungspolitik illustrieren. Viele andere begonnene oder noch in der Entwicklung steckende Modelle könnten hinzugefügt werden, beispielsweise die Planungen für ein „Handwerkerzentrum für Denkmalpflege und Umwelt" in Stendal, das, untergebracht in einem denkmalgeschützten Kasernengebäude, über die Landesgrenzen hinweg in einem Netzwerk Qualifizierung für Handwerksberufe mit Angeboten der allgemeinen Erwachsenenbildung verbinden und regionale Entwicklungsimpulse für den Mittelstand geben soll. Unter anderem gibt es hier Pläne, Dämmstoffe aus Schafwolle zu entwickeln und einen Wertstoff-Hof für wiederverwertbare historische Baumaterialien in der Region einzurichten.

Kultur und Bildung liefern keine Zauberformeln, mit denen die „Sockelarbeitslosigkeit" oder die Krise ländlicher Regionen in Windeseile besiegt werden könnten. Die Förderung und Einbeziehung künstlerischer Potentiale kann aber entscheidend dazu beitragen, kommunikative und kreative Voraussetzungen für schwierige Problemlösungen zu schaffen. Im Verein mit den in der Region am ehesten herstellbaren Berührungspunkten zwischen unterschiedlichen Lebenswelten und ihren Wirklichkeitsbildern ist es leichter, den Tendenzen zur „Versäulung" der Gesellschaft entgegenzuwirken und ohne den Traditionsdruck einer stilisierten regionalen Identität zur kollektiven Konsensfindung beizutragen.

In der sanften Konfrontation von einander Fremden und Widerstreitenden und in der Hervorbringung von Visionen sind Kunst und Kultur nicht zu überbieten. Darin liegt der Vorzug von Konflikt- und Entwicklungsmodellen, die sich ihrer bedienen.

Hierin und nicht in einer Garnitur von „soft factors" auf dem Marmorkuchen harter Standortfaktoren liegt die „Querschnittsaufgabe Kultur" begründet.

---

18 Matthias Pfüller (Akademie Schwerin): Regionalisierung der Strukturen berufsbezogener Weiterbildung in den neuen Bundesländern. Studie im Auftrag der AG QUEM, Schwerin 1994 (Vorabdruck).

Thema: Kommunalpolitik und dörfliches Handwerk. Das Beispiel Görzke im Kreis Potsdam-Mittelmark

Karl-Heinz Prinz[1]

Zusammenfassung

Die Brandenburger Gemeinde Görzke liegt im südwestlichen Teil des Kreis Potsdam-Mittelmark. Sie wurde im Jahre 1161 erstmalig urkundlich erwähnt. Im frühen Mittelalter hatte Görzke bereits Stadtrecht, eine Münze und einen eigenen Gerichtsstand. Der 1815 als Marktflecken benannte Ort gehörte zum Regierungsbezirk Magdeburg, später zum Land Sachsen-Anhalt und seit 1952 zum Bezirk Potsdam.
Die vielfältige Handwerkerschaft vor dem 2. Weltkrieg wurde als Resultat der jahrzehntelang produzierten Wirtschaftspolitik der DDR dezimiert. Aufgrund der dem westlichen Standard nicht entsprechenden Ausstattung der Betriebe sind das Handwerk und die Betriebe zusammengebrochen. 1992 Gründung eines Bürgervereins für Dorferneuerung, Wirtschaft und Landespflege mit dem Ziel, die relativ noch vorhandene Struktur des Handwerks und Gewerbes zu nutzen, die Privatinitiative der Bürger zu wecken. Verzicht auf Gewerbegebiet, dafür soll ein Handwerkerhof entstehen, um die Ansiedlung weiterer Gewerke durch die Gemeinde zielstrebig zu unterstützen.

Summary

Local policy and village crafts. The case of Görzke in the Kreis Potsdam-Mittelmark.
Görzke is situated in the south-western part of the Kreis Potsdam-Mittelmark in the Land Brandenburg. First mentioned in 1161, Görzke became a town in the early Middle Ages, including the prerogative of coinage and the right of jurisdiction. In 1815, it was part of the Regierungsbezirk of Magdeburg, later part of the Land Sachsen-Anhalt and since 1952, part of the Potsdam district. The manifold crafts that had existed in the years before World War II were reduced in the years of the economic policy of the German Democratic Republic. As the units were below western standards the local crafts collapsed after the re-unification. In order to promote the village renewal, the local economy as well as the protection of the landscape a citizens' society was founded in 1992 thus using the still existing structures of crafts and trades and giving incentives to private initiatives. A communal crafts court was established to focus the influx of new crafts.

---

[1] Bürgermeister Karl-Heinz Prinz, Breite Straße 15, 14828 Görzke/Brandenburg

1. Görzke

1.1. Lage und Ortsgeschichte

Die Brandenburger Gemeinde Görzke liegt im südwestlichen Teil des Kreises Potsdam-Mittelmark an den Ausläufern des Hohen Fläming.
Die Ballungsräume Berlin, Halle-Leipzig und Magdeburg sind ca. 60 PKW-Minuten entfernt. Der Ort liegt an der Bundesstraße 107. Die Autobahnanschlüsse (A 2 Berlin-Hannover, A 9 Berlin-Nürnberg) sind 15 bzw. 20 km entfernt. Der Ort ist mit einer Kleinbahn an die Bahnlinie Magdeburg-Berlin angeschlossen.
Die Gemeinde Görzke – mit einer Gemarkungsfläche von 3991 ha – wurde im Jahre 1161 erstmalig als Burgwart urkundlich erwähnt. In den folgenden Jahrhunderten unterlag der Ort, wie die gesamte Region, den Einflüssen einer sehr wechselvollen Geschichte, die durch zahlreiche Verwüstungen mit unterschiedlichen Ursachen gekennzeichnet ist.
Insbesondere durch seine politische/geographische Lage an der Grenze von Sachsen, Anhalt und Brandenburg ist dem Ort keine ruhige und kontinuierliche Entwicklung beschieden.
Im frühen Mittelalter hatte Görzke bereits Stadtrecht, eine Münze und einen eigenen Gerichtsstand.
Spätere Herrschaftsbestrebungen führen zum Niedergang der Stadt und mehrfach zu ihrer Zerstörung. Nach dem 30-jährigen Krieg verliert Görzke für 77 Jahre das Stadtrecht. Der Ort wird wiederholt anderen Regierungsbezirken zugeordnet, was seiner Entwicklung entgegenwirkt.
Der 1815 als Marktflecken bzw. als Landgemeinde benannte Ort gehörte zum Regierungsbezirk Magdeburg, später zum Land Sachsen-Anhalt und seit 1952 zum Bezirk Potsdam.

1.2. Der Ort als Standort von Handwerk und Gewerbe

Als ländliche Gemeinde war Görzke stets Standort bäuerlicher Betriebe. Sowohl Feldbau als auch Viehwirtschaft wurde über Jahrhunderte betrieben.

Vielfältig war die Görzker Handwerkerschaft, die in Innungen eingeteilt war. Aufzeichnungen liegen aus der Zeit nach dem Dreißigjährigen Krieg vor, als Görzke zuerst wirtschaftlich darniederlag und sich dann wieder so erholte, daß es zum Mittelpunkt von Handwerk und Gewerbe für die umliegenden Orte wurde. So ist von 1692 die Handwerksordnung der Schneider, Schuster, Bäcker, Hufschmiede, Leineweber, Rad- und Stellmacher überliefert, und aus dem Jahre 1717 liegen die Innungsartikel der Fleischer, Tischler, Böttcher und Töpfer vor.
Eines der ältesten Handwerke in Görzke war das Mühlenhandwerk, 1355 erwähnt. So gab es 4 Wassermühlen, die Muthses Mühle, die Kupfermühle, Busses-Mühle und die Schönthal-Mühle oder auch Rosenmühle genannt. Neben diesen Wassermühlen gab es in Görzke auch die Windmühle in Form der Bockwindmühle, bei der sich das ganze Gebäude nach dem Wind drehen ließ.
Das auch heute noch für Görzke typische Töpferhandwerk hatte seinen Ursprung im 17. Jahrhundert, nachdem die seit 1624 erschlossenen Tonfelder bei Pramsdorf und Buckau eine Ansiedlung von Töpfereien zur Folge hatten, zu deren Schwerpunkten sich Ziesar und Görzke entwickelten.
Die damaligen Händler, die sogenannten „Topfkerle" aus Görzke kamen noch bis Mitte des 20. Jahrhunderts mit ihren hochbeladenen Planwagen in jeden Ort, in dem keine Töpfereien heimisch waren. Noch 1920 waren 13 Töpfereien am Ort, während 1990 sich noch 5 Betriebe, allerdings zum Teil in industrieller Fertigung, mit der Herstellung von Haushalts- und Zierkeramik beschäftigten.
Aus zwei ehemals handwerklich betriebenen Töpfereien entwickelte sich eine industriell betriebene Großproduktionsstätte des Karl Seiler mit dem traditionellen Görzker Braungeschirr, die seit 1930 stets auf einem eigenen Stand der Leipziger Messe vertreten war.
In der Zeit der DDR wurde der Betrieb enteignet und als VEB Tonwarenfabrik weitergeführt. Ab 1954 wurde in diesem Werk mit der Puppenproduktion eine weitere Betriebsart erfolgreich gestartet. Bis zur Wende produzierte dieser Betrieb mit 260 Beschäftigten
– Spielwaren,

- Zier- und Gebrauchskeramik,
- glasierte Baukeramik,
- geblasene Hohlkörper.

Ein weiterer größerer Produzent bis zur Wende war das VEB Puppenwerk Görzke.

1946 erinnerte sich nach dem Zweiten Weltkrieg der damals zwanzigjährige Heise an die Kenntnisse des Tonformens aus der Schulzeit. Er begann im Anschluß an die traditionelle Görzker Töpferei anzuknüpfen und Figuren aus Ton herzustellen, die gebrannt und bunt bemalt wurden. Schafe, Hühner, Hunde, Weihnachtsmänner, Rotkäppchen und Schornsteinfeger wanderten zuerst per Fahrrad, dann per Eisenbahn in den Handel

Die Nachfrage nach diesen Spielwaren war in der Nachkriegszeit so groß, daß bereits 1948 schon 10 Mitarbeiter beschäftigt waren. Ab 1948 war der Betrieb auf der Leipziger Messe vertreten, ging dann von Ton als Grundmaterial zu PVC und HD-Polyäthylen über und fertigte 1989 mit 125 Beschäftigten 500.000 Puppen im Jahr. Außerdem wurde Blechspielzeug produziert und Hohlkörper geblasen. Die Ostblockländer waren die Hauptabnehmer dieser Produktion.

Als weiterer VEB war bis zur Wende der Betrieb LUWAL mit einem Betriebsteil in Görzke mit 44 Beschäftigten mit der Produktion von Hausschuhen vertreten.

Noch in der DDR-Zeit hatte Görzke bei abgeschottetem Innenmarkt mit den Töpfereien und der Puppenproduktion eine recht gute Beschäftigungs- und Einkommenslage. Aufgrund der dem westlichen Standard nicht entsprechenden Ausstattung der Betriebe sind das Handwerk und die Betriebe zusammengebrochen, obwohl bei den Töpfereien (mit guter Qualität) Anfänge einer Erholung zu sehen sind.

1.3. Strukturdaten der Gemeinde Görzke

Einwohner 1684 300 Gemarkungsfläche 3.991 ha
1782 719
1818 864 bebaute Fläche 130 ha
1900 1.841
1930 1.946 Fläche historischer
Ortskern 20 ha
1950 2.619
1960 2.054
1970 1.859 regionale Lage im dritten
Ring südwestlich Berlins
1980 1.670
1990 1.585

Zentralörtliche Funktion
- Unterzentrum

Wichtige Funktionen der Gemeinde
- Versorgungszentrum
- Standort Schule
- Einzelhandel und Dienstleistungszentrum
- Handwerkerbetriebe
- Gewerbestandort

Einzugsbereich
Kreis Potsdam-Mittelmark,
156.000 Einwohner
Amtsgebiet Ziesar seit 1993 mit 16 Gemeinden und 8.300 Einwohnern

Förderprogramme
- Städtebauförderung seit 1990
- Denkmalschutz seit 1993
- Dorferneuerung seit 1992

1.4. Probleme des Ortes

Viele der heutigen Görzker Gewerbetreibenden können auf eine traditionsreiche Vergangenheit ihrer Betriebe zurückschauen. Etwa ein Drittel von ihnen verzeichnet die Betriebsgründung im 19. Jahrhundert, ein weiteres Drittel zu Beginn des 20. Jahrhunderts.

Heute wie damals werden Dienstleistungen für Görzke und die umliegenden Orte ausgeführt, und die Vielzahl der ständigen auswärtigen Kunden, auch aus dem Land Sachsen-Anhalt, zeugt von der Leistungsfähigkeit des Görzker Handwerks. Die bereits erwähnte Vielfalt der Angebote aus Handwerk, Handel und sonstigem Gewerbe der 20er und 30er Jahre war 1989 nicht mehr gegeben, was unter anderem auch das Resultat der jahrzehntelang praktizierten Wirtschaftspolitik in der DDR ist. Trotzdem gelang es der gleichmachenden Wirtschaftsführung des DDR-Regimes mit dem Diktat von oben nicht ganz, die in Jahrhunderten gewachsenen, kleinteiligen Handwerkstrukturen in Görzke zu zerstören.

schulstandort keinerlei Außenanlagen vorhanden waren.
– Weitere Probleme: Die Beheizung des Kindergartens und der Kinderkrippe konnte trotz einer relativ neuen Anlage nicht ordentlich erfolgen.
– Beim Schwimmbad stand die Frage, eine Sanierung der Becken durchzuführen oder eine

Erwerbsstruktur (vor und nach 1989)

	vor 1989	31.12.1990	31.12.1993
Zahl der Beschäftigten im Ort	814	232	353
Erwerbspersonen nach Wirtschaftsbereichen			
– Land und Forstwirtschaft	261	34	47
– produzierendes Gewerbe	403	48	135
– Dienstleistungen	150	150	171

Die neugewählte Gemeindevertretung stand 1990 vor einer Vielzahl von Problemen, z. B. keine zentrale Wasserversorgung. Die Wasserversorgung erfolgt zum überwiegenden Teil durch eine Vielzahl von Hausbrunnen und Kleinstwasserwerke. 34,7 % der durch die Kreishygieneinspektion gezogenen Wasserproben lagen unter dem Grenzwert von 40 mg/l Nitrat. 65,3 % wiesen eine höhere Belastung aus. 17 Hausbrunnen mit einer Nitratbelastung von über 150 mg/l mußten gesperrt werden. Ähnlich sah es bei der Abwasserbeseitigung aus. Die Gemeinde verfügt über keinerlei infrastrukturelle Einrichtungen zur Sammlung und schadlosen Beseitigung der anfallenden Abwässer. Die Abwässer werden in Gruben oder anderen behelfsmäßigen Einrichtungen mehr oder weniger sorgfältig gesammelt. Diese Gruben wiederum werden durch Abfuhr und Ablagerung der Abfallstoffe entsorgt. Weil auch keinerlei Kanalisation für das Oberflächenwasser vorhanden ist, fließt das Abwasser aus den Gruben über Gossen und Straßen zu Tiefpunkten im Ort bzw. in nicht wasserführende Gräben.

Die Polytechnische Oberschule mit den Klassen 1 bis 10 mußte in eine Grundschule für die Klassen 1 bis 6 umgewandelt werden. Der größte Mangel bestand jedoch darin, daß der Unterricht in ca. 1,5 km voneinander entfernten Gebäuden durchgeführt werden mußte und am Haupt-

Nutzung als Anglerteich anzustreben.
– Die Mauern des Kommunalen Friedhofs waren brüchig und mußten unbedingt erneuert werden.
– Die Sanierung eines ehemaligen Gutshauses war nicht mehr aufzuschieben. Das unter Denkmalschutz stehende Gebäude verfiel immer mehr.

Weitere wichtige Fragen, die diese Gemeindevertretung zu lösen hatte, waren der Ausbau der Straßen und Gehwege und die Erweiterung des relativ kleinen Telefonnetzes.

Die Gemeindevertretung war sich schon 1990 einig, daß der Ausbau eines Gewerbegebietes nicht erfolgen soll, sondern daß die relativ noch vorhandene Struktur des Handwerks und Gewerbes genutzt werden müßte. Wenn es gelänge, die Privatinitiative der Bürger zu wecken und private und öffentliche Maßnahmen parallel liefen, dann könnte in Görzke sehr schnell viel erreicht werden.

1.5. Bürgerverein für Dorferneuerung, Wirtschaft und Landespflege

Auf Initiative des Regionalen Aufbaustabes Potsdam, dem Amt für Wirtschaftsangelegenheiten des Kreises Belzig sowie der örtlichen Bürgerschaft gründete sich in Görzke ein Bürgerverein für Dorferneuerung, Wirtschaft und Landespflege, den die Aufbaustäbe des Landes und das Landwirtschaftsministerium inzwischen zur Nachahmung empfehlen.

Zusammen mit der Gemeindevertretung hat sich der Bürgerverein der gemeinsamen Zielsetzung des wirtschaftlichen Aufschwunges gestellt. Kurz nach seiner Gründung lag seine erste Aktivität in der Wiederbelebung des Jahrmarktes in Görzke, einer Leistungsschau des örtlichen Handwerks und Gewerbes, die nach dem zweiten Weltkrieg eingeschlafen war. Mit mehr als fünfzig handwerklichen und gewerblichen Ausstellungsständen rund um den Dorfanger lockte man das Umland bis Berlin nach Görzke. Es wurde ein zweifacher Erfolg. Die Besucher kamen, staunten und kauften – und mit dem gemeinsam errungenen Erfolg stellte sich Optimismus und Vertrauen in die Zukunft und weitere Initiativen ein.

Im Verein, dem sich zwischenzeitlich fast alle Handwerker und Gewerbetreibenden des Ortes angeschlossen haben, werden die Aufgaben in Ausschüsse aufgeteilt. Ein Teil kümmert sich um Veranstaltungen, Handwerk und Wirtschaftsleben, ein anderer Teil beschäftigt sich mit Plänen und Maßnahmen zur Renovierung von Haus, Hof und Garten und wieder andere kümmern sich um die Beziehung zur Landschaft, um Wanderwege oder um die Belebung der touristischen Attraktionen.

Vor der Vereinsgründung wurde eine Busfahrt für 50 Handwerker und Gewerbetreibende nach Rhodt an der Weinstraße, das vor einigen Jahren Bundessieger im Wettbewerb "Unser Dorf soll schöner werden" war und nach Fredelsloh, Töpferort bei Göttingen, organisiert. Man hatte Gelegenheit, sich ein besonders gelungenes Beispiel einer Ortsverschönerung in Rhodt anzuschauen. Bei Fredelsloh handelt es sich um einen ähnlich strukturierten Ort wie Görzke. Außerdem wurde die Gelegenheit genutzt, dem Partnerort Sattenhausen, der sich z. Z. ebenfalls in der Dorferneuerung befindet, einen Besuch abzustatten.

Inzwischen wurde der zweite Handwerkermarkt in Görzke veranstaltet. Er war größer und reichhaltiger und es beteiligten sich noch mehr Handwerker und Gewerbetreibende. Für das Jahr 1994 will der Verein neben dem Markt und einigen kulturellen Veranstaltungen auch einen Pflanztag durchführen.

1.6. Planungsanfänge

Gemeinde, Amt und Landkreis sowie die zuständigen Ministerien haben mitgeholfen, Pläne und Maßnahmen der Gemeinde zu fördern. Es wurden tüchtige Architekten eingeschaltet, die mit gründlicher Bestandserfassung und Analyse Weichen für die Zukunft stellen.

Zwischen Bürger, Gemeinde und Planern besteht ein gesundes Spannungsverhältnis und eine wache Aufmerksamkeit in Bezug auf die Erledigung der gegenseitig zugewiesenen Aufgaben.

Die Aufnahme in die Städtebauförderung ermöglichte der Gemeinde, vorbereitende Untersuchungen, die als Ergebnisbericht vorliegen, in Auftrag zu geben. Die Analyse enthält klare Aussagen zu Denkmalbestand, Einzelanlagen und Ortsstruktur. Die Zusammenfassung der Mißstände führt zu einem Sanierungskonzept mit Maßnahmenplan, besonders für Einzelgebäude und Ensembles.

1.7. Derzeitiger Verfahrensstand

Der Schwerpunkt der Planung lag 1993 auf die erforderliche Ergänzung von Verfahrens- und Planungsschritten. Folgender aktueller Stand ist erreicht:
- Die Sanierungsgebiete wurden abgegrenzt
- Ein räumliches Gesamtkonzept als Leitlinie zur Ortsentwicklung ist in Arbeit
- Ein kommunales Förderprogramm für kleinteilige Baumaßnahmen ist in Abstimmung mit dem Land von der Gemeinde beschlossen
- Für wichtige Straßenräume, Plätze und Ensembles werden fortlaufend Planungskonzepte erarbeitet
- Bei Rückfragen werden die Bürger zu einer umfassenden Themenpalette (Baumaterial, Bauphysik, Einzelplanungen, Finanzierungsfragen) informiert
- Die Notwendigkeit einer Flächennutzungsplanung ist erkannt. Erste Bebauungsplanentwürfe sind in Arbeit

– Eine Gestaltungs- und Erhaltungssatzung ist von der Gemeindevertretung beraten worden.

1.8. Handwerkerhof

Das Projekt „Handwerkerhof" ist im Strukturförderungsprogramm des ehem. Kreises Belzig verankert. Kreisverwaltung, Amt für Wirtschaftsangelegenheiten, die LASA (Landesagentur für Struktur und Arbeit des Landes Brandenburg), Bürgerverein, Gemeinde und Amt wollen auf dem Gelände des ehem. Gutes bzw. Stärkefabrik einen Handwerkerhof aufbauen. Ein Pilotprojekt „Handwerkerhof" soll mehrere Funktionen übernehmen. Zum einen kann es die Ansiedlung weiterer Gewerbe zielstrebig unterstützen und die räumlichen Voraussetzungen klären. Zum anderen bietet es eine Möglichkeit, verschiedenste Aktivitäten zu koordinieren.

Ziel des Programmes ist es, in einem Zeitraum von 2 bis 3 Jahren vorrangig die Standortfaktoren (wie Freizeit- und Kultureinrichtungen, Wohnungsangebot) mit Hilfe von Arbeitsbeschaffungsmaßnahmen besonders unter dem Aspekt der Schaffung einer hohen Lebensqualität in der Region aufzubauen, um mit den bereits vorhandenen und direkt wirkenden Faktoren (u.a. Gewerbegrundstücke, Förderungsmöglichkeiten, Verkehrsanbindungen, Arbeitskräfte) ein eigenes Standortprofil für den Fläming zu entwickeln.

Die Realisierung des Programmes garantiert:
– Arbeit statt Arbeitslosigkeit zu finanzieren
– zusätzliche Vergabe von Aufträgen an die Wirtschaft zu ermöglichen
– den Effekt des Mitteleinsatzes zu erhöhen
– die Region infrastrukturell für Neuansiedlung attraktiver zu machen
– dem Mittelstand günstige Entwicklungsbedingungen und
– Voraussetzungen für neue Dauerarbeitsplätze zu schaffen.

Die besondere Situation Görzkes als historisch gewachsener Handwerkerort, umgeben von landwirtschaftlichen Flächen und Wald, läßt es zu, auf Industrieproduktion zu verzichten und sich auf drei wirtschaftliche Säulen zu stützen, für die in der Verknüpfung miteinander ein für die Region Berlin - Leipzig - Magdeburg sinnvoll nutzbarer Bedarf besteht. Die drei Säulen sind:
– Landwirtschaft
– Handwerk
– Fremdenverkehr.

Die Einzelmaßnahmen müssen miteinander verbunden werden, damit so die besondere und individuelle Eigenart des Ortes sichtbar und Görzke dadurch für den Außenstehenden ein Begriff und attraktiver wird.
– Die Marktlücke oder -nische ist in wachsendem Bedarf an
– handwerklichen Produkten
– gesunden Lebensmitteln
– einem erlebnisreichen Urlaubsangebot mit Bildungsmöglichkeiten
zu sehen.

Ein Ort, der Handwerkerort sein will, sollte alle Bereiche des Handwerks sichtbar machen und wirtschaftlich nutzen und die Tätigkeiten den Besuchern vermitteln. Es kann gezeigt werden, daß das Handwerk zusammen mit der Landwirtschaft in der Lage ist, durch Nutzen der beiden Säulen Direktvermarktung und selbstbestimmten Tourismus, den Ort wirtschaftlich ohne weitere Hilfe von außen zu versorgen.

Der Handwerkerhof sollte aufnehmen:
– Präsention der landwirtschaftlichen und handwerklichen Produkte, Hofladen
– Café, Restaurant
– Seminarräume
– Versammlungsraum für Dorfplenum
– landwirtschaftlicher Wagen- und Maschinenpark
– Tourismus - Organisation - Vermarktumszentrum, Zimmervermittlung
– Lager für landwirtschaftliche Produkte
– Räume für Weiterverarbeitung
– Beratungszentrum für Handwerker
– Ausbildungs- und Weiterbildungsmaßnahmen
– Entwurfsbüro
– Ausstellung
– Dokumentation
– Handweberei mit allem, was dazugehört, Wolle spinnen, ketten, färben mit Pflanzenfarbe, Ausbildungswerkstatt
– Blaudruckwerkstatt
– Buchbinderwerkstatt
– Gymnastikraum für Therapieangebot

1.9. Der Fremdenverkehr als Nebenfunktion

Görzke ist kein traditionelles Ausflugsziel im Land Brandenburg und wird es wohl auch nie werden. Trotzdem steigt die Zahl der Besucher, die den „Hohen Fläming" durchwandern oder eine kurze Rast im Ort machen, um sich einen traditionellen Handwerksbetrieb anzusehen. Das Interesse ist durch die gut vorbereiteten Handwerkermärkte geweckt. Auch der Burgwall aus dem 10. Jahrhundert oder die stattliche romanische Kirche aus dem 12. Jahrhundert sowie der Gutshof, die schöne kleinteilige Bausubstanz der Bürgerhäuser, strukturell schöne Straßen und Plätze, die Einbettung des Ortes in die Landschaft – schöne Bachauenlandschaft – Schloßwall – Schwimmbad, strukturell schöne Gartenanlagen hinter den Häusern bis zur Kirche und gute Anbindung an die Landschaft, ergibt einen eigentlich schönen Ort, der sich in verhältnismäßig kurzer Zeit in einen sehr schmucken Zustand verändern läßt.

2.0. Maßnahmeschwerpunkte 1990 bis 1994

Unmittelbar nachdem die neue Gemeindevertretung ihre Aufgabe übernommen hatte wurden erste Maßnahmen in Angriff genommen.
Es zeigt sich heute, daß die Auslegung und Zielrichtung der vorhandenen Förderprogramme gut geeignet war, auch erste Ansätze einer Neuorientierung örtlicher Funktionen zu unterstützen. Es bleibt zu hoffen, daß die bisherige flexible inhaltliche Auslegung der Förderprogramme bei der weiteren Durchführung der Ortserneuerung in Görzke weiter wirkt.
Abgeschlossene Maßnahmen:
- Neubau einer Schule einschließlich Außenanlagen, Schülerwartehalle und Fahrradstand
- Sanierung des Schwimmbades
- Neubau eines Wasserwerkes sowie des zentralen Wassernetzes für den gesamten Ort
- Umbau des nicht mehr gebrauchten Schulgebäudes zu altersgerechten Wohnungen
- Einbau einer 400-m-Aschenbahn auf dem vorhandenen Sportplatz. Schaffung eines 2. Spielfeldes durch Verlegung der Anlage, Aufbringen von Mutterboden und Raseneinsaat
- Neubau der Gartenstraße
- Sanierung diverser gemeindeeigener Gebäude (Dach, Außenputz, Sanitäranlagen)
- Anschluß der Heizung für Kindergarten und Kinderkrippe an das Heizhaus der Schule
- Neubau des Friedhofsportals sowie Erneuerung der Feldsteinmauern des Friedhofs und der Kirche
- Neuanpflanzung von Bäumen im Ortsbereich und auf den Feldwegen

Maßnahmen, an denen z. Z. gearbeitet wird:
- Ausbau des unter Denkmalschutz stehenden Gutshauses als Wohnhaus. Dieses zum Komplex Handwerkerhof gehörende Gebäude steht für Handwerker bereit, die sich ansiedeln wollen.
- Bau eines Klärwerkes sowie Verlegung der Schmutzwasserleitungen in der Chaussee- und Weinbergstraße (B 107).
- Anlage von Gehwegen und Beleuchtungseinrichtungen – B 107 (Diese Straße wird 1995 neu ausgebaut).
- Anschluß der Ortsteile Börnecke und Dangelsdorf an das zentrale Trinkwassernetz.

2.1. Ausblick

Ausgehend von der These, daß der ländliche Raum nur dann eine Entwicklungsperspektive hat, wenn er neben den vorhandenen Standortvorteilen (naturnahe und preiswerte Wohnstandorte, naturnahe Freizeit- und Erholungsmöglichkeiten, überschaubare soziale Bewegungsräume) auch ein bestimmtes Maß an Infrastruktur- und Versorgungsstandard bereitgehalten wird, hat die Gemeindevertretung unseres Ortes schon 1990 versucht, alle für das Weitergedeihen des Ortes wichtigen Einrichtungen zu erhalten. So betreibt die Gemeinde Görzke als einzige im Land Brandenburg eine Apotheke. Da sie nicht zu privatisieren war, sollte sie unbedingt geschlossen werden. Dafür war eine Rezeptannahmestelle angedacht. Inzwischen ist die Apotheke auf den Standard der alten Bundesländer ausgebaut. Der Umsatz hat sich verdoppelt. Natürlich hat auch die Gemeinde durch die Anlage von

Parkplätzen und Grünanlagen vor dieser Einrichtung dazu beigetragen, den Umsatz zu heben.

Da zur Bildung eines Amtes im Land Brandenburg 5.000 Einwohner erforderlich waren, die hier bestehende aus Görzke und den umliegenden Dörfern gebildete Verwaltungsgemeinschaft jedoch nur 4.000 Einwohner nachweisen konnte, hat die Gemeinde Görzke sich dem Amt Ziesar angeschlossen.

Diese äußerst schnelle und nur auf Einwohnerzahlen, dagegen wenig auf die Belange der Bürger Rücksicht nehmende Entscheidung, zeigt jetzt ihre Schwächen.

Ausgehend davon, daß die Dienste und die Arbeit an den Menschen gebracht werden müssen, unterhält die Gemeinde Görzke in Absprache mit dem Amt Ziesar das Gemeindebüro mit eigenen Kräften geöffnet. Weiterhin ist auch das Amt 1 x wöchentlich im Ort erreichbar. Das heißt, daß nicht alle Aufgaben der Verwaltungen nur in zentrale Orte zu verlegen sind, sondern auch stärker eine dezentrale Lösung angestrebt werden sollte.

In Anbetracht der schwierigen Anfangsbedingungen in wirtschaftlicher und sozialer Hinsicht kann die Anfangsphase der städtebaulichen Erneuerung und der Ausbau zum Handwerkerdorf Görzke als durchaus gelungen bezeichnet werden.

Die Gemeinde konnte durch Maßnahmen an kommunalen Gebäuden, sowohl wichtige Funktionen im ländlichen Raum sichern, als auch Signale für die Bürger setzen. Dies wurde durch den Einsatz von Fördermitteln in Verbindung mit kleinteiligen privaten Maßnahmen noch unterstützt.

Durch eine mutige Haltung der Gemeinde gegenüber manchen für die räumliche Entwicklung bedenklichen Investorenfragen konnte im Vergleich mit anderen Gemeinden Unheil verhindert werden.

Bei der bewährten Zusammenarbeit von Gemeindevertretung und Verwaltung mit dem Bund, Land und den beratenden Fachleuten sowie im steten Kontakt mit der Bevölkerung wird städtebauliche Dorferneuerung in Görzke erfolgreich weiterzuführen sein.

Anhang

(Quelle: Gemeindeverwaltung Görzke, Stand März 1994)
Handwerker und Gewerbetreibende

Ludwig, Peter	Töpferei	Wiesenburger Str. 2
Heinitz, Werner u. Bärbel	Töpferei	Breite Straße 23
Wagner, Walter	Töpferei	Chausseestr. 54
Kandler, Klaus	Töpferei	Breite Straße 16
Brüning, Heinrich	Gaststätte	Oberhofstr. 261
Goldbach, Dieter	Gaststätte	Weinbergstr. 17
Eret, Peter	Gaststätte	Breite Str. 149
	Musik-Cafe	Weinbergstr. 12
Böhme, Anette/Michael	Getränkestützpunkt	Angerstraße
Sell, Rainer	Getränkestützpunkt + Lebensmittel	Arensnester Straße
EDEKA	Lebensmittel	Breite Str./A.-Bebel-Str.
Netzkau, Torsten + Mario	Getränkeabholmarkt	Weinbergstr. 12
Schlecker, Anton	Drogerie-Markt	Breite Str. 136
Ambros, Alexander A + B	Heimwerker-Markt	Weinbergstr. 12
Bühler A + B	Multimarkt	Breite Str. 135
Key, Jörg	Spielwaren	Oberhofstr. 222
Kalitz, Wilhelm	Fleischerei	Oberhofstr. 224
Zimmermann, Helmut	Fleischerei	Wiesenburger Str. 14
Zimmermann, Stefan	Fleischerei	Breite Str. 148

Müller, Fritz	Bäckerei	Oberhofstr. 256
Grossian, Joachim	Bäckerei	Chausseestr. 61
Tempelhahn, Werner	Sattlerei	Breite Str. 139
Uhl, Manfred	Sattlerei + Raumausstattg.	Aug.-Bebel-Str. 166
Meier, Lutz	Tischlerei	Untertorstr. 1
Grube, Matthias	Tischlerei	Reetzer Str. 152
Müller, Günter	Holzverarbeitg.	Breite Str. 30
Tempel, Otto	Böttcherei	Obertorstr. 40
Geue, Dieter	Vertrieb von Holzprodukten	Chausseestr. 83
Hiob, Frank	Sandhandel	Aug.-Bebel-Str. 176
Knoppe, Rudolf	Elektroinstallation + Fachhandel	Aug.-Bebel-Str. 159
Zosel, Manfred	Elektroinstallation	Wiesenburger Str. 21a
Obst, Dieter	Rundfunk- und Fernsehmach. + Fachhandel	Breite Str. 150
Pohlmann, Siegfried	Schmiedemeister	Breite Str. 138
Schmidt, Rainer	Bauschlosserei	Weinbergstr. 44
Wieland, Werner	Bauschlosserei	Bahnhofstr. 2
Holz, Otto	Vulkaniseur	Reetzer Str. 11
Friedrich, Eberhard	Gas- u. Wasserinstall.	Reetzer Str. 4
Lange, Werner	Ofenbaumeister	Wiesenburger Str. 22
Krone, Ulf	Dachdeckermeister	Weinbergstr. 4
Krawez-Both, Anneliese	Frisiersalon	Wiesenburger Str. 23
Kreativ-Team	Frisiersalon	Breite Str. 20 a
Schönefeldt, Uwe	Hinterglasmalerei	Reetzer Str. 9
Lange, Hans-Hermann	Fuhrunternehmen/Busse	Wiesenburger Str. 3
Selent, Reinhard	Gütertaxi	Bahnhofstr. 4
Roßbach, Wolfgang	Taxi	Weinbergstr. 9
Ziem, Ottmar	Gespannführer/Holzrückung	Reetzer Str. 13
Ass-Car	Gebrauchtwagenhandel	Weinbergstr. 12
Goldbach, Horst	Verkauf Neu- u. Gebrauchtwagen + Kfz-Rep.	Weinbergstr. 5
Runge, Frank	Verkauf Neu- u.Gebrauchtwagen	Benkener Str. 13
Scheer, Wolfgang	Handel gebr. Pkw + Autovermietung	Chausseestr. 85
Stolze, Wolfgang	Gebrauchtwagenhandel	Chausseestr. 104
Schulze, Werner	Kfz-Werkstatt und Autohandel	Wiesenburger Str. 21
Scheer, Undine	Vertrieb + Service von Kopierarbeiten	Chausseestr. 85
Tietz, Hartmut	Eisdiele	Burgstr. 207
Bartenbach, Marita	Textileinzelhandel	Oberhofstr. 228
Dietrich, Helga	Handel Kinder- und Umstandsmode	Aug.-Bebel-Str. 169
Markwart, Michael	Zimmerverm. und Gaststättenbedarf	Oberhofstr. 222
Kalkofen, Bärbel	Zimmervermietung Börnecke,	Dorfstr. 2
Bölke, Hans-Peter	Zimmervermietung	Wiesenburger Str. 13

Quellmann, Kurt	Fuhrbetrieb	Obertorstr. 100
Lange, Norbert	Kfz-Abschleppdienst	Gartenstr. 16
Tempelhahn, Gisela	Verkauf Nahrungs- u. Genußm., Zeitungen, Lotto	August-Bebel-Str. 160
Berkau, Frank	Malermeister	Burgstr. 200
Schiller, Gerhard	Schuhmacherei	Aug.-Bebel-Str. 167
Bartlog, Wolfram	Gartenbaubetrieb	Weinbergstr. 14
Bartlog, Norbert	Gartenbaubetrieb	Kirchstr. 5
Reicho, Peter	Märkische Keramik Manufaktur	Chausseestr. 55
Kunststoffwerk Draak	Görzke GmbH	Chausseestr. 56
Täge, Andreas	rollende Diskothek	Aug.-Bebel-Str. 178
Röbisch, Manuela	Schönheitspflege + Fachhandel	Gartenstr. 21
Meyer, Klaus-Dieter	Görzker Hydraulik-Service	Gartenstr. 19
Schwarze, Ulrich	Nürnberger-Versicherung	Chausseestr. 67
Pohlmann, Elke	Viktoria Versicherung	Burgstr. 197
Heinrich, Britta	Reiterhof	Heidehof
Raiffeisen-Großhandel		Am Markt
Heinemann, Günter	priv. Landwirt	Chausseestr. 97
Ziem, Rainer	riv. Landwirt	Gartenstr. 3
Gut Görzke		Görzke/OT Börnecke
Linden – Apotheke		Chausseestr. 53
Brömme, Karin	Physiotherapie	Aug.-Bebel-Str. 158
Arztpraxis	Dr. Kinze	Chausseestr. 81
Tierarztpraxis	TA Theuerkauf	Chausseestr. 87
Zahnarztpraxis	Dr. Schönemann	Chausseestr. 106
Zimmermann, Uwe	Bauplanungsbüro	Reetzer Str. 17
Kirchenforst Görzke		Chausseestraße 83
Amt f. Forstwirtschaft	Holzplatz	Bahnhofstr. 3
Raiffeisenbank		Aug.-Bebel-Str. 169
Sparkasse		Breite Str. 131
Postamt		Breite Str. 20
Gemeindeverwaltung		Breite Str. 15
Schule + Hort		Nonnenheider Weg 3
Kita		Brandenburger Str. 7

Abb. Seiten 51, 52, 53: Handwerkerhof Görzke, Prospekte der Gemeinde

Hier entsteht in

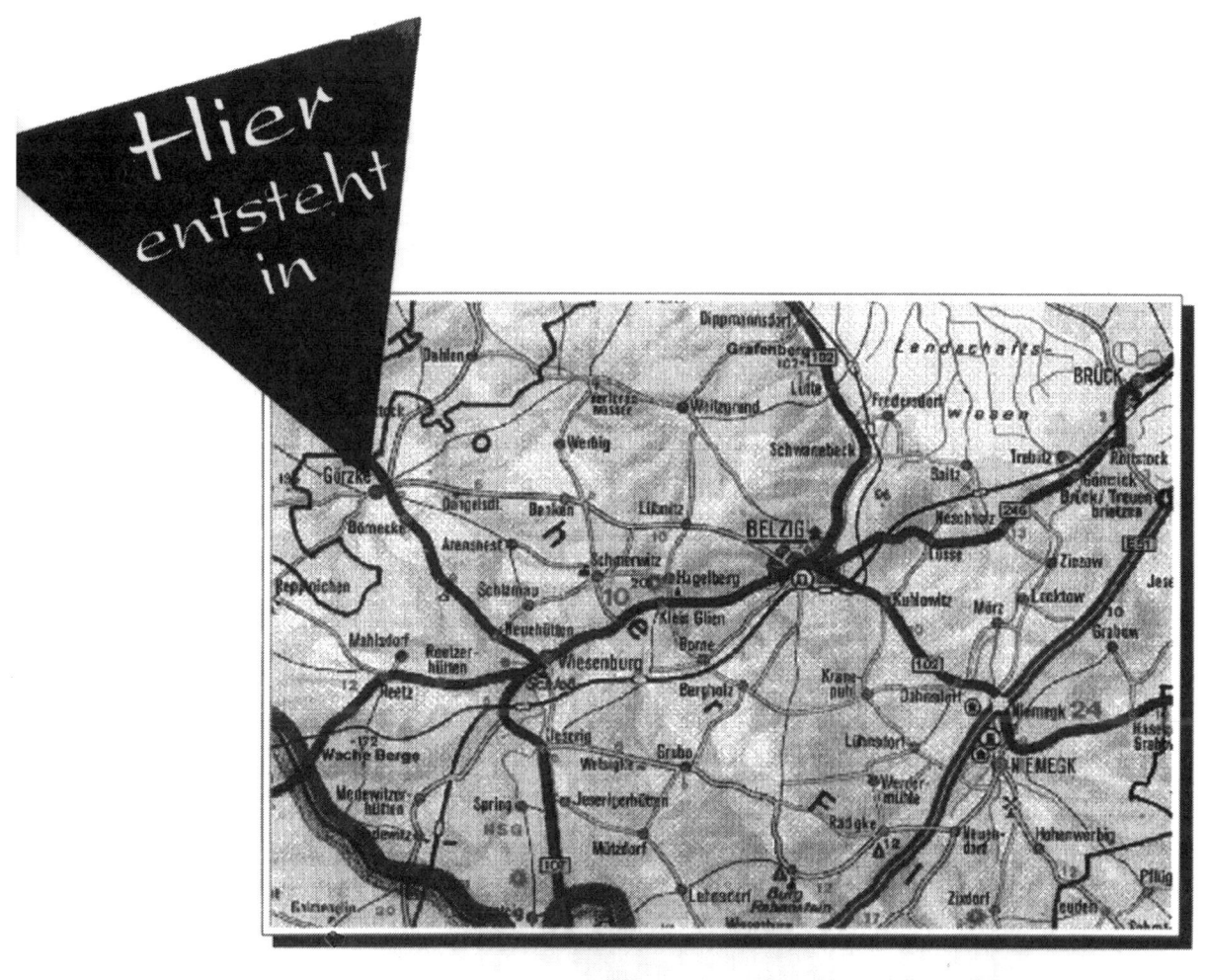

ein Handwerkerhof

Attraktiver Wohnraum steht im alten Gutshaus zur Verfügung!

Sie haben die Möglichkeit, in dem Handwerkerort Görzke Ihrem Handwerk nachzugehen, Ihre Produkte herzustellen, zu vertreiben und somit dem Zerfall des Handwerkes entgegenzuwirken!

Zu Fragen, die Ansiedlung Ihres Handwerksbetriebes betreffend, wenden Sie sich bitte an:

Herrn Bürgermeister		Wirtschaftsförderungsgesellschaft
Karl- Heinz Prinz		Potsdam- Mittelmark e.V.
Breitestr. 10	und / oder	Am Schwielowsee 110
14828 Görzke		14542 Werder/ Havel
Tel. 033847 / 40 260		Tel. 03327 / 4 06 77

Handwerkerhof Görzke

☐ **Mögliche Wege, die hier und da diskutiert werden, sind eine Konzentration auf hochwertige Produkte ausserhalb der Massenfertigung oder innovative Produkte und Verfahren auf dem Gebiet des Umweltschutzes sowie Dienstleistungen bei Forschung und Entwicklung.**

Bernd Mansel
(Das Verschwinden der Arbeit, westliche Industrienationen in der Krise)

Die besondere Situation Görzkes als historisch gewachsener Handwerkerort, umgeben von landwirtschaftlichen Flächen und Wald, läßt es zu, auf Industrieproduktionen zu verzichten und sich auf drei wirtschaftliche Säulen zu stützen:
- Handwerk
- Landwirtschaft
- Fremdenverkehr und Rehabilitation

Der Ort Görzke stellt eine außerordentliche Konzentration flämingtypischer Handwerkstraditionen in den Gewerken Töpferei, Puppenherstellung, Schneiderei, Böttcherei, Holzverarbeitung und Hinterglasmalerei dar.
Dieses Projekt soll zum Erhalt dieser Herstellungsformen und zur Weiterentwicklung der vorhandenen Handwerksstrukturen beitragen.

besondere Situation:

* Verbinden der Einzelmaßnahmen, um die besondere und individuelle Eigenart von Görzke sichtbar zu machen und die Attraktivität des Ortes für Außenstehende zu unterstreichen
* auf Marktlücken und -nischen aufmerksam machen (wie z.B.): - handwerkliche Produkte
  - Lebensmittel aus biologischem Anbau
  - erlebnisreiches Urlaubs- und Theraphieangebot mit Bildungsmöglichkeiten

der Handwerkerort soll:

* alle Bereiche des Handwerks sichtbar machen, wirtschaftlichen Nutzen und die Tätigkeit den Touristen vermitteln
* zeigen, daß Handwerk zusammen mit Landwirtschaft in der Lage sind, über Direktvermarktung und Tourismus, dem Ort ein neues wirtschaftliches Image zu geben

Vorstellungen:
Fremdenverkehr

* attraktiver Zubringerdienst von Belzig, dem Endpunkt der S-Bahnlinie, nach Görzke
* Hofbesichtigungen (Arbeiten und Leben auf dem Bauernhof)
* Bildungsurlaub in Zusammenhang mit praktischer Arbeit
* touristischen Wert alter Baudenkmäler hervorheben (alte Maschinen wieder arbeitsfähig machen u.a.)
* ganzheitliches Angebot an Meditationstherapien (Yoga, Tai Chi u.a.)
* Wiederbeleben alter Techniken und Handwerke
* besonderer Bereich "Kinder und Landwirtschaft"

Landwirtschaft

* kontrollierter biologisch organischer Anbau
* Direktvermarktung durch:
  - Hofläden
  - Wochenmärkte
  - Gründung von Stadt-Land-Beziehungen durch Erzeuger-Verbraucher-Gemeinschaften
* Spezialisierung auf besondere, regionstypische Produkte (Honig, Marmeladen, Molkereiprodukte...)

Handwerk

* Modellvorhaben: Abfallvermeidung (Wiederverwertungsmaterialien in handwerklichen Betrieben)
* starke Verknüpfung von Handwerk, Tourismus und Landwirtschaft
* Füllen der Marktlücken bzgl. handwerklicher Produkte (Töpferwaren, Blaudrucke, Böttcherwaren u.a.)

Beratung zur Schaffung von Arbeitsplätzen für Landfrauen in den neuen Bundesländern. Am Beispiel von Modellprojekten zur Dorfentwicklung „Einkommenssicherung durch Dorftourismus"

Doris Habermann[1]

Zusammenfassung

Seit Sommer 1993 hat die Firma KOMBI Non-Profit GmbH drei Dörfer im Rahmen des öffentlich geförderten Modellprojektvorhabens „Einkommenssicherung durch Dorftourismus" in den neuen Bundesländern beratend begleitet. Ausgehend von ökonomischen und sozialen Strukturveränderungen der Nachwendezeit auf dem Lande wurde ein ganzheitliches Entwicklungskonzept geschaffen, das auf dem Grundsatz der „Hilfe zur Selbsthilfe" beruht und sich in Teilbereichen an Frauen im ländlichen Bereich wendet. Mit dem Aufbau von freiwilligen Arbeitsgruppen aus der Dorfbevölkerung ging die Einarbeitung und die Fortbildung von fest angestellten Mitarbeitern/innen aus den Dörfern einher, die eine Promotorenfunktion für den Dorftourismus erhielten.

Der Beitrag beschreibt die sozio-ökonomischen sozio-psychologischen Grundlagen und Mechanismen zur Verankerung einer ersten touristischen Infrastruktur auf dem Lande und die dabei auftretenden Schwierigkeiten und diskutiert anhand der nach 18 Monaten feststellbaren Ergebnisse Strategien zur Einbindung der Bevölkerung in den dörflichen Tourismus.

Summary

Consulting for the Creation of Jobs for Rural Women. The model project for Community Development. „Securing Income by Rural Tourism".

Since 1993, KOMBI Consult GmbH has assumed the role of the principal consultant for three rural communities in the new states of Germany within the project „Securing Income by Rural Tourism", jointly sponsored by the federal and the respective state governments. Taking into consideration economic and social changes which had affected the rural areas after the reunification, the company developped a conceptual framework based on the principle „help for self-help". The concept and the implementation were especially direct towards rural women. The project was started by forming voluntary work groups within the communities which was followed by employing co-workers at the village level who assumed key functions for the promotion of rural tourism.

The article dcescribes in detail the socio-economic and socio-psychological preconditions and mechanisms for the establishment of rural tourism and the difficulties encounterer during various phases. Based on the experiences after 18 months, strategies for the involvement of the rural population in the economic ventures of rural tourism are discussed.

---

[1] Dr. Doris Habermann, Geschäftsführerin der Firma KOMBI Consult, Glogauer Str. 2, 10999 Berlin

1. Zur zukünftigen Bedeutung des ländlichen Raumes

„In Deutschland umfassen die 'ländlichen Räume' rund 80% der Fläche und rund 50% der Bevölkerung.
Die Land- und Forstwirtschaft prägt nicht nur durch ihre Flächennutzung weite Teile des Landschaftsbildes der Bundesrepublik Deutschland und gibt ihnen einen unverwechselbaren Charakter. Sie ist einschließlich der vor- und nachgelagerten Bereiche auch Wirtschaftsfaktor für bestimmte ländlich geprägte Regionen[2]."
Der ländliche Raum in der Bundesrepublik Deutschland läßt sich in drei Typen klassifizieren[3]:
– ländliche Gebiete mit großen städtischen und industriellen Zentren und relativ starker Wirtschaftskraft
– ländliche Gebiete an den Rändern der städtischen Ballungszentren mit hoher Bevölkerungsdichte und relativ hohen Umweltschäden
– ländlich-periphere Gebiete, weit entfernt von den städtisch-industriellen Zentren mit hoher Arbeitslosigkeit, geringer Qualifikation und sinkenden Geburtenraten

Ländliche Gebiete in den neuen Bundesländern, geprägt von massiven Problemen des strukturellen Veränderungsprozesses, lassen sich allen drei Typen – insbesondere dem letzteren – zuordnen.
Obwohl die Bundesrepublik Deutschland im weltweiten Prozeß der Dichotomisierung zwischen Zentrum und Peripherie und der Konzentration auf wenige Zentren selbst eines dieser Zentren darstellt, besitzt sie großräumige „innere Peripherien"[4]. Dazu zählen insbesondere die strukturschwachen ländlich geprägten Räume in den neuen Bundesländern.
Im Zuge des wachsenden Konzentrationsprozesses auf wenige große wirtschaftliche, soziale, kulturelle, politische und administrative Zentren in der Bundesrepublik Deutschland wachsen nicht nur die Probleme in den urbanen Zentren, wie: soziale Distanz, Überbevölkerung, Verkehr, Umwelt. Auch in den ländlichen Peripherien bestehen überproportionale Arbeitslosigkeit, Verarmung, Massenabwanderung, sinkende Geburtenrate, Überalterung und Verwüstungserscheinungen. Als Folge zeigt sich ein alarmierender Bedeutungsverlust des ländlichen Raumes.
Wir sind jedoch der Ansicht, daß das Überleben, die Reproduktion und die Entwicklung unserer Gesamtgesellschaft mittelfristig nur dann gewährleistet werden kann, wenn der ländlich-periphere Raum wieder an Bedeutung gewinnt, aus seiner ökonomischen, soziokulturellen und kommunalpolitischen Entmündigung entlassen wird und wenn die Landbevölkerung zu neuem Selbstverständnis und Selbstbewußtsein gelangt. Es ist längst Stand der Erkenntnis, daß die gesunde, ganzheitliche Entwicklung von Mensch und Gesellschaft sowie der verantwortliche Umgang mit der Natur in kleinen, dezentralen Gemeinschaften höhere Chancen zur Verwirklichung haben. Derartige Gemeinschaften sind gekennzeichnet durch kommunale Autonomie mit lokalpolitischer Meinungs- und Willensbildung, eine Basis-Kommunikations- und Infrastruktur, räumliche Ausdehnungsspielräume, soziale Nähe, überwiegend persönliche Kommunikation, feste Familien- und ausgeglichen Altersstruktur, einen festen Sozialverband, relativ kleine wirtschaftliche Einheiten in Form von Gewerbe, Handwerk, Handel und Dienstleistungen, regionaltypische Kultur und harmonische Kulturlandschaft.
Ländliche Kultur ist persönlicher, dichter, konkreter und mehr durch Handeln, durch aktive Teilnahme der Bevölkerung geprägt. Ihr Charakteristikum bleibt – trotz der Wechselbeziehungen

---

2 Vgl. Dr. Mary Braithwaite, Europäische Kommission (Hrsg.), „Grünes Europa, der wirtschaftliche Beitrag und die Situation der Frauen in ländlichen Gebieten", Luxemburg 1994, S. 59 ff.
3 Josef Ulrich, BML, „Agrarstrukturelle Vorplanung – Ein Instrument zur Entwicklung ländlicher Räume", in: Bundesarbeitskreis für Erwachsenenbildung auf dem Lande e.V. – BEL (Hrsg.), Informationsdienst, Nr. 1-2/April 1994, Seite 33
4 8. Essener Dorfsymposium des Arbeitskreises Dorfentwicklung – Bleiwäscher Kreis vom 25. – 26. Mai 1992 in Wilhelmstal/Thüringen, „Der ländliche Raum in den neuen Bundesländern, Resolution von Wilhelmstal 1992"

zur städtischen Kultur – die Überschaubarkeit und Lokal-Typik[5].

Bedeutungszuwachs und Stärkung des ländlichen Raums wird möglich im Zuge der Veränderung unseres Wertesystems. Ein derartiger Wertewandel deutet sich bereits an. Er ist geprägt von der Rückbesinnung von Individualwerten auf Sozialwerte, vom Wunsch nach tieferen zwischenmenschlichen Kontakten, und sozialer Verwurzelung. Er basiert außerdem auf Ökologiebewußtsein, der Forderung nach gesunder Umgebung „zurück zur Natur", dem Verlangen nach weiteren Bewegungsräumen und direkten Erlebniswelten. Im Rahmen dieser Umkehrung der Werte zeigt sich der Nutzen der ländlichen Peripherie für das Zentrum:

Die periphere Kultur- und Erholungslandschaften und die soziale Nähe in den Dörfern bieten Raum für eine „Resozialisierung" der städtischen Ballungsgebiete.

Nicht allein die Neubelebung traditioneller Werte auf einer höheren Bewußtseinsebene schafft die Voraussetzung zu einem neuen Verständnis für das Zusammenwirken zwischen Zentrum und Peripherie. Auch der Einsatz neuester Technik in der Telekommunikation, qualifizierte Heimarbeit, Telearbeit, Telebanking, Teleeinkauf etc. lassen einerseits auf eine ausgeglichene Verbindung von Arbeiten, Leben und Entspannung hoffen und schaffen andererseits die Möglichkeit zur Dezentralisierung in einem neuen Systemzusammenhang. Der Einsatz moderner Telekommunikationstechnologien fördert eine neue, humanere Art dezentralen wirtschaftlichen Handelns durch eine neuartige Vernetzung der dezentralen, Sozial- und Wirtschaftseinheiten.

In diesem Sinne werden gesunde, belebte und lebensfähige ländliche Räume zur Überlebenssicherung der Zentren und damit des gesamten Wirtschafts- und Sozialsystems beitragen.

Die Umkehrung des Zentralisierungsprozesses hin zu einer dezentralen Stärkung peripherer ländlicher Räume setzt jedoch politischen Willen und bewußtes wirtschaftliches und gesellschaftliches Handeln voraus. Die Verbreitung eines derartigen Handelns kann nur im Prozeß moderierter, gemeinschaftlicher Planung und Strategieentwicklung unter aktiver Beteiligung der ländlichen Bevölkerung geschehen.

Die Initiierung der Modellprojekte „Einkommenssicherung durch Dorftourismus" durch das Bundesministerium für Ernährung, Landwirtschaft und Forsten beweist den politischen Willen zur Neugestaltung strukturschwacher ländlicher Gebiete in den neuen Bundesländern. Die Gestaltung dieser Projekte als moderierter Selbsthilfeprozeß unterstreicht die Ernsthaftigkeit dieses politischen Willens.

Das Modellvorhaben umfaßt fünf Gemeinden bzw. Verwaltungsgemeinschaften in den fünf neuen Bundesländern. Sie werden gefördert durch das Bundesministerium für Ernährung, Landwirtschaft und Forsten, das Bundesministerium für Wirtschaft und die entsprechenden Landesministerien. Drei der Projekte werden gesteuert, beraten und moderiert durch die auf Dorftourismus spezialisierte Beratungsfirma KOMBI Non-Profit GmbH unter Einsatz der von der Firma entwickelten Methode zur Entwicklung komplexer sozialer Systeme (MEKSS).

2. Die Situation der Landfrauen in den neuen Bundesländern

Nicht alle Landfrauen sind der Berufskategorie „Landwirtin" zuzuordnen. Landfrauen sind Frauen, die in ländlich-peripheren Räumen leben.

Die ländlichen Gebiete der neuen Bundesländer liegen überwiegend entfernt von den Hauptwirtschaftszentren. Sie sind von massiven Strukturproblemen betroffen, die mit der Umstellung vom Planwirtschaftssystem zur Marktwirtschaft zusammenhängen. Die Stillegung bzw. Modernisierung und Rationalisierung von Betrieben hat zu einem sprunghaften Anwachsen der Arbeitslosenzahlen geführt. Zwischen 1989 und 1994 fiel die Zahl der im landwirtschaftlichen Sektor der neuen Bundesländer Beschäftigten von rund 900.000 auf weniger als 185.000. Davon sind vor allem die Frauen betroffen.

---

5 Henkel, G. (Hrsg.): „Kultur auf dem Lande", Essener geographische Arbeiten, 16.f. Schöningh, Paderborn, 1988

Die soziale und wirtschaftliche Unsicherheit, der Verlust des Arbeitsplatzes, der Verlust der im Kollektiv erfahrenen Geborgenheit und als solche erlebten Solidarität, der Zusammenbruch von sozialen Dienstleistungen, wie z.B. Kinderbetreuung, aber auch des ländlichen Verkehrssystems, haben nicht nur zu fallenden Geburtenraten geführt, sondern auch zur Resignation und Isolation der Landfrauen. Während in den neuen Bundesländern 1989 für Landfrauen noch eine Beschäftigungsquote von 91,2% bestand, hatten bereits 1990 78% der beschäftigten Frauen ihren Arbeitsplatz verloren. 1992 waren 60% aller Arbeitslosen in den neuen Bundesländern Frauen. In einigen ländlichen Gebieten der neuen Bundesländer stehen heute nur noch 20% der Frauen, die einmal beschäftigt waren, in Arbeit, und das, obwohl der Qualifikationsstandard der Frauen auf dem Land relativ hoch ist. 92% der Landfrauen haben eine abgeschlossene Berufsausbildung[6].

Da derzeit nur wenige Beschäftigungsalternativen für Frauen auf dem Land entwickelt werden, wird sich voraussichtlich der hohe Stand der Arbeitslosigkeit unter den Frauen in der nahen Zukunft kaum verringern. Der Mangel an eigenen PKW's und Führerscheinen leistet seinen Beitrag zur geographischen Immobilität der Frauen. Mittlerweile steigt bereits auch unter den jüngeren Frauen die Rate der Langzeitarbeitslosen an. Resignation, Isolation, abnehmendes Selbstbewußtsein, Landflucht insbesondere der jüngeren Generation und damit Überalterung und Dequalifikation des Arbeitspotentials sind die Folge.

Viele, insbesondere die älteren Frauen, wären dankbar, wenn sie eine Möglichkeit zumindest für Nebenerwerb sehen würden. Hier sind kreative neue Konzepte der Wirtschaftsförderung gefragt.

Auch in diesem Zusammenhang hat das Bundesministerium für Ernährung, Landwirtschaft und Forsten das oben erwähnte Modellvorhaben ins Leben gerufen Die Projekte beziehen sich zwar sowohl auf Frauen wie auf Männer. Sie werden aber in starkem Maße von Frauen wahrgenommen. Viele der Tätigkeiten im Landtourismus sprechen zunächst die Landfrauen an, als Anbieterinnen von Zimmern, als Gastwirtinnen, als Trägerinnen von Dorfkultur.

3. Agrotourismus als Entwicklungsfaktor zur Schaffung von Arbeit speziell für Frauen im Haupt- und Nebenerwerb

Das Modellvorhaben baut auf die Trends in der Tourismusbranche und auf die Tatsache, daß mit Agrartourismus zunehmend Einkommen erzielt werden kann:

– Die Tourismusbranche boomt und verspricht einer der größten Wirtschaftszweige des 21. Jahrhunderts zu werden. Die Wertschöpfung der Freizeitindustrie entspricht bald der Wertschöpfung der Automobilindustrie in der Bundesrepublik Deutschland.

– Tourismus ist arbeitsintensiv. Auf zehn Gästebetten in Hotels entfallen zwei Arbeitsplätze. Weltweit sind 127 Millionen Menschen im Tourismus- und Freizeitsektor beschäftigt. Damit wurde der Tourismus zur größten Beschäftigungsquelle der Welt. Insbesondere Frauen profitieren von diesem Beschäftigungsangebot.

– Der Agrotourismus hat innerhalb der Tourismusbranche Chancen, an Bedeutung zuzunehmen. Er kann sowohl als Haupt- als auch als Nebenerwerbsquelle dienen. Er kann zur Verbesserung der ländlichen Wirtschaftsstrukturen beitragen, insbesondere wenn er auf einheimische Produkte und Dienstleistungen zurückgreift. Diesbezüglich eröffnet der Landtourismus vielfältige Möglichkeiten für Direktvermarktung.

– Allerdings steht fest, daß die direkte monetäre Wirkung des Landtourismus nicht eindeutig meßbar ist, da er sich nicht selten im informellen Sektor bewegt, als Nebenerwerbsquelle dient und Arbeitszeit insbesondere der Frauen in diesem Sektor häufig nicht angemessen kalkuliert und bewertet wird.

---

6 Vgl. Europäische Kommission: „Grünes Europa, der wirtschaftliche Beitrag und die Situation der Frauen in ländlichen Gebieten", Dr. Mary Braithwaite, Luxemburg, 1994

Teile des touristischen Angebots können auch von der einheimischen Bevölkerung genutzt werden und dienen dadurch, zusätzlich zum Wirtschaftsfaktor, der Erhöhung der Lebensqualität der Einwohner/innen im ländlichen Raum.

Das sich wandelnde Verhältnis von Arbeit und Freizeit, verstärktes Umweltbewußtsein, Umstrukturierung der Alterspyramide und der vielzitierte Wertewandel kommen dem verstärkten Aufbau von Landtourismus entgegen:

- Immer mehr Menschen haben mehr arbeitsfreie Zeit, die sie zu Urlaubsaktivitäten außerhalb ihrer Wohnung nutzen.
- Der hohe Motorisierungsgrad in der Bevölkerung läßt individuelle Mobilität zu. Damit kann die Anfahrt zum ländlichen Urlaubsort flexibel gestaltet werden.
- Der Gewinn an Freizeit und die Mobilität lassen den Verbraucher im Zentrum nach attraktiven Ausflugs- und Kurzurlaubszielen „vor der Haustür" Ausschau halten. Ein knappes Drittel der deutschen Urlauber verbringt ihre Ferien im eigenen Land. Dieses Potential könnte z.T. dem Landtourismus verstärkt zugeführt werden. In Zeiten von Konjunkturabschwächung können preisgünstige Inlandsangebote ein Marketingfaktor insbesondere für Familien mit Kindern sein.
- Darüber hinaus wächst der Anteil der älteren Menschen an der Bevölkerung. Erfahrungsgemäß schätzt diese Bevölkerungsgruppe Erholung in der Heimat und auf dem Lande hoch ein. Aber auch die arbeitende städtische Bevölkerung findet mehr und mehr Geschmack am Ausspannen ohne weite Anfahrtswege. Immer mehr gestreßte ermüdete Großstadtmenschen versuchen immer öfter der Monotonie und Anonymität des Lebens in Ballungszentren zu entfliehen. Die „Provinz" gewinnt an Attraktivität.
- Außerdem wächst das Interesse der Bevölkerung an Umweltthemen. „Sanfter Tourismus" gewinnt an Bedeutung.
- Gleichzeitig ist ein Steigen des Anspruchniveaus an die Unterkünfte und die Erlebnisangebote zu beobachten.

Die Nachfrage nach aktiver naturverbundener Erholung ist gekoppelt mit gesunder Ernährung in ökologisch intakter Umwelt. Kurzfristige Reiseentscheidungen gepaart mit flexiblen Reisezeiten (unabhängig von Schulferien) verstärken den Trend zu Kurz- und Mehrfach-Urlauben aus den Ballungsgebieten in den ländlich-peripheren Raum. Ländlicher Familientourismus, Aktiv- und Erlebnisurlaub mit individuellen Freiräumen sind gefragt.

Diese Trends lassen den Auf- und Ausbau von Arbeitsplätzen im Agrotourismus im Sinne des o.g. Modellvorhabens sinnvoll erscheinen. Agrotourismus kann ein wichtiger Wirtschafts- und Entwicklungsfaktor für den ländlich-peripheren Raum werden, der zur Auflösung der Dichotomie zwischen Zentrum und Peripherie beiträgt und den ländlich-peripheren Gebieten zu Bedeutungszuwachs verhilft. Ein großer Teil der in diesem Sektor geschaffenen Arbeitsplätze wird speziell Frauen zugute kommen.

Allerdings wird es notwendig, neue Konzepte des Marketings und der direkten Zielgruppenansprache für den Landtourismus zu entwickeln und zu erproben. Nur wenn das geschieht, wird Landtourismus tatsächlich Bedeutung als Wirtschaftsfaktor für den ländlich-peripheren Raum erlangen können.

4. Grundlegende Mechanismen einer Dorfentwicklung als methodische Basis für Beratung in Selbsthilfeprojekten

Analog dem Behrendtschen Entwicklungsbegriff[7] verstehen wir unter Dorfentwicklung einen „gelenkten, dynamischen Kulturwandel" in einem Dorf, verbunden mit wachsender Beteiligung immer zahlreicherer Dorfbewohner an der Förderung und Lenkung dieses Wandels und an der Nutznießung seiner Ergebnisse.

Entwicklung in diesem Sinne meint Planung und Moderation eines dynamisierenden Prozesses insbesondere im Hinblick auf Erhöhung der wirtschaftlichen Zweckrationalität, soziokulturelle und individuelle Ausweitung menschlicher

---

[7] Vgl. Behrendt, R.S.: „Soziale Strategien für Entwicklungsländer", Frankfurt 1965, Seite 130

Energien, Fähigkeiten und Betätigungen und verstärkte Partizipation der Dorfbewohner an Entscheidungen und Nutznießungen.

Das bedeutet, daß „Entwicklung" im Gegensatz zu „sozialem Wandel" geplant verläuft. In der Regel werden dazu bei ungenügenden endogenen Voraussetzungen gezielte Impulse von außen erfolgen müssen, sei es in Form von Ideen, Information, Beratung, Weiterbildung oder Exkursionen. Die hohe Kunst einer Projektsteuerung und Beratung ist es, diese Impulse so einzugeben, daß sie sich von einem oder mehreren Dorfbewohnern voll zu eigen gemacht, adaptiert und weiterentwickelt werden.

Die exogenen Impulse zur Dorfentwicklung stehen in einem inderdependenten Wirkungszusammenhang mit den individuellen, soziokulturellen, ökonomischen und politischen Bedingungen, auf die sie innerhalb des Dorfes treffen. Aus diesem Grunde kann und wird ein und derselbe Impuls (z.B. als Teil des Dorftourismus) in unterschiedlichen Dörfern zu vollständig unterschiedlichen Ergebnissen führen.

Dorfentwicklung läuft in komplexen Mechanismen[8], über verschiedene Stufen individualpsychologischer und soziostruktureller Prozesse ab, die wir im Folgenden grob skizzieren:

– Information
Dorfentwicklung basiert auf und verläuft über Kommunikation. Erster Impuls zur gelenkten Dorfentwicklung ist gewöhnlich eine Information von außen. Inhalt und Form der Übertragung sollten auf den Stand der Information, Qualifikation und soziokulturellen Entwicklung der Dorfbewohner bzw. bestimmter Informationsträger abgestimmt sein (z.B. Dorfautoritäten, informelle Führer, ehrenamtliche und angestellte Mitarbeiter).

– Motivation
Die Motivation zur Aufnahme der Information bzw. zur Annahme und Übernahme der Neuerung hängt unter anderem ab vom Bedürfnisstand der Dorfbevölkerung, ihren Interessen, dem Grad ihrer Unzufriedenheit mit dem Bestehenden und auch ihrer Einstellung dem Informanten gegenüber. Einstellungen, Glaubwürdigkeit, Vertrauen und Vorurteile spielen dabei eine nicht unwesentliche Rolle.

– Adoption
Die zunächst individuelle Annahme, sowohl verstandesmäßig wie praktisch umsetzungsorientiert, einer neuen Idee oder einer Neuerung, ist von vielen weiteren Faktoren abhängig, wie z.B. soziale Stellung des oder der Kommunikationspartner innerhalb des Dorfes, ihren Nützlichkeitserwägungen, Erwartungen, Vorerfahrungen und ihrer Risikobereitschaft. Entwicklung entsteht nicht nur auf der Ebene von Strukturen, sondern sie orientiert sich primär an Gedanken, Normen, Erwartungen und Emotionen von Individuen. Entwicklung basiert nicht prioritär auf finanziellen Mitteln, sondern sie entsteht zunächst in den Köpfen von Menschen. Inhalt, Form und Geschwindigkeit von Diffusions- und Entwicklungsprozessen werden maßgeblich bestimmt von den Visionen und der Überzeugungskraft von Menschen und dem Glauben an den Erfolg der eigenen Schaffenskraft. Selbstbewußtheit und Selbstsicherheit machen die Urkraft der Entwicklungsträger aus.

– Diffusion
Die Annahme der Neuerung durch einen oder wenige Dorfbewohner macht noch keine Dorfentwicklung aus. Es kommt darauf an, daß die Information einem möglichst großen Kreis von Dorfbewohnern zukommt. Die Information muß im direkten Prozeß oder über mehrere Stufen (z.B. über formelle/ informelle Meinungsführer) in das Dorf hineingetragen und von möglichst vielen Menschen im Dorf angenommen und umgesetzt werden.

Unter Diffusion verstehen wir daher den Prozeß der Fortpflanzung und Ausdehnung eines Entwicklungsimpulses innerhalb des Dorfes über die einzelnen Dorfbewohner. Diese Fortpflanzung und Ausdehnung des Entwicklungsimpulses ist nur möglich, über „Adoptionseinheiten", d.h. über Individuen, die den gesellschaftsverändern-

---

8 Vgl. Peter Habermann, Doris Habermann, „Kommunikation und Entwicklung", Giessen 1976.

den Inhalt der Neuerung zumindest kognitiv oder affektiv annehmen. Lehnen sie ihn ab oder stehen sie ihm neutral gegenüber, so können sie ihn nicht oder möglicherweise nur negativ bewertet weitergeben.

Es besteht die Möglichkeit, daß der Entwicklungsimpuls während des Prozesses seiner Verbreitung über dorfinterne Kommunikation Abwandlungen erfährt. Das kann die Adoption und Diffusion sowohl erschweren wie erleichtern. Letzteres etwa, wenn ein bestimmter Inhalt so abgewandelt wird, daß er dem bestehenden Werte- und Normensystem adäquater ist, als in seiner ursprünglichen Form.

Ob eine Information, ein Entwicklungsimpuls oder eine Neuerung tatsächlich zu einer Bedingung für Dorfentwicklung werden und in welcher Hinsicht sie eine Änderung bewirken (d.h. Ausmaß, Stärke und Richtung, Geschwindigkeit der Veränderung, Hemmfaktoren und Reibungsverluste z.B. durch Konflikte), hängt sowohl vom Inhalt ab, von den beteiligten Personen, die mit dem Impuls zunächst konfrontiert werden, ihrer Motivation und Aufnahmebereitschaft und ihrem Einfluß. Es hängt aber auch ab von der Beziehung zwischen den Dorfbewohner/innen und zu den Berater/innen und „Entwicklungshelfer/innen", von den kommunikativen Prozessen bei der Weitergabe an andere Dorfbewohner und nicht zuletzt von den jeweiligen gesellschaftlichen, ökonomischen und kulturellen Bedingungen, auf die der Impuls trifft. Daher kommt es, daß ein und derselbe Inhalt unter verschiedenen individuellen gesellschaftlichen Bedingungen zu vollständig unterschiedlichen Ergebnissen führen kann.

– Strukturveränderung

Für die Dorfentwicklung sind individuelle Verhaltensänderungen von Dorfbewohnern nur eine notwendige, jedoch keine hinreichende Bedingung.

Der qualitative Sprung von der Summe geänderter individueller Verhaltensweisen zu geändertem sozialen Verhalten ist darin zu sehen, daß eine „wesentliche Anzahl" der Mitglieder des Dorfes ihr Verhalten über einen längeren Zeitraum hinweg wiederholt derart ändert, daß das als Konsequenz für das jeweilige Sozialsystem strukturelle und institutionelle Änderungen nach sich zieht, die an die nächste Generation weitergegeben werden.

Das bedeutet, daß es zur Entwicklung nicht ausreicht, wenn **ein** Individuum sein Verhalten ändert. Allerdings ist es auch nicht unbedingt notwendig, daß sich das Verhalten **aller** Mitglieder verändert. Wieviele Dorfbewohner jeweils ihr Verhalten ändern müssen, damit ein Entwicklungsprozeß einsetzt, hängt sowohl von ihrer Gesamtzahl als auch von der sozialen Stellung der betreffenden Dorfbewohner ab, d.h. von ihrer relativen Bedeutung für das Dorf sowie vom Umfang der Auswirkung auf bestehende Normen und Werte und auf die ökonomischen Bedingungen für das Dorf.

In der Praxis der Auswahl von zu fördernden Dörfern, der Dorfentwicklung und Dorferneuerung wird es aufgrund der Vielfalt der Einflußvariablen und ihrer Komplexität nicht möglich sein, alle Einflußfaktoren exakt zu untersuchen, um ihre Wirkung exakt vorauszuberechnen. Allerdings ist es insbesondere für die Beratung wichtig, die Wirkungsfaktoren und -zusammenhänge zu kennen, um im geeigneten Augenblick den Prozeß moderierend zu steuern, Hemmfaktoren zu erkennen und entsprechend damit umzugehen. Darüber hinaus ist es notwendig, daß Beratung über einen längeren Zeitraum agiert, regelmäßig vor Ort präsent ist und für die örtlichen Enwicklungsträger erreichbar ist. Entwicklung mit Hilfe von exogener Beratung funktioniert nur dann optimal, wenn die Beratungsmethode als „Hilfe zur Selbsthilfe" von allen am Beratungsprozeß beteiligten mit den entsprechenden Konsequenzen akzeptiert wird und wenn Beratung als exogen **abgestimmter** Prozeß verläuft.

5. Chancen bzw. Hemmfaktoren bei zusätzlichem Einsatz von „lokalen Beratern", „Promotoren" als Träger der Entwicklung

Der Einsatz von Mitarbeitern, die aus dem Dorf oder seiner Umgebung stammen (Promotoren), zusätzlich zu einer Beratungsinstitution, die regelmäßig ins Dorf einpendelt, aber nicht ständig vor Ort greifbar ist, dient zur Intensivierung und Förderung des Entwicklungsprozesses. Zum optimalen Zusammenwirken exogenen und endogenen Knowhow-Transfers ist Vertrauen, stetige Kommunikation und gute Kooperation zur Beratungsinstitution und zu den Promotoren notwendig.

Funktion der Promotoren ist es:
- bei der Einführung und Verbreitung der neuen Idee oder der Neuerung Unterstützung und Hilfe zu leisten.
- ansetzend an den ihnen bekannten Bedürfnissen der Gemeindemitglieder diese zu motivieren.
- eine positive Einstellung gegenüber den Entwicklungszielen und den am Entwicklungsprozeß Beteiligten zu verbreiten, Eigeninitiative, Wille zur Selbsthilfe und Aufgeschlossenheit gegenüber der Neuerung zu fördern und selbst vorzuleben.

Das können die lokalen Mitarbeiter/innen unter folgenden Bedingungen erreichen:
- Sie müssen selbst über eine entwicklungsoffene, aufgeschlossene Einstellung verfügen.
- Er / sie muß ein offenes Interesse an der Entwicklung der betreuten Gemeinde haben.
- Die Mitarbeiter sollten eine Innovationsfunktion wahrnehmen. Diese gründet sich unter anderem auf eine Neigung, sich neuen Reizen zuzuwenden. Sie ist zum anderen aber auch auf eine gewisse Unzufriedenheit mit dem Bestehenden zurückzuführen.
- Er / sie muß ein integriertes Mitglied der Gemeinde sein, das sich grundsätzlich an den vorherrschenden Normen orientiert.
- Die Motivation der Mitarbeiter zur Aufnahme der Neuerung und ihre soziale Stellung müssen jedoch so stark sein, daß er / sie u.U. auch einen Normbruch in Kauf nehmen kann.
- Er / sie muß eine informelle Führerposition innehaben oder sie im Laufe der Tätigkeit entwickeln.
- Er / sie sollte ein relativ hohes Sozialprestige in der Gemeinde genießen und über möglichst viele Sozialbeziehungen und eine zentrale Stellung im Kommunikationsnetz des Dorfes verfügen.
- Er / sie sollte über persönlichen Einfluß innerhalb der Gemeinde verfügen.
- Parallel dazu müssen die Mitarbeiter/innen feste Kommunikationsbeziehungen im Zentrum der Entwicklung, d.h. zu den externen Organisatoren / Administratoren / Beratern haben.
- Dabei sollten die Kommunikationsbeziehungen der Mitarbeiter/innen sowohl nach außen wie nach innen etwa gleich stark verlaufen, d.h. die Mitarbeiter sollten den Dorfbewohnern Informationen über die neuen Inhalte und Verhaltensweisen liefern, wie umgekehrt die Organisatoren / Verwalter / Berater über die ökonomischen, sozialen und kulturellen Bedingungen innerhalb des Dorfes aufklären.

Die Mitarbeiter/innen sollten einerseits innerhalb des Dorfes eine Meinungsführerfunktion[9] innehaben, andererseits hinsichtlich der Außenbeziehungen eine marginale Stellung bzw. eine Gatekeeper-Funktion[10] wahrnehmen.
- Die Mitarbeiter/innen sollten ein Alter erreicht haben, das eine Meinungsführerschaft unter den Dorfbewohnern garantiert.
- Die Mitarbeiter/innen sollten ein besonderes Vertrauensverhältnis zur beratenden Organisation, der Institution und den übergeordneten Administratoren haben.
- Sie sollten über mehr Knowhow verfügen, als der Durchschnitt der Bevölkerung.
- Er / sie sollte besonders informiert sein, flexibler, mobiler (geistig und geografisch), als die anderen Mitglieder der Gemeinde sein.
- Ganzheitliches Denken in Zusammenhängen über den eigenen Interessenhorizont hinaus ist gefordert.
- Er / sie muß kompetent, vertrauenswürdig, zuverlässig, lernwillig und -fähig sein.
- Er / sie sollte selbst ausreichend ökonomisch abgesichert sein.

Mitarbeiter/innen, die eine oder mehrere dieser Voraussetzungen nicht mitbringen, können den Entwicklungsprozeß erheblich verzögern oder so-

---

9 Vgl. Lazarsseld, P.F., Wehelsohn, W., Gaudet, Hazel: „The peoples choice", New York, 1944
10 Vgl. Levin, K.: „Groupdecision and Social Change" in: Samson, G.E., Newconb, T.M., Hartley, E.L. (Hrsg.): „Readings in Social Psychology", New York 1952, Seite 330-334

gar hemmen. Die Auswahl dieser Mitarbeiter/innen sollte daher besonders sorgfältig wahrgenommen werden. Sie sollte möglichst im Einvernehmen mit allen beteiligten Partnern erfolgen. Eine Trennung von „Entwicklungshelfer/innen", die dem Anspruch nicht genügen, muß möglich sein.

Die so definierten Mitarbeiter/innen sollten in ihrer Entwicklungstätigkeit unabhängig vom Dorf bzw. den offiziellen Dorfautoritäten sein. Sie sollten daher vollständig und eindeutig funktional der externen Beratungsinstitution zugeordnet sein, sofern es sich um einen von außen gesteuerten Prozeß handelt. Eine ökonomische und funktionale Abhängigkeit vom Dorf bzw. von einer Dorfautorität kann sich hemmend auf die Entwicklungstätigkeit auswirken.

Wenn z.B. andere Tätigkeiten im Rahmen der Dorfarbeit Priorität bekommen und entsprechende Anweisungen an die Mitarbeiter/innen ergehen, werden diese sich kaum dagegen verwahren können, und ihre Entwicklungstätigkeiten vernachlässigen. Eine externe Beratungsinstitution, die nicht ständig präsent ist, hat es schwer, bei uneindeutigen funktionalen Anweisungbefugnissen die Mitarbeiter/innen entsprechend zu leiten.

6. Beratung im Rahmen der Modellprojekte „Einkommenssicherung durch Dorftourismus"

Die Beratung durch die Firma KOMBI Non-Profit GmbH mit jeweiliger Unterstützung zweier Mitarbeiter/innen vor Ort bezieht sich auf drei Dörfer, je eines in Sachsen, Sachsen-Anhalt und Thüringen.

Die Projektlaufzeit beträgt zwei Jahre mit der Option auf eine dreimonatige Verlängerung. Sie begann im Sommer/Herbst 1993.

Die Projekte sind mit vergleichsweise geringen Mitteln ausgestattet. Die Mittel dienen ausschließlich zur Finanzierung der beiden Mitarbeiter/innen, der Beratung und einiger Exkursionen und Informationsveranstaltungen.

6.1 Projektziele

Die Modellvorhaben verfolgen folgendes vorgegebene Oberziel und folgende gemeinsam mit der Dorfbevölkerung entwickelte Unterziele:

Oberziel

Der Fremdenverkehr auf dem Lande soll aufgebaut werden zur Schaffung von Haupt- und Nebenerwerbsquellen, sowie zur Erhaltung ländlicher Strukturen und Verhinderung von Landflucht.

Die Unterziele sollen zu folgenden Ergebnissen führen:

– **Der Tourismus als alternativer Wirtschaftsfaktor ist allgemein akzeptiert.**
– **Eine erste touristische Infrastruktur auf dem Land ist aufgebaut,** z.B. Angebote von Ferien auf dem Bauernhof, Ferienzimmern und Gaststätten.
– Erste touristische, historische, kulturelle, sportliche **Angebote sind entwickelt.**
– **Die Vernetzung dieser touristischen Angebote ist durchgeführt,** d.h. es können den Touristen erste Programme im Rahmen des Agrotourismus angeboten werden. Dazu zählen z.B. Radtouren, Wandertouren, kulturhistorische Führungen, Gästenachmittage und -abende. Voraussetzung ist die Kooperation unter den Anbietern.
– **Die lokalen Angebote sind regional vernetzt.** Das heißt, sie werden über die Vernetzung mit bestehenden touristischen Angeboten auch außerhalb des Modelldorfes regionalisiert, so daß die Urlaubsgäste aufgrund attraktiver, weiterreichender Programme länger in der Region gehalten werden können.
– **Eine Dienstleistungskultur ist entfaltet,** d.h. das Verständnis für die unterschiedlichsten Bedürfnisse der Urlauber ist aufgebaut und ein professioneller Service mit Hinwendung zum Kunden (der Kunde ist König) wird praktiziert. Dieses Ziel stellt insbesondere in Regionen, die den Massentourismus der ehemaligen DDR mit wenigen festen Angeboten und niedrigem Qualifikationsniveau gewohnt waren, und in Regionen mit überwiegend Wirtschaftstouristen eine besondere Herausforderung dar.

– **Das Gesamtprodukt Urlaub auf dem Land** ist eingeführt. Der Fremdenverkehr beginnt sich mit wettbewerbsfähigem Qualitätsstandard im Modelldorf und der Region zu professionalisieren.
– **Der Vermarktungsprozeß ist eingeleitet.**

6.2 Ausgangsbedingungen

Zwei der drei von der Firma KOMBI beratenen Modelldörfer hatten zuvor noch keinerlei Erfahrungen im Aufbau von Tourismusangeboten. Eins der beiden Dörfer lag vor 1989 z.T. im Sperrgebiet des grenznahen Raumes zur damaligen Bundesrepublik Deutschland, d.h. seine Einwohner hatten auch kaum eigene Reiseerfahrungen machen können. In diesen beiden Dörfern ging es darum, eine vollständig neue Branche aus dem Nichts aufzubauen. Im dritten Dorf mit vorangegangenen Tourismuserfahrungen mußte eine grundlegende Veränderung bisher praktizierter Verhaltensweisen als Anbieter in Agrartourismus herbeigeführt werden.

Was das bedeutet angesichts der oben beschriebenen desolaten Situation in den strukturschwachen Gebieten der neuen Bundesländer im Zuge des Zusammenbruchs des DDR-Wirtschaftssystems, läßt sich unschwer vorstellen. Folgende Bedingungen bilden zunächst den Rahmen der Projektaktivitäten:

– Zu wenig Eigenkapital reduziert die Inanspruchname von Fördermitteln, den Umfang der Kreditbeschaffung für den Aufbau touristischer Angebote.
– Wo es früher galt, Materialknappheit zu überwinden, muß heute gelernt werden, mit Mittelknappheit umzugehen.
– Ungeklärte Eigentumsverhältnisse hemmen den Ausbau touristischer Infrastruktur.

Folgende Faktoren teilen das Dorf und hemmen seine soziale Kohärenz:

– Der Verlust der Arbeit, empfunden als individuelles Versagen, vorübergehend aufgefangen durch Tätigkeiten im zweiten Arbeitsmarkt, im Vorruhestand stillgelegte Erfahrungen, verlorengegangenes Kollektiv und das, was als Solidarität empfunden wurde und der Neid auf die, die es geschafft haben.
– Der Zusammenbruch nicht nur des wirtschaftlichen, sondern auch des gesellschaftlichen Wertesystems geht einher mit individuellem Identitätsverlust und hemmt Entscheidungsfreude dort, wo Risikobereitschaft zum touristischen Neuanfang, z.B. durch Existenzgründungen gefragt ist.
– Der Aufforderung zu selbstbewußtem, eigeninitiativem Handeln standen persönliche Frustration und Resignation einerseits und überdimensionierte Erwartungen an das Projekt andererseits gegenüber sowie eine Mentalität, die an „Hilfe von oben" gewöhnt war; eine Konstellation, die notwendigerweise zu Enttäuschungen führen mußte, denn „Eigeninitiative" kann nicht aus Resignation geboren werden und auch nicht als „Hilfe von oben" entwickelt werden.
– Die unerfüllbar hohe Erwartungshaltung, fixiert auf möglichst schnelle wirtschaftliche Ergebnisse, verwandelte sich nach kurzer Zeit bei einigen Bürgern in Frust und Abwehrhaltung dem Projekt gegenüber.
– So entstanden Mißverständnisse und Mißtrauen gegenüber einer Entwicklung, die man zunächst selbst nicht mitzutragen bereit war.
– Vorstellungen über Preise für Unterkünfte standen nicht im Verhältnis zur Qualität.
– Fehlende Informationen über Gästezahlen bzw. fehlende Erfahrungen mit Urlaubsgästen reduzierten das Interesse am Aufbau einer entsprechenden Dienstleistungskultur.
– Wirtschaftstouristen, die die Unterkünfte teilweise über Monate hinweg belegten, verhinderten die Vorbereitung auf den Umgang mit Urlaubsgästen und reduzierten die Aufnahmebereitschaft für entsprechende Weiterbildung.
– Dort, wo Erfahrungen im Tourismus des DDR-Systems vorhanden waren, war es schwer zu verstehen, warum bisher praktizierte Tourismusangebote und Qualitätstandards plötzlich in Frage gestellt wurden.
– Kulturelle Distanz zwischen Beratern und Beratenen, zwischen Beratung und einem Teil der Auftraggeber und Negativerfahrungen im Umgang mit sittenwidrigem Verhalten einiger Vertreter des marktwirtschaftlichen Systems resultierten in Vorurteilen gegenüber einer Beratung aus diesem System.

- Neid auf das Beraterhonorar (fälschlich addiert aus allen Kosten für das Gesamtprojekt) standen der Notwendigkeit zur Kooperation entgegen.[11]
- Unverständnis der Methode gegenüber sowie gegenüber einer Beratung, die mit leeren Taschen angetreten war: 'nur' mit Hilfe ihres professionellen Know-Hows und des Einsatzes einer erprobten Methode eine Branche neu aus der Taufe zu heben war offensichtlich und hemmte zunächst den Selbsthilfeprozeß.

„Konzepte" wurden gefordert und dabei die vielen kleinen und größeren Aktivitäten, die tatsächlich ablaufenden Entwicklungsprozesse übersehen.

Das zielorientierte Selbsthilfekonzept im prozessualen Sinn der gemeinsamen Planung und Strategieentwicklung konnte zunächst nicht akzeptiert werden.

Die Kombination von Beratung und Weiterbildung im Team wurde fälschlich eingeschätzt als „häufiger Wechsel des Beratungspersonals"

Der Umgang mit modernen, bisher unbekannten Management- und Trainingsmethoden, z.B. das gemeinsame Planen mit Metaplan, fälschlich verstanden als „inadäquate Kindergartenmethode", beleidigte einige Projektteilnehmer. Wichtige informelle Führer wandten sich zunächst wieder ab, widerriefen ihre Zusage zur Kooperation. Einige lokale Mitarbeiter verstärkten, aus anfänglichem Unverständnis der Methode gegenüber, die Ungeduld der Bürger und verstanden nach erfolgreich aufgebautem Selbstbewußtsein die Beraterfirma als Konkurrenz.

Die beste Ausgangssituation war dort gegeben, wo auf Initiative der formalen Autoritäten bereits vor Projektbeginn touristische Aktivitäten aufgebaut und Initiativen angeregt worden waren (z.B. Aufbau eines Tourismusvereins), und wo die formalen Autoritäten von Beginn an kooperierten.

Hier griffen die anfängliche „Entwicklung von oben", die Einleitung eines endogenen Prozesses der Hilfe zur Selbsthilfe durch die Beratung und die Initiative der lokalen Mitarbeiter/innen ineinander und setzten sich im Laufe des Projektes progressiv fort.

Angesichts dieser Ausgangslage mußte sich die Beratungstätigkeit auf folgende Grundstrategien verständigen:
- Geduldiges Aufklären von Mißverständnissen.
- Optimismus in bezug auf die Überwindbarkeit der Anfangsschwierigkeiten, geboren aus der Erfahrung in vielen vorangegangenen Dorfprojekten.
- Aufbau einer festen Projektstruktur.
- Aufgreifen jeder Idee der Dorfbewohner, diese mit Fantasie und Marktgefühl zu neuen Angeboten zu kombinieren, zu einer regionaltypischen „Philosophie des Landurlaubs" in der jeweiligen Region zu verbinden und deren Umsetzung moderierend einzuleiten.
- Kompromißbereites Verfolgen der gemeinsam entwickelten Strategie.
- Einbindung lokaler Berater/innen.
- Festhalten an den Prinzipien der Beratungsmethode als „Hilfe zur Selbsthilfe".

6.3 Die Beratungsmethode MEKSS[12]

6.3.1 Die zu Grunde liegende Philosophie

In diesen Modellprojekten soll **ausschließlich mit Hilfe von Personalinput,** ohne zusätzliche finanzielle und infrastrukturelle Mittel aus dem Projekt, die Branche Agrotourismus entweder vollständig neu aufgebaut oder umstrukturiert werden. Das bedeutet, der Projekterfolg ist wesentlich abhängig von der Motivationskraft und Energie, die sowohl durch die Berater/innen wie durch die lokalen Mitarbeiter/innen in das Dorf hineingegeben wird.

Unter Einbindung möglichst vieler Kräfte aus den Modelldörfern soll dort den Ansprüchen der Urlauber mit kreativen, zielgruppenorientierten Produkten entsprochen werden und ein regional-

---

[11] Zitat aus einer Gemeinde: „Mit dem Geld, das wir für die Beratung ausgeben, hätten wir eine schöne Kegelbahn bauen können."

[12] Die Methode zur Entwicklung komplexer sozialer Systeme (MEKSS) wurde von der Firma KOMBI als Ergebnis langjähriger Beratungstätigkeit entwicklet.

spezifisches, originelles und attraktives Angebot für den Landurlauber initiiert werden.

Ein derartiges Vorhaben läßt sich nicht theoretisch oder am grünen Tisch konzipieren und planen. Es läßt sich auch nicht, wenn es langfristig Erfolg haben soll, von oben oktroieren.

Beratung kann daher nur ein kreativer, gemeinsamer Prozeß unter Beteiligung sowohl der Mitarbeiter vor Ort wie der interessierten Dorfbewohner sein. Über die oben skizzierten Mechanismen der Information, der Motivation, Adoption, Diffusion und Institutionalisierung sowie mit Hilfe von Know-How-Transfer, Weiterbildung und Beratung soll der Landtourismus gemeinsam mit der Bevölkerung initiiert, von ihr getragen und auch nach Abschluß des Projektes weitergetragen werden.

In den neuen Bundesländern, gewöhnt an relativ problemlosen Mittelzufluß bei der Errichtung neuer wirtschaftlicher Aktivitäten sowohl in der ehemaligen DDR, wie auch im Zuge des Wandlungsprozesses, war ein Projekt, das hauptsächlich auf die Aktivierung endogener Kräfte des Dorfes und der Region durch Beratung baut, unbekannt, sowohl bei der Dorfbevölkerung, wie auch bei den entsprechenden lokalen Autoritäten auf unterschiedlichsten Ebenen.

Daher muß zunächst Verständnis für diese Vorgehensweise nicht nur bei der betroffenen Dorfbevölkerung, sondern insbesondere bei den Mitarbeiter/innen vor Ort wie auch bei den involvierten Institutionen und Ministerien in den neuen Bundesländern geschaffen werden. Die Gewohnheit, sich vorgegebenen Konzepten und Planung von oben zu beugen, muß in Frage gestellt werden. Denn eine derartige Haltung steht der Forderungen nach selbstbewußter Eigeninitiative und einer Methode, die auf moderierender Steuerung als Hilfe zur Selbsthilfe basiert, diametral entgegen.

In Regionen, wo Planwirtschaft ohne Stimulierung von Eigeninitiative jahrelang praktiziert wurde, ist es notwendig, um Eigeninitiative zu wecken, Ideen und Impulse zunächst vorsichtig von außen einzugeben, z.B. in Form von Treffen, Workshops und Exkursionen sowie im persönlichen Beratungsgespräch. Auf diese Art können die Ideen adoptiert, als eigene aufgegriffen, weitergegeben und weiterentwickelt werden. Fertige Konzepte und Strategien vorzugeben wäre gleichbedeutend mit einer Perpetuierung der in der Planwirtschaft erlernten Verhaltensweisen. Ein derartiges Vorgehen könnte zwar möglicherweise zunächst schneller vorzeigbare Erfolge zeitigen. Wenn diese jedoch nicht von innen gewachsen sind, wird es an der Eigendynamik zur Fortsetzung und Ausweitung der Aktivitäten nach Projektende, d.h. an der Nachhaltigkeit der Projektaktivitäten mangeln.

Entwicklung des Landtourismus ist so verstanden „Dorfentwicklung von unten", „Dorferneuerung von innen", „ganzheitliche Dorfentwicklung auf der Grundlage von Basisdemokratie" und wird gestaltet in einem offenen, gegenseitigen Lernprozeß[13].

Der oben zitierte Artikel von Herrenknecht zielt auf Dorferneuerungsprogramme. Er entspricht in seinem Ansatz jedoch der von der Firma KOMBI entwickelten und seit langem eingesetzten Methode zur Entwicklung komplexer sozialer Systeme (MEKSS). Es handelt sich um ein Vorgehen, das zwar von vielen gefordert, bis heute jedoch wenig wirklich praktiziert wird. In diesem Sinne verstehen wir Dorfentwicklung als

– ganzheitlichen Entwicklungsprozeß, der sowohl das soziokulturelle Leben, die lokale Wirtschaft, das kommende politische und ökologische Umfeld wie auch die Siedlungsform des Dorfes einbezieht.

– gemeinschaftlichen Prozeß, den die Dorfgemeinschaft auch kontrovers erlebt und eine neue Identifikation mit dem Dorf ermöglicht.

– kommunikativen Prozeß, der neue Kommunikationsinhalte und neue Kommunikationsformen schafft.

– Selbsthilfeprozeß, der bisher ungenutzte menschliche Ressourcen und Entwicklungspotentiale freisetzt.

---

13 Vgl. Albert Herrenknecht, „Dorfentwicklung von unten" als Instrument zur Revitalisierung der Dörfer, in: Loccumer Protokolle, 12/1987: Olaf Schwencke (Hrsg.) Eine Zukunft für unsere Dörfer Kolloquium zur europäischen Kampagne für den ländlichen Raum

– Eine so verstandene Dorfentwicklung durch Dorftourismus setzt auf Kreativität und Lernfähigkeit der Dorfbewohner und gibt ihnen ein Stück Entscheidungsmacht.

Es versteht sich von selbst, daß eine derartige Vorgehensweise optimalen Erfolg nur haben kann, wenn sie von Vertrauen zur Beraterfirma und in die Funktionstüchtigkeit der dörflichen Basisdemokratie getragen ist, Vertrauen sowohl von Seiten der Auftraggeber, wie der Mitarbeiter/innen vor Ort, wie auch der Dorfbevölkerung. Die Methode MEKSS impliziert eine mehrdimensionale ganzheitliche Beratung (im Sinne von Brigitte Roggendorf[14] und Dr. Helmut Burmann[15]). Im Folgenden werden sowohl die Prinzipien der Beratung wie auch die Struktur der Beratung und ihre Instrumente nach der Methode MEKSS dargestellt.

6.3.2 Prinzipien der Beratung

Die Beratung zum Aufbau des Agrotourismus und zur Schaffung von Arbeitsplätzen in Modelldörfern der neuen Bundesländer basiert auf folgenden Prinzipien:

– Ganzheitlichkeit
Ein möglichst großer Teil der Dorfbevölkerung soll in das Projekt einbezogen werden. Mittel dazu sind Motivations- und Informationsveranstaltungen, sowie die im Folgendem aufgezeigte Projektstruktur mit Projektgruppe und Arbeitsgruppen. Die Tourismusangebote werden in die Region und die dörfliche Struktur eingebettet. Es wird Wert auf eine ganzheitliche Entwicklung der Region gelegt, in der der Aufbau von Tourismus als ein Teil des regionalen Lebens und der regionalen Wirtschaft zu verstehen ist. Auch die Beachtung von dörflicher Lebensqualität ist unter dem Gesichtspunkt der Ganzheitlichkeit zu sehen.

– Basisorientierung
Je nach Interesse und Fähigkeiten kann sich jeder Dorfbewohner mit Ideen und Aktivitäten in die einzelnen Gremien und Instrumente der Beratung und damit in den Beratungsprozeß aktiv einbringen, sowohl als Anbieter wie auch aus politischem oder sozialem Interesse.

– Hilfe zur Selbsthilfe
Es werden keine vorgefertigten Konzepte geliefert, sondern Ziele und Strategien der einzelnen Entwicklungsschritte und der Gesamtentwicklung werden in mühevoller Kleinarbeit und während eines längeren Prozesses gemeinsam mit der Dorfbevölkerung erarbeitet und ihre Umsetzung wird gemeinsam geplant und durchgeführt. KOMBI als externe Beratung initiiert, moderiert und begleitet diesen Prozeß und transferiert Knowhow. Nach Abschluß der Beratung kann die Entwicklung aus eigener Kraft fortgesetzt und gesteuert werden.

– Umweltorientierung
Es wird das Bewußtsein für den sparsamen Umgang mit Ressourcen und den Einsatz alternativer Energien und eine verantwortungsvolle Entsorgung geweckt. Es werden Wege dafür aufgezeigt, z. B. kurze Transport- und Vermarktungswege (vom Bauern zum Gastwirt), die Nutzung wärmeisolierender Baumaterialien oder von Solar- und Windenergie, das Aufstellen von Papierkörben, die getrennte Abfallentsorgung.

– Nachhaltigkeit
Während der Laufzeit der Beratung haben die Dorfbewohner gelernt, sich selbst Ziele zu setzen und sich zu organisieren, ihre Angebote zu vernetzen und zu vermarkten. Sie sind an touristische Vermarktungsinstitutionen angeschlossen. Eine Dienstleistungskultur ist aufgebaut. Die Arbeit kann auf der Basis des aufgebauten Knowhows institutionalisiert fortgeführt und der Tourismus kann ausgedehnt und weiterentwickelt werden.

---

14 Vgl. Brigitte Roggendorf, „Bedeutung der ländlich-hauswirtschaftlichen Beratung im Rahmen der landwirtschaftlichen Beratung", in Sonderdruck aus: Berichte über Landwirtschaft, Band 63 (1985), Heft 4, Seite 624-630
15 Vgl. Dr. Helmut Burmann, „Entwicklungstendenzen und Probleme im Agrarbereich"

6.3.3 Projektstruktur

Die Projektstruktur geht aus dem folgenden Schaubild hervor:

Abb. 1: Projektstruktur

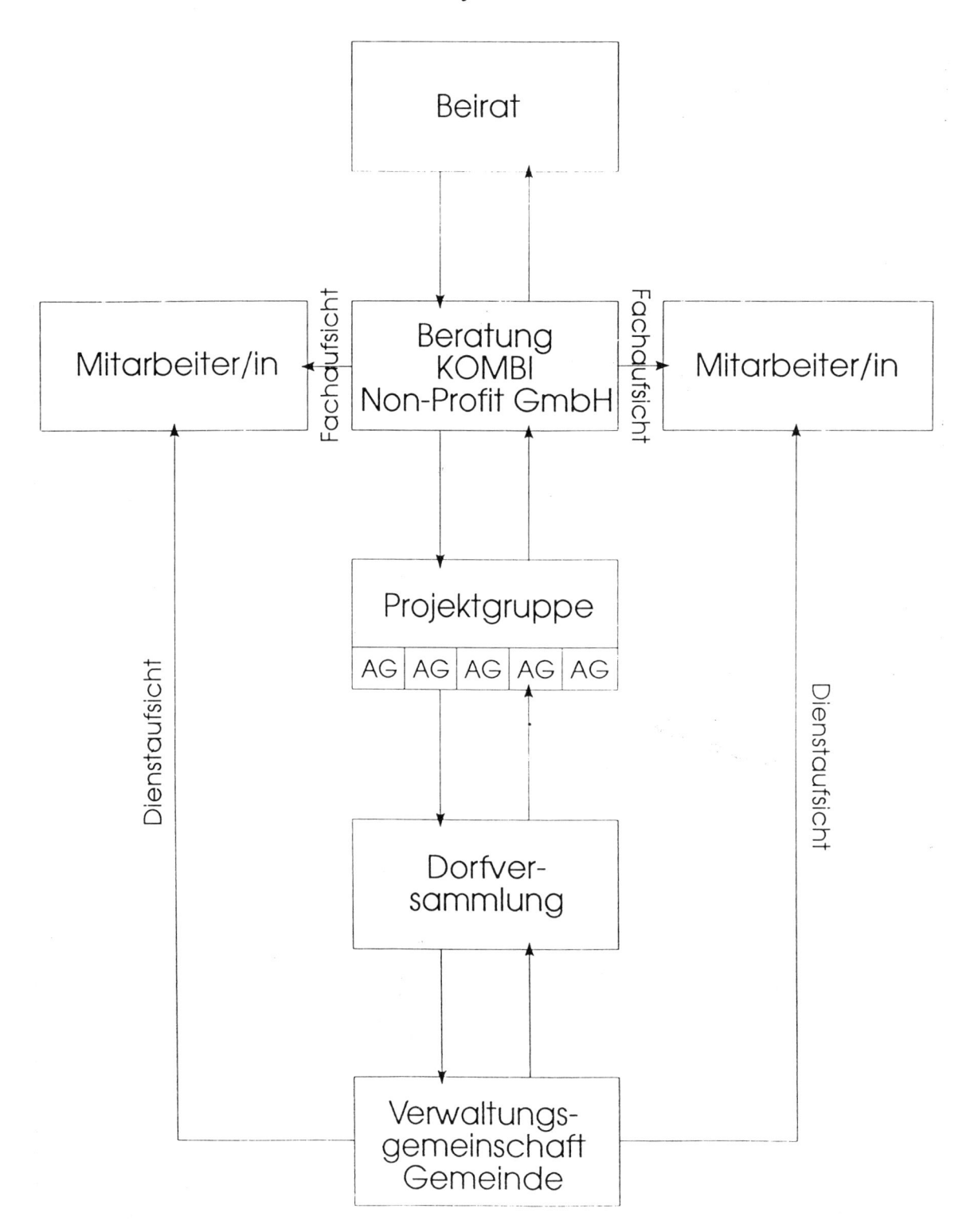

Die Projektstruktur greift in den Modellprojekten wie folgt ineinander:
- Die externe Beratung erfolgt durch die Firma KOMBI Non-Profit GmbH.
- Sie wird unterstützt durch je zwei Mitarbeiter/innen vor Ort. Sie stammen aus der Region und wurden sorgfältig unter vielen Bewerber/innen ausgewählt. Die Firma KOMBI hat die Fachaufsicht über diese Mitarbeiter/innen. Die Dienstaufsicht obliegt der Gemeinde bzw. der Verwaltungsgemeinschaft. Diese Struktur in ihrer Teilung zwischen Dienst- und Fachaufsicht hat sich als nicht glücklich erwiesen. Es fehlt an der Eindeutigkeit der Anweisungsbefugnis.
- Im Beirat sind potentielle Geldgeber und Sachverständige aus Ministerien, Ämtern, Banken und Tourismusverbänden und -vereinen vertreten. Der Beirat trifft sich in regelmäßigen, etwa sechs-monatigen Abständen. Vertreter des Beirats können auch an der Projektgruppe teilnehmen und umgekehrt. Die Beiratsmitglieder unterstützen das Projekt tatkräftig mit Ideen und Informationen z.B. über Fördermöglichkeiten.
- In der Projektgruppe sind interessierte Bürger und die Leiter der Arbeitsgruppen versammelt. In den ersten Planungs- und Strategiesitzungen der Projektgruppe werden Problem- und Zielanalysen durchgeführt. Daraus gehen Arbeitsgruppen hervor. Bei der Projektgruppe handelt es sich um das übergreifende Gremium, das die Ideen und Aktivitäten der einzelnen Arbeitsgruppen koordiniert und integriert. Die Projektgruppe hat ihre Hauptfunktion, da ziel- und weichenstellend, zu Anfang des Projekts. Sie wird in den Dörfern längerfristig unterschiedlich genutzt.
- Die Arbeitsgruppen können je nach Schwerpunktsetzung der Dorfbewohner und Projektgruppenmitarbeiter zu unterschiedlichsten Inhalten entstehen, wie beispielsweise: Infrastruktur, Brauchtum, Geschichtliches, Freizeit und Sport, Vereine und Gesellligkeit, Marketing Die Arbeitsgruppen entstehen innerhalb der ersten zwei bis drei Zusammenkünfte der Projektgruppe.
- Eine Dorfversammlung ist für das Dorf der Auftakt des Projekts. Sie wird von Zeit zu Zeit einberufen. Dort wird über die Projektarbeit und -fortschritte informiert.
- Es wird eng mit der Leitung der Dörfer bzw. der Verwaltungsgemeinschaften kooperiert.

6.4 Projektaktivitäten

Die Beratung findet vor Ort an durchschnittlich zwei bis drei Tagen pro Monat statt. Darüber hinaus wird laufend Unterstützung per Telefon und Fax geleistet.

Die Beratung beinhaltet folgende Aktivitäten, die jeweils nach Bedarf und auf die unterschiedlichen Zielgruppen zugeschnitten und angepaßt werden. Dabei handelt es sich um:
- Projektmanagement inklusive Aufbau und Moderation diverser Gremien innerhalb der Projektstruktur. Der Aufbau der Projektstruktur erfolgt mit Hilfe von mehreren Sitzungen der Projektgruppe, in denen mit Hilfe von Zielanalysen, Problemanalysen, Beteiligtenanalysen und Zielgruppenanalysen auf der Basis der Metaplanmethode und diverser anderer Moderations- und Brainstormingmethoden gleichzeitig Ziele gesetzt werden und eine erste Strategie gemeinsam erarbeitet wird. Sowohl Ziele, wie auch die Strategie erleben im Verlaufe des Projektes Modifizierungen. In diesen ersten Sitzungen wird sich auch auf die touristischen Zielgruppen geeinigt, auf die das Projekt zunächst rekurriert.
- Transfer der Projektphilosophie
- kontinuierliches 'On the Job'-Training und Anleitung der Mitarbeiter/innen
- Organisation und Durchführung von Motivations- und Informationsveranstaltungen
- Anregung, Organisation und Durchführung bedarfsorientierter Weiterbildungsveranstaltungen in Form von Workshops, Seminaren und Exkursionen zu unterschiedlichen Themen für unterschiedliche Zielgruppen mit entsprechenden Trainer/innen und Experten/innen.
- 'On the Job'-Training für Anbieter/innen, z.B. beim Erstellen von Prospekten
- Anregung und teilweise Organisation und Durchführung von Veranstaltungen, wie Pressekonferenzen, Märkten, Festen

- persönliche Beratung und Begleitung von Anbieter/innen und Existenzgründer/innen
- Kontaktpflege zum überregionalen Umfeld.

Viele Aktivitäten werden in Zusammenarbeit mit den Projektmitarbeiter/innen vor Ort und der Dorfbevölkerung, sowie mit Unterstützung der Dorfautoritäten durchgeführt. Jede Aktivität benötigt daher insbesondere zu Projektbeginn für sich selbst einen hohen Aufwand an Beratungsenergie.

Die so verstandene komplexe Beratung wird von jeweils einem/ einer Projektverantwortlichen für jedes Dorf von Seiten der Firma KOMBI wahrgenommen. Diese haben gleichzeitig die Fachaufsicht über die Mitarbeiter/innen inne. Sie koordinieren den zusätzlichen Einsatz von Lehrkräften der Firma.

Firmenintern wurde eine Steuerrunde aufgebaut, die sich einmal pro Monat zum dorfübergreifenden Erfahrungsaustausch und zur gemeinsamen Planung trifft.

Spezielle Aufgaben der lokalen Mitarbeiter/innen sind:

- Aufbau und Erhalt von Kontakten zum regionalen Umfeld, sowohl fachlich, wie auch politisch, sowie zu den Massenmedien vor Ort.
- Organisation und Teilnahme an Veranstaltungen vor Ort, sowohl im Rahmen der Beratungsgremien (Beiratssitzungen, Projektgruppensitzungen und Arbeitsgemeinschaften) wie auch im Rahmen von Weiterbildungsveranstaltungen für die Dorfbevölkerung und Informationstransfer in Form von Exkursionen, Presseveranstaltungen u.s.w.. Enger Kontakt bestand z.B. zu den landwirtschaftlichen Beraterinnen, die das Projekt sehr mit ihrer Beratung unterstützten.
- Durchführung von Einzelbesuchen und Betreuung der potentiellen Anbieterfamilien im Dorf.
- Information über Fördermöglichkeiten und Unterstützung bei der Antragstellung. Das dient dazu, vorhandene Mittel aus Landesprogrammen in das Modellprojekt zu ziehen. Dazu gehört die Informationssammlung zu den diversen Förderprogrammen. Sowohl die potentiellen privaten Anbieter, wie auch die Gemeinde werden bei Konzeption und Antragstellung (z.B. Dorferneuerungsprogramm) unterstützt. Enge Kooperation zu den Beteiligten an Dorferneuerungsprogrammen war geplant, ließ sich aber auf Grund von Widerständen seitens der Planer nicht überall durchführen.
- Aufbau und Betreuung von Einzelaktivitäten im handwerklichen und soziokulturellen Bereich.
- Vorbereitung von Berichten, monatlichen Arbeitsplänen, Einladungen zu den Veranstaltungen, Presseartikeln usw.

Keine/r der Projektmitarbeiter/innen vor Ort hatte Erfahrung im Tourismus aufzuweisen. Keine/r hatte Beratungs- oder Projektmanagementerfahrung. Nur wenige der Mitarbeiter hatten Erfahrung im Aufbau einer modernen Büroorganisation oder im Umgang mit dem PC. Angefangen vom Verfassen eines Einladungsschreibens über den Aufbau von Wiedervorlage- und Ablagesystemen bis hin zur Organisation von Veranstaltungen mußte Know-How von der Beratung an die Mitarbeiter/innen weitergegeben werden. Das implizierte u.a. Training im Umgang mit dem Computer, 'On the Job'-Training in Projektmanagement als auch in der Durchführung von Informationsgesprächen, z.B. zur Förderung von touristischer Infrastruktur.

Zunächst wurden von der Firma KOMBI für alle drei Projekte übergreifende Mitarbeiterschulungen durchgeführt. Nachdem diese Aufgabe dann jedoch vom Hauptauftraggeber wahrgenommen wurde und die Projektmitarbeiter/innen an eigens von ihnen ausgewählten Weiterbildungsveranstaltungen teilnahmen, konzentrierte sich die Beratung auf regelmäßige 'On the Job' – Beratung „am Fall" im direkten persönlichen Gespräch. Projekt- und Arbeitsplanung, Konzepterstellung waren wichtige Dauerthemen.

Die Projektmitarbeiter/innen benötigten zu Anfang Zeit, um sowohl ihren Arbeitsinhalt „Agrartourismus/Förderprogramme" wie die geschilderte Projektphilosophie und Projektstruktur zu verstehen und zu erlernen und aktiv damit umzugehen. Dieser Prozeß dauerte in den einzelnen Dörfern unterschiedlich lang und die jeweiligen Schwerpunkte der Lernprozesse lagen auf unterschiedlichen Gebieten. Insgesamt dauerte dieser Prozeß zwischen einen halben und einem Jahr.

Eine Vermarktungsstrategie wird während der letzten Projektphase gemeinsam entwickelt. Vermarktungsinstrumente (Broschüren / Artikel / Video / Werbung, z.B. in Katalogen und Medien) werden erarbeitet sowie Kooperationsbeziehungen mit Fremdenverkehrsverbänden und -vereinen werden aufgebaut. Es wird Aquisitionstraining durchgeführt und versucht, erste Touristen (Pilottouristen) ins Dorf zu holen.

Das Projekt bewegt sich im Rahmen einer Bestandsaufnahme sowohl Exante als Expost. Daraus kann der aktuelle Auf- und Ausbau des Landtourismus während der zwei Jahre Projektlaufzeit ersehen werden.

Zur Schaffung von Nachhaltigkeit werden bestehende Vereine einbezogen und Institutionen geschaffen: Landfrauenverein, Tourismusverein, Anbietergruppen. An diese Vereine und Institutionen sowie an engagierte, ehrenamtliche Dorfbewohner/innen werden zu Projektende die Aufgaben zur Weiterführung übergeben.

Gegen Projektende wird das Projekt mit den entsprechenden Institutionen und Angeboten der Region vernetzt, d.h. regionalisiert.

Die tägliche Arbeit der Projektmitarbeiter/innen und der Beratungsfirma zur Entwicklung des Landtourismus in den Modelldörfern gestaltet sich als ein Prozeß der kleinen Schritte. Dieser Prozeß beginnt nach einem halben bis einem Jahr anzulaufen. Erst nach dieser Zeit entwickeln sich Visionen und der Glaube an den Erfolg der Aktivitäten. Nach zwei Jahren ist die Prozeßdynamik erfahrungsgemäß voll ins Rollen gekommen. Allerdings werden zur langfristigen eigendynamischen Weiterentwicklung Personen und Institutionen benötigt, die den Prozeß nach Projektende aktiv endogen weiter vorantreiben. Derartige Personen und Institutionen zu finden, bzw. aufzubauen wird neben dem Einführen von Vermarktungsaktivitäten Hauptaufgabe der letzten Projektphase sein.

7. Erste Projektergebnisse

Insgesamt läßt sich feststellen, daß bereits während der ersten eineinhalb Jahre Projektarbeit eine große Anzahl an Aktivitäten auf den folgenden Feldern entstanden ist:

– Zum Aufbau von **touristischer Infrastruktur** entstandenen Ferienzimmern und Ferienwohnungen, Gaststätten, Wanderwege, Radfahrwege etc.
Viele Maßnahmen zur Verschönerung der Orte, wie Blumenschmuck, Aufstellen von Wegweisern und Bänken wurden angeregt und umgesetzt.
Die Bewußtseinsbildung für Qualitätsstandards muß jedoch noch erheblich weiter entwickelt werden.

– Aufbau einer **Dienstleistungskultur:** Das Verständnis für professionellen Service und aufmerksamen und freundlichen Umgang mit dem Kunden konnte geschaffen werden. Allerdings ist je nach Mentalität der Menschen in den Projektregionen unterschiedlich weiter daran zu arbeiten.

– In jedem der drei Dörfer konnten verschiedenste Arten von Produkten und **einzelnen kulturellen und touristischen Angeboten** vorbereitet und aufgebaut werden, z.B.:
Angebot zur Kinderbetreuung (auf der Basis eines Kurses für Tagesmütter).
Programme für Abend- und Nachmittagsveranstaltungen durch Aufbau von Chören, Singgruppen, einer Tanzgruppe und einer Trachtengruppe, die sich ihre Trachten selbst nach traditionellen Mustern genäht hat.
Aber auch handwerkliche Aktivitäten sind entstanden, z.B. die Wiederbelebung eines traditionellen Backhauses.
Ein Heimatmuseum wurde aufgebaut.
Ausstellungen, Märkte, Feste wurden veranstaltet und sind zur Wiederholung geeignet.

– Auch Detailaufgaben, wie der Planung und Produktion von Geschenkartikeln (Souvenieren) wurde Bedeutung beigemessen. So entstand z.B. in Thüringen eine Handspielpuppe in Form des berühmten Rhönpaulus, geschnitzt von Schnitzern aus der Region und bekleidet von den Frauen der Trachtengruppe.

– Mit Bezug auf die **Vernetzung der einzelnen Angebote** zu touristischen Programmen wurden Anbieter zusammengeschlossen, sowie Wander- und Radtouren ausgearbeitet. An der Strekenführung, Planung, Kartierung und Beschilderung von Lehrpfaden und Rad- bzw. Wanderwegen wurde im Rahmen des Projektes aktiv mitgearbeitet. Ein Gästeführerkurs wurde durchgeführt.

– Im Hinblick auf **Vermarktung** wurde in

Sachsen der Projektort mit den dazu notwendigen Vorarbeiten in die Datenbank des Tourismusvermittlungssystems Infosachs aufgenommen.

Prospekte und Anbietermappen, sowie Einzelwerbung der Anbieter in Form von Faltblättern wurden in fast jedem Dorf im Rahmen von Weiterbildungsveranstaltungen entwickelt. In Sachsen-Anhalt ist derzeit ein Videofilm in der Entstehung begriffen. Diaserien sind vorhanden. Informationsbroschüren und einzelne touristische Programme sind in der Entstehung.

Diesbezüglich ist eine Zusammenarbeit mit den Vereinen der Gemeinden, den Fremdenverkehrsvereinen und -verbänden der Region, Natur- und Heimatvereinen, dem Biosphärenreservat (in Thüringen) dem Arbeitskreis „Urlaub auf dem Lande" und einzelnen Hotels eingeleitet.

– An Strategien und Produkten zur gezielten **Direktvermarktung,** insbesondere landwirtschaftlicher Produkte, wird derzeit mit Anbietergruppen gearbeitet.

Die überwiegende Anzahl der Mitarbeiter/innen sind Frauen. Der Großteil der aufgezählten Aktivitäten wurde von Frauen pragmatisch in die Hand genommen.

Eine **volle Einkommenssicherung** über Gewerbe im Rahmen des ländlichen Fremdenverkehrs ist innerhalb der Kürze der Zeit und angesichts der Ausgangslage noch relativ selten und ausschließlich an größere Aktivitäten gebunden, wie den Ausbau von Ferienwohnungen, den Aufbau von Aktivitäten im Bereich Gaststätten, Hotels, touristischen Angeboten, wie Reiterhöfen, Existenzgründungen im Bereich Kleingewerbe und Handwerk. Derartige Aktivitäten werden in größeren Umfang nur längerfristig in den jeweiligen Modellorten entstehen, dann nämlich, wenn die Anzahl der Urlaubsgäste dazu motiviert.

Mittlerweile sind die Modellorte in der Region so bekannt, daß Menschen, die im Tourismus eine Existenz sehen, bereits angezogen werden.

Es zeichnet sich gegen Projektende ab, daß insbesondere Frauen durchaus eine Möglichkeit zum **Nebenerwerb** aus dem Projekt gefunden haben bzw. in der nahen Zukunft finden werden, z.B. in den Bereichen: Zimmervermietung, kulturelle Aktivitäten, Direktvermarktung, insbesondere auf Märkten, Handwerk (z.B. Brot backen/ Schnitzen/ Herstellung von Andenken), Durchführen von Führungen, Kinderbetreuung.

Auch über die Wiederbelebung des Vereinslebens, z.B. über gegenseitige Besuche von Partnervereinen und Partnergemeinden wird Wirtschaftlichkeit in den Dörfern, wenn auch zunächst noch in geringem Umfang angeregt.

Die übergeordneten Behörden und Institutionen sind beratend, unterstützend und aktiv informierend am Projekt beteiligt. Auf diese Art konnten nicht nur Projektanträge zur Dorferneuerung beschleunigt bearbeitet werden, sondern infrastrukturelle Maßnahmen vorgezogen, bzw. beschleunigt umgesetzt werden. So wurde beispielsweise in Thüringen der Projektort ein halbes Jahr nach Projektbeginn vorzeitig an das Netz der Telekom angeschlossen, so daß zur Zeit 72% der Dorfbewohner über ein eigenes Telefon verfügen. Zu Projektbeginn gab es nur wenige Telefone im Ort.

Es steht fest, daß zu Projektende (Mitte/Ende 1995) eine touristische Dynamik eingeleitet sein wird, die sich mehr oder weniger umfangreich und beschleunigt fortsetzen wird. Das bezieht sich sowohl auf private wie kommunale Aktivitäten. Aber auch die Einbindung in die touristischen Angebote der Region sowie Antragsstellungen für weiterführendeProjekte, z.B. im Rahmen von EG-Programmen, ABM-Projekten etc. bieten Möglichkeiten für die eigendynamische Weiterentwicklung der Modelldörfer.

Wir sind der Ansicht, daß ähnliche Projekte mit unterschiedlichen Inhalten verstärkt in den strukturschwachen Regionen kreiert und umgesetzt werden sollten. Dabei muß es nicht immer Agrotourismus sein, der den Anstoß für Dorfentwicklung gibt.

Wirtschaftlicher Erfolg und Zugewinn an Lebensqualität sind die Ziele der einzuleitenden Selbsthilfemaßnahme. Angesichts dieser Ziele sind die Dorfbewohner für neue Ideen und die Einführung von Neuerungen und neuem Verhalten zu gewinnen. Allerdings ist es wichtig, ihre Erwartungen zunächst auf ein machbares Maß zu beschränken. Diesbezüglich ist bereits beim Überdenken des Projektnamens zu beginnen, denn angesichts der Ausgangslage kann nur ein erstes touristisches Angebot aufgebaut werden.

Nur für wenige Dorfbewohner wird dadurch bereits nach zwei Jahren Projektarbeit ihr Einkommen voll gesichert sein. Allerdings werden sich eine Reihe von Dorfbewohnern auf Grund des Projektes zusätzliche Einkommen schaffen können.

Das Geheimnis des Projekterfolges liegt weniger im finanziellen Aufwand, als vielmehr in der erfolgreichen Motivation zur Eigeninitiative, der Kraft gemeinsam entwickelter Visionen und dem Glauben der Dorfbewohner an sich selbst, an den sich ausdehnenden Bedeutungszuwachs des ländlichen Raumes und den Erfolg jeder noch so kleinen Aktivität.

Informations- und Kommunikationstechniken im ländlichen Raum. Das Beispiel „Gelbes Haus" in Schotten, Vogelsbergkreis (Hessen)

Hans Otto Zimmermann[1]

Zusammenfassung

Das Gelbe Haus Schotten gilt als hervorragendes Modellprojekt zur Förderung des ländlichen Raumes im Bundesland Hessen. In der peripher gelegenen Kleinstadt Schotten wurde mit Mitteln der Stadt Schotten, des Vogelsbergkreises, des Landes Hessen und der Europäischen Gemeinschaft (Gesamtkosten 1991-1993: 4,2 Mio. DM) in einem historischen Schulgebäude ein modernes Kommunikations- und Informationszentrum geschaffen. Das Haus enthält die drei Bereiche Bibliothek, Zentrum für Aus- und Weiterbildung und ein Dienstleistungsbüro. Nach vierjähriger Anschubfinanzierung arbeitet die Gesellschaft für Informations- und Kommunikationstechnik Schotten am Jahresende 1994 bereits kostendeckend. Das Gelbe Haus Schotten wird inzwischen als ein gelungenes Experiment dafür angesehen, wie man eine regionale Offensive zum Anschluß an die neuen Informations- und Kommunikationstechniken starten und damit die Verbesserung der gegenwärtigen ökonomischen Situation „von unten" angehen kann.

Summary

Information and communication techniques in the rural areas. The of the „Yellow House" in Schotten, Vogelsbergkreis / Hessen – The „Yellow House" in Schotten is an outstanding example to promote the rural areas of the Land Hessen. In the peripheral small town of Schotten a traditional school house has been changed into a modern communication and information centre, financed by the city of Schotten, the Vogelsbergkreis, the Land Hessen and the EU (total costs 1991-1993: DM 4.2 millions). The house comprises a library, a centre for education and training and a service bureau. After a four years' financial support the Corporation for information and communication techniques is working on a cost-covering basis since the end of 1994. The „Yellow House" of Schotten is now regarded as a successful experiment how to launch a regional offensive towards the new information and communication techniques, thus improving the present economic situation locally.

---

[1] Bürgermeister Hans Otto Zimmermann, Vogelsbergstr. 184, 63679 Schotten/Hessen

I. Räumliche Situation

I.1 Geographische Lage

Die Stadt Schotten (heute ca. 12.000 Einw.) liegt im Zentrum des Vogelsberges, einer ländlichen Region, die aus der Sicht der Ballungsräume durch eine periphere Lage gekennzeichnet ist. Von Schotten bis nach Frankfurt sind es rd. 70 km, bis nach Gießen ca. 45 km und bis nach Fulda ca. 60 km. Entscheidend für die Situation der Stadt Schotten ist, daß alle großen Fernverbindungen, seien es Autobahnen, Eisenbahnlinien oder ähnliches weiträumig an Schotten vorbeiführen.

I.2 Geologie und Klima

Laut naturräumlicher Gliederung (vgl. Klausing) zählt der Vogelsberg vorwiegend zum osthessischen Bergland, die Stadt Schotten selbst zum „westlichen hohen Vogelsberg" und „Oberwald". Der Vogelsberg – Europas größter Vulkan mit einer fast kreisrunden Grundfläche von 60 km Durchmesser – hat trotz der Erhebungen bis auf mehr als 770 m auf der zusammenhängenden Basaltmasse keinen Hochgebirgscharakter. Der Basaltkegel wird nur in den unteren Tallagen von fruchtbaren Lößlehmböden überlagert. In den oberen Lagen finden wir Basaltverwitterungsböden mit geringer Mäßigkeit. Die klimatischen Verhältnisse – rauh, niederschlagsreich (bis zu 1.400 mm Jahresniederschläge in den Hochlagen) verkürzen die Vegetationszeiten um etwa einen Monat. Das Gebiet ist bis auf die Gipfellagen kaum bewaldet. Die ursprüngliche Vegetation ist Laubwald, wobei die Buche vorherrscht. Ehemalige Hutweiden wurden insbesondere nach 1945 weitflächig mit Fichte in Monokultur aufgeforstet. Der Ackerbau ist gekennzeichnet von geringen Erträgen. Ab 350m Höhenlage herrscht vorwiegend Gründlandbewirtschaftung vor. Dabei gewinnt die Extensivweideviehhaltung u.a. auch mit schottischen Hochlandrindern immer mehr an Bedeutung. Landschaftsprägend sind die durch Sukzession auf Lesesteinwällen entlang der Ackerränder entstandenen Hecken (vgl. Jäger, Kühn, Klausing).

I.3 Kommunalpolitische Zugehörigkeit

Seit dem Jahr 1403 gehört Schotten zu dem Gebiet der Landgrafen von Hessen und des heutigen Bundeslandes Hessen. Bis zum Jahre 1938 war Schotten die Kreisstadt des gleichnamigen Landkreises. Nach der Auflösung des Kreises Schotten durch die nazionalsozialistischen Machthaber wurde Schotten Teil des Landkreises Büdingen. Im Zuge der kommunalen Gebietsreform in Hessen wurde die Stadt Schotten (Stadtrechte seit 1354 verliehen durch Kaiser Karl IV) mit 14 weiteren z.T. kleinen Orten zur Großgemeinde Schotten zusammengelegt und bildet seit dieser Zeit zusammen mit den Altkreisen Alsfeld und Lauterbach den Vogelsbergkreis. Die Kreisstadt des Vogelsbergkreises ist Lauterbach (rd. 30 km). Regionalpolitisch gehört die Stadt Schotten zur Planungsregion Mittelhessen (RPM) und ist nach dem Regionalen Raumordnungsplan (RROP) Mittelhessen seit 1987 dem Mittelbereich Grünberg-Laubach zugeordnet.

II. Wirtschaftliche Situation

II.1 Allgemeine Lage

Attestiert wird dem gesamten Vogelsbergkreis „Strukturschwäche", deren Kennzeichen auch zu finden sind: geringe Siedlungsdichte (75 Einw./qkm), abseitige Lage von Autobahn und Bundesbahn, eine regionale Wirtschaftsstruktur mit wenig Industrie (einseitig ausgerichtet z.B. auf die Textilindustrie, Papier- und Holzverarbeitung) und einer landwirtschaftlichen Nutzung als extensive Weidewirtschaft. Zugewiesen werden dem Vogelsberg daher Funktionen als Ausgleichs- und Erholungsraum und als Wasserlieferant (sehr umstritten) für die Ballungsräume, für die er wichtige Leistungen erbringt. Dies wirkt sich jedoch nicht positiv in der sozio-ökonomischen Lage der Einwohner des Vogelsbergkreises aus. Ihre Einkommenslage ist gemessen am Bundesdurchschnitt schlecht und die wirtschaftlichen und infrastrukturellen Probleme spiegelt auch die hohe Pendlerzahl von über 40 % der Erwerbstätigen wieder. Auch die demographische Entwicklung verläuft bis zum Jahre 1990 negativ, weil viele, meist jüngere, qualifizierte Arbeitskräfte ganz abwandern. Erst durch den starken Zustrom von Aussiedlern aus dem Gebiet der ehemaligen Sowjetunion hat ein Bevölkerungszuwachs stattgefunden. Dieser basiert aber vorwiegend auf einem Wanderungsgewinn und dabei hauptsächlich älterer Menschen, so daß der Bevölkerungsanteil älter als 65 Jahre überproportional hoch vertreten ist.

Die wirtschaftliche Situation der Stadt Schotten selbst wird im wesentlichen durch drei Bereiche bestimmt. Dies sind nach wie vor die Land- und Forstwirtschaft, wobei gerade in diesem Bereich die Wertschöpfung sehr gering ist. Hinzu kommen die Bereiche Handel/Handwerk und Fremdenverkehr.

Industrie im eigentlichen Sinne ist keine vorhanden. Die beiden größten Betriebe beschäftigen jeweils ca. 120 Personen. In einem Fall handelt es sich um einen weltweit operierenden Betrieb der Druckluftbefestigungstechnik, der seinen Stammsitz in Schotten hat. Der zweite Betrieb ist ein Herstellungsbetrieb von Industriedichtungen, der in starkem Maße von der Automobilindustrie abhängig ist, sich aber in der Umwelttechnik zur Herstellung von Ausrüstungsteilen der Klärwerktechnik ein weiteres Standbein mit wachsendem Anteil geschaffen hat.

Nach den statistischen Unterlagen der Volkszählung des Jahres 1987 pendeln von den in der Stadt Schotten wohnenden rund 4.500 abhängig Beschäftigten tagtäglich mehr als 2.400 (mehr als 53 %) aus und nur 400 Beschäftigte pendeln von außerhalb nach Schotten ein. Obwohl die Stadt Schotten dem Vogelsbergkreis angehört, bestehen die wirtschaftlichen Hauptbindungen in den südlich gelegenen Wetteraukreis, der wiederum unmittelbar an den Ballungsraum Rhein/Main anschließt. Diese Situation wird auch verdeutlicht durch die Pendlerströme. Von den mehr als 2.400 Auspendlern pendeln täglich etwa 1.800 = 75 % in den Bereich des Wetteraukreises und der Stadt Frankfurt/Main.

II.2 Landwirtschaft

Landwirtschaft im Vogelsberg ist heute neben der Forstwirtschaft (incl. Holzverarbeitung), die für die Vogelsberger Bauern schon immer eine notwendige Zuerwerbsquelle war, noch ein wichtiger regionaler Wirtschaftszweig. Neben den natürlichen Bedingungen wie Klima, Topografie und Bodenverhältnisse schaffen die Auflagen des Wasserschutzes schwierige Rahmenbedingungen für die Landwirtschaft. Der agrarstrukturelle Wandel und die Begrenzung der Liefermengen (Milchquotenregelung) trafen deshalb den Vogelsberg und damit den Raum Schotten, dessen Fläche heute zu 50 % landwirtschaftlich und zu fast 40 % forstlich genutzt ist, besonders stark. Dennoch oder gerade deshalb blieb die klein- bzw. mittelbäuerliche Struktur (durchschn. 11 ha/Betrieb) erhalten, auch mangels anderer Erwerbsquellen. Fast 80 % der Betriebe bewirtschaften weniger als 20 ha, nur 3 % mehr als 50 %, Betriebe mit mehr als 75 ha sind einige wenige erst in der jüngsten Zeit entstanden. Verändert hat sich die Bedeutung als Existenzsicherung; mehr als 85 % der Betriebe werden heute als Nebenerwerbsbetrieb bewirtschaftet. Eine umweltschonende extensive Weidewirtschaft bringt ökonomische Nachteile, da die Michleistung pro Kuh geringer als bei einer Intensivbewirtschaftung ist. Die Einkommen aus der arbeitsintensiven extensiven Landwirtschaft betragen nur die Hälfte dessen, was mit einer Intensivbewirtschaftung erzielt wird.

II.3 Handel und Handwerk

Auch das Handwerk findet nur im geringeren Umfang sein Auftragsvolumen im Bereich der Stadt Schotten und ist insbesondere auf Aufträge aus dem Wetteraukreis und Rhein/Main-Ballungsgebiet angewiesen. Der Einzelhandel deckt im wesentlichen den Bedarf der Grundversorgung ab. Besondere fachliche Angebote sind im Bereich der Bekleidung und Textilien vorhanden; dagegen fehlen ausreichende Angebote der Konsumgüterindustrie, insbesondere der Unterhaltungselektronik. Selbst im Bereich des Lebensmitteleinzelhandels wird erst in jüngster Zeit und in der Zukunft durch den Bau von zwei großflächigen Lebensmitteleinzelhandelsgeschäften der überwiegende Anteil der Kaufkraft in Schotten abgeschöpft. Der gewünschten Neuansiedlung von Gewerbebetrieben stehen Standortnachteile wie z.B. schlechte Verkehrsanbindung, nachteilige Topografie, Landschafts- und Wasserschutzgebiet entgegen. Die HLT Gesellschaft für Forschung, Planung und Entwicklung mbH, eine 100 %-ige Tochter des Hess. Wirtschaftsministeriums hat ein Wirtschaftsförderungskonzept für den Vogelsbergkreis erstellt, das auf den Ausbau von Aus-, Fort- und Weiterbildung, auf Unternehmensberatung sowie kommunale Wirtschaftsförderung ausgerichtet ist. In diesem Rahmen ist auch das öffentlich geförderte Modellprojekt „Bibliotheks-, Informations- und Kommunikationstechnik-Zentrum Schotten" entstanden, von dem später noch die Rede sein wird.

II.4 Fremdenverkehr

In den Fremdenverkehr wurde einiges investiert, so daß die Merkmale eines Fremdenverkehrsgebietes zu finden sind. Im Raum Schotten konzentrieren sich touristische Aktivitäten: Wintersport am Hoherodskopf und Wassersport am Nidda-Stausee. Eine große Rolle spielt dabei der Naturpark „Hoher Vogelsberg" (seit 1957). Sein Zonierungskozept läßt touristische Nutzung zu und die Aufgabe des von den Landkreisen Vogelsberg (überwiegend), Wetterau und Gießen (in geringem Maße) getragenen kommunalen Zweckverbandes ist es, mit Unterstützung der örtlichen Kommunen Maßnahmen des Landschafts- und Naturschutzes zu fördern, die Besucherströme zu lenken und lärmfreie Erholungsgebiete zu erschließen.

Wintersportler im Gebiet der Stadt Schotten haben die Wahl zwischen drei Abfahrten zum Alpinskifahren, darunter mit ca. 1200 m der längste Lift in den Hess. Mittelgebirgen und gut ausgebauten und präparierten Skilanglaufloipen mit einer Länge von insgesamt fast 50 km unterschiedlichster Schwierigkeitsgrade. Eine der Alpinstrecken und eine der Langlaufloipen sind in den Abendstunden beleuchtet und können somit auch an den Wochentagen von Berufstätigen aus dem Ballungsgebiet aufgesucht werden. Eine Sommerrodelbahn mit ca. 750 m Länge läßt eine Nutzung einer der Liftanlagen auch in den Sommer- und Übergangsmonaten zu.

Wanderer finden ein gut ausgebautes Wegenetz. Auf dem Hoherodskopf befindet sich seit dem Jahre 1986 ein von der Hessischen Landesforstverwaltung eingerichtetes und zu unterhaltendes Naturschutzinformationszentrum (mehr als 40.000 Besucher in den beiden letzten Jahren) und eine Jugendherberge (120 Betten). Diese ist mit einem Ökolabor ausgestattet und die 1. Öko-Jugendherberge im DJH-Landesverband Hessen. Ein ausgesprochenes Sommerfreizeitangebot ist der Nidda-Stausee mit seiner durchschnittlich 65 ha großen Wasserfläche. Schwimmen, Segeln, Surfen und Angeln sind die Angebote für die Erholungssuchenden, wovon ein Großteil auf dem nahegelegenen Campingplatz mit ca. 180 Dauerstellplätzen und 70 Plätzen für Tagescamper die Freizeit verbringt. Wachsenden Zulauf erfährt der Golfclub Schotten, der den bisher einzigen öffentlichen und ökologisch gepflegten Golfplatz mit 9 Löchern in Hessen unterhält. Derzeit sind die Planungen für einen 18-Loch-Platz mit internationalem Standard im Gange. Die gut ausgebaute Freizeitinfrastruktur (Angeln, Golf, Reiten, Schwimmen, Segeln, Segelfliegen, Sommerrodelbahn, Tennis, Surfen u.a.), Pauschalangebote, diverse „Attraktionen" mit Planwagenfahrten und Holzfällerlager sowie die weitgehendst restaurierte Altstadt von Schotten mit ihren historischen Gebäuden und Fachwerkhäusern aus dem Mittelalter sollen Touristen anziehen. Trotzdem kann der Raum Schotten mit klassischen Fremdenverkehrsgebieten in Deutschland wie z.B. Nord- und Ostsee oder Schwarzwald, Bayrischer Wald oder Alpengebiet nicht konkurrieren, gänzlich unmöglich ist dies aufgrund der klimatischen Bedingungen mit den traditionellen Urlaubsgebieten im Ausland, insbesondere mit den südeuropäischen Ländern. Der Ballungsraum Rhein/Main nutzt das Gebiet der Stadt Schotten als Naherholungsgebiet, so daß an schönen Wochenenden oder an Schneetagen im Winter die Fremdenverkehrszentrum Nidda-Stausee oder Hoherodskopf zum Teil schon überladen sind. Trotz der starken Ausrichtung der Region auf den Fremdenverkehr bleibt die ökonomische Bedeutung für die Mehrzahl der Bewohner eher gering.

III. Das Modellprojekt Bibliotheks-, Informations- und Kommunikations-Technik-Zentrum Schotten, genannt Gelbes Haus Schotten

Der vorstehend geschilderte Sachverhalt war die Ausgangssituation als der Unterzeichner im Jahre 1988 erstmals zum Bürgermeister der Stadt Schotten gewählt wurde, nachdem er zuvor drei Jahre das Amt des ehrenamtlichen 1. Stadtrates begleitet hatte und davor zwölf Jahre als Stadtverordneter tätig war.

III.1 Entstehungsgeschichte

Im Sommer des Jahres 1988 fand zwischen dem Bürgermeister der Stadt Schotten und Vertretern der Abteilung Regionalplanung beim zuständigen Regierungspräsidium Gießen ein Gespräch über Entwicklungsmöglichkeiten der Stadt Schotten statt. In diesem Gespräch machte die Abteilung Regionalplanung auf eine in Arbeit befindliche Studie der HLT Gesellschaft für Forschung, Planung, Entwicklung mbH aufmerksam: Nachbarschaftsladen 2000 und Tele-Servicecenter für den ländlichen Raum. Über die Beschäftigung mit dieser Untersuchung, die im Auftrag des Bundesbauministeriums durchgeführt wurde und sich u.a. auch mit den „Telestugas" (Telestuben) in Skandinavien befaßte, kam ein Kontakt mit den Autoren der Studie, Herrn Dr.Klaus-Stöhner und Herrn Christoph Graß, von der HLT zustande. Diese wiesen den Unterzeichner auf das Förderprogramm „Modellvorhaben ländlicher Raum" der Hess. Landesregierung hin. Dieses Förderprogramm mit den dort genannten Modellvorhaben war der Beginn der Beschäftigung der Landesregierung mit der Problematik des ländlichen Raumes. Ausgehend vom Ministerium für Landwirtschaft, Forsten und Naturschutz wurden hier erste theoretische Überlegungen zu einer Verbesserung der Situation „auf dem Land" getätigt. Das *Gelbe Haus* sollte Modellcharakter für den Abschnitt IV „Telekomunikation/Versorgung, Sicherung und Verbesserung der Dienstleistungsversorgung in Verbindung mit der Verbreitung der Kommunikationstechnologien im ländlichen Raum" haben. Ansätze aus dem Modellvorhaben ländlicher Raum fanden dann Zugang zum Entwurf des Operationellen Programmes für die Gebiete nach Ziel-Nr. 5b gem. der Verordnung (EG) Nr. 2052/88 in Hessen. Dieses Programm, das Gelder aus dem EG-Strukturfonds zugänglich macht, untergliedert sich in die drei Teilbereiche, Landwirtschaft, andere Wirtschaftssektoren und Umwelt. Für das *Gelbe Haus Schotten* war der Bereich andere Wirtschaftssektoren relevant. Hierzu gab es eine weitere Aufschlüsselung für die Fördergebiete, zu denen in Hessen vier Landkreise, darunter der Vogelsbergkreis gehörte.

1. Investitionen in Gewerbebetriebe, sowie Erschließung neuer Gewerbegebiete
2. Unterstützung wirtschaftsnaher Infrastuktur
3. Tourismus, Aus- und Fortbildung

Das *Gelbe Haus Schotten* wurde unter Punkt 2 „Unterstützung wirtschaftsnaher Infrastruktur" in dieses Operationelle Programm eingebunden. Somit war durch die Kooperation verschiedener Ministerien das *Gelbe Haus Schotten* in das Strukturförderungskonzept der EG eingebunden. Die interministerielle Arbeitsgruppe zur Bearbeitung des Modellvorhabens ländlicher Raum hatte zum Ziel, durch endogene Potentiale und das Aufgreifen von örtlichen Ansätzen und Initiativen regionspezifische Vorteile zu nutzen und damit beispielhaft die Beseitigung bestehender struktureller Schwächen im ländlichen Raum in der Praxis zu erproben. Nachdem die Grundidee zu dem Vorhaben von der Stadt Schotten mit Unterstützung des Vogelsbergkreises der HLT vorgetragen worden war, wurde von dieser die Konzeption unter Berücksichtigung und enger Anlehnung an diese Vorschläge erarbeitet. Es wurde in enger Abstimmung mit den örtlichen Stellen und unter Beachtung der Ausgangssituation und der Zielvorstellungen der Stadt Schotten eine Gesamtkonzeption mit insgesamt fünf Komponenten entwickelt. Der Bereich Bibliothek besteht aus drei Komponenten:

a. Bibliotheks- und Informationsschalter
b. Medienräumen
c. Veranstaltungsraum

Die zwei weiteren Komponenten
d. Aus- und Weiterbildung
e. Dienstleistungsbüro

bilden die IuK-Technik-Werkstatt. Über einen

Zeitraum von drei Jahren sollten die fünf Komponenten aufgebaut werden.

III.2 Ausgangssituation und Entwicklungsperspektiven

Zum Jahresende 1988 verzeichnete die Stadt Schotten einen Bevölkerungsstand von 9.975 Einwohnern. Der seit 1982 konstante Anstieg der Bevölkerungszahl steht deutlich im Widerspruch zur Kreistendenz. Somit liegt die Forderung nahe, den positiven Trend in Schotten auf jeden Fall zu erhalten. Dazu trägt als ein Element unter vielen auch die Sicherung und Verbesserung der Dienstleistungsversorgung in Verbindung mit der Verbreitung neuer Kommunikationstechniken bei, die u.a. bewirken soll, Abwanderungstendenzen aus dem ländlichen Raum abzuschwächen bzw. – wie in Schotten – erst überhaupt nicht entstehen zu lassen.

Bei Betrachtung der Altersstruktur weist Schotten gegenüber dem Vogelsbergkreis eine Tendenz zur leicht überdurchschnittlichen Besetzung mit Personen unter 65 Jahren auf. Die Gruppe der bis 25-jährigen ist etwas stärker vertreten als im Kreisdurchschnitt. Auch die sich im erwerbsfähigen Alter befindlichen Personen nehmen in Schotten einen geringfügig größeren Anteil ein als im Vogelsbergkreis insgesamt. Unterstellt man eine tendenziell höhere Neigung jüngerer Menschen, sich mit der Thematik der neuen Medien auseinanderzusetzen, so war in der dargestellten Altersstruktur ein weiterer positiver Faktor für das hier beschriebene Modellprojekt zu sehen. Strukturprobleme in der Landwirtschaft, verbunden mit der zu erwartenden Freisetzung von Arbeitskräften legten die Vermutung nahe, daß sich auch in diesem Raum die Arbeitslosenquote progressiv entwickeln würde. Aus diesem Grunde war und ist es sinnvoll, dieses vermutlich freigesetzt werdende Potential durch Heranführung an neue IuK-Technologien auf zukünftige Tätigkeitsfelder vorzubereiten.

Bei der Entwicklung des Modellvorhabens wurde festgestellt, daß Schotten keine öffentliche Bibliothek aufweist. deshalb wurde entschieden, daß auch eine Bibliothek eingerichtet wird, um dem unterschiedlichen Informationsbedürfnis der Bevölkerung nachzukommen.

III.3 Problemanalyse und Zielsetzung

Nach § 2 des Raumordnungsgesetzes von 1965 in der geänderten Fassung vom 09.06.1989, sollen in „Gebieten, in denen die Lebensbedingungen in ihrer Gesamtheit im Verhältnis zum Bundesdurchschnitt wesentlich zurückgeblieben sind oder ein solches Zurückbleiben zu befürchten ist, (...) die Lebensbedingungen der Bevölkerung insbesondere die Erwerbsmöglichkeiten, die Wohnverhältnisse, die Umweltbedingungen sowie Verkehrs-, Versorgungs- und Entsorgungseinrichtungen allgemein verbessert werden; technische Entwicklungen sind verstärkt zu nutzen."

Für die Entwicklungen im ländlichen Raum sind eine Reihe von Gefährdungen anzuführen. Diese bestehen vor allem im Rückzug privater und öffentlicher Dienstleistungsanbieter und den Auswirkungen des allgemeinen technologieinduzierten Strukturwandels. Wenn der ländliche Raum den Strukturwandel nicht mitvollziehen kann, abgeschlagen wird, nicht mithalten kann, werden diese Gefährdungen um so stärker ihre Auswirkungen deutlich machen. Die Bedeutung des ländlichen Raumes mit seinen vielfältigen für die Gesamtgesellschaft wichtigen Funktionen erfordert künftig eine noch stärkere Berücksichtigung und Sicherung einer nachhaltigen Leistungsfähigkeit. Eine Hauptaufgabe muß darin bestehen, ein wirksames Instrumentarium für die Entwicklung des ländlichen Raumes zu finden. Umschichtungen in der Bevölkerungsstruktur aufgrund niedriger Geburtenraten und erhöhter Lebenserwartung, verbunden mit der anhaltenden Abwanderung von jüngeren Erwerbsfähigen aus dem ländlichen Raum in die Ballungsgebiete, signalisieren, daß Infrastrukturanpassungen erforderlich werden. Aber auch die starke Zuwanderungen von Deutschstämmigen aus der Sowjetunion bzw. den GUS-Staaten in die ländlichen Gebiete und deren weitestgehende Unkenntnis der einfachsten technischen Grundlagen unserer Wirtschaft erfordern Maßnahmen, die dieser Situation entgegenwirken helfen. Deshalb waren und sind wir in Schotten, aber auch die Mitarbeiter in der Projektgruppe, der Auffassung, daß die Einrichtung des Bibliotheks-, Informations- und Kommunikationstechnik-Zentrums einen wesentlichen Beitrag zu der nachfolgend aufgeführten Zielsetzung leisten kann.

Damit die Versorgung des ländlichen Raumes mit einem angemessenen Arbeitsplatzangebot und mit Dienstleistungen auch in Zukunft sichergestellt werden kann, ist der Einsatz der neuen Informations- und Kommunikationstechniken zu entwickeln. Der Aufbau eines zeitgemäßen Telekommunikationsnetzes bietet dem ländlichen Raum neue Möglichkeiten, an Kommunikationsstränge in wirtschaftlichen Kernzonen angeschlossen zu werden, um damit die Lagenachteile unter dem Aspekt der Entfernung auszugleichen.

Da jedoch der Ausbau des Telekommunikationsnetzes nachfrageorientiert erfolgt, ist wiederum der Verdichtungsraum mit hohem Bevölkerungs- und Wirtschaftspotential im Vorteil. Für den ländlichen Raum ergibt sich daher die Konsequenz, durch entsprechende Nachfragebündelung die Voraussetzung eines schnellen Anschlusses an das Telekommunikationsnetz zu schaffen und den Endnachfragern Umsetzungshilfen bei der Nutzung der neuen Technik zu geben. Es muß leistbar sein, daß die Unternehmen und die Bevölkerung im ländlich geprägten Raum nicht schlechter gestellt werden als im Ballungsgebiet. Dabei kommt es für die Unternehmen im wesentlichen darauf an, den Produktionsfaktor „Information" schnell, vollständig und zu einem akzeptablen Preis zur Verfügung zu haben, um Marktpositionen zu sichern, auszubauen oder abzuschätzen. Deshalb sind die räumliche Verteilung der neuen Informations- und Kommunikationstechniken und ihre raumbezogenen Wirkungen für die Raumordnung und Landesplanung von grundlegender Bedeutung.

Der Einsatz der neuen IuK-Techniken hat darüber hinaus Auswirkungen auf den Arbeitsmarkt, Qualifikationsbedarf, die betrieblichen Organisationsstrukturen und auf die Gestaltung der Arbeitsplätze. Insbesondere wird sich dadurch die Qualifikationsstruktur der Beschäftigten verändern. Höher qualifizierte Tätigkeiten weisen expansive Tendenzen auf. Besonderer Bedeutung für die Ausbreitung der IuK-Techniken ist deshalb auch der Aus- und Weiterbildung beizumessen. Um einen größtmöglichen Erfolg zu erzielen, bedarf es eines über die rein betriebliche Anpassungsqualifikation hinausgehenden Weiterbildungsangebotes. Durch die Einrichtung des Bibliotheks-, Informations- und Kommunikationstechnik-Zentrums ist ein Beratungs- und Informationskonzept entwickelt worden, daß dem Bürger und potentiellen Nutzer verbesserte Informationen über die jetzigen und zukünftigen Kommunikationsmöglichkeiten und damit verbundene wirtschaftliche Auswirkungen vermittelt. Die Aufgaben des BIuK-Zentrums Schotten bestehen in folgenden Bereichen:

a. Ausleihmöglichkeit unterschiedlicher Medien (Bücher, CD's, Kassetten, Videos, Publik-Domain- und Shareware-Software)
b. elektronisch abrufbare öffentliche und private Informationsangebote
c. Bereitstellung der IuK-Techniken für die Bevölkerung (öffentliches BTX, öffentliches FAX-Gerät)
d. Ausbildung der Bevölkerung und Arbeitnehmer aus dem lokalen, dem regionalen und überregionalen Bereich in den Einsatzmöglichkeiten der IuK-Techniken
e. Serviceleistungen für lokale, regionale und überregionale Unternehmen und Vereine
f. Ausführung von Dienstleistungen für Auftraggeber in regionsfernen Zentren.

Letzteres aus der Kenntnis heraus, daß in den Ballungsgebieten der Büroraum immer knapper und dadurch immer teurer wird. Gleichzeitig ist die Verkehrsbelastung zu und von den Ballungsgebieten unerträglich hoch und im ländlichen Raum steht ein stark motiviertes Arbeitspotential zur Verfügung. Deshalb ist es angezeigt, darüber nachzudenken, ob ein Großteil der Dienstleistungen nicht aufgrund der neuen und schnellen IuK-Techniken im peripheren ländlichen Raum kostengünstiger bereitgestellt werden kann.

Ziel des Bibliotheks- und IuK-Technik-Zentrums in Schotten ist es, den ländlichen Raum zu stärken und ihm neue Zukunftschancen zu eröffnen.

III.4 Umsetzung des Vorhabens, bauliche und technische Realisierung, Finanzierung

Nachdem die Grundidee geboren war, im Vogelsbergkreis, bei der HLT und dem Hess. Ministerium für Wirtschaft, Verkehr und Technologie (HMWVT) Interesse für dieses Vorhaben geweckt und Unterstützung gefunden war, galt es im Hinblick auf das in Vorbereitung befindliche Operationelle Programm für die Bereiche des Strukturfonds 5b der EG eine zügige Umsetzung des Modellprojektes zu ermöglichen. In der Schlußphase der Beratungen galt es, innerhalb von zwei Monaten genehmigungsfähige Unterlagen über die HLT und das HMWVT der EG-Kommission in Brüssel wegen der erwarteten Förderung vorzulegen. Dies alles wäre in dem Maße nicht leistbar gewesen, wenn ausschließlich die kommunalen Gremien der Stadt Schotten dafür hätten eingesetzt werden müssen. Es erfolgte zwar eine ausgiebige Diskussion und Beratung in den städtischen Gremien, denn immerhin waren neben einem städtischen Gebäude auch nicht unerhebliche städtische Finanzmittel für das Modellvorhaben bereitzustellen. Diese Diskussion war auch nicht immer problemlos, die Detailarbeit wurde deshalb an anderer Stelle geleistet, so daß im Magistrat, in den Fachausschüssen und zuletzt in der Stadtverordnetenversammlung nur die Grundsatzbeschlüsse gefaßt wurden. Hilfreich in der gesamten Phase der Vorbereitungen war und ist auch heute noch, daß im Jahre 1972 in Schotten ein „Verein zur Strukturverbesserung im Vogelsberg e.V." gegründet wurde.

Dieser Verein war zwar aus einem ganz anderen Anlaß gegründet worden, nämlich als Förderverein zu einer in den 70er Jahren geplanten dritten permanenten Rennstrecke, neben dem Nürburgring und dem Hockenheimring. Aufgrund von Einwänden der Naturschutzorganisationen war es jedoch nicht zur Realisierung des Vorhabens gekommen und der Verein „dümpelte" vor sich hin, als der Unterzeichner nach der Wahl zum Bürgermeister der Stadt Schotten Kraft Amtes den Vorsitz im Verein übernehmen mußte. Die Aufgabenstellung, die sich der Verein bei seiner Gründung gegeben hatte, nämlich eine Strukturverbesserung im Vogelsberg zu betreiben, paßte aber sehr gut zu dem Modellvorhaben des *Gelben Hauses Schotten* weshalb die meiste Detailarbeit im Vorstand des Strukturvereins geleistet wurde, wo neben Vertretern der örtlichen Banken und Kreditwirtschaft, örtlichen Unternehmern auch die zuständige IHK durch ihren Hauptgeschäftsführer vertreten ist. So war eine sachliche Arbeit, die von jeder parteipolitischen Diskussion losgelöst war, möglich, und führte innerhalb kürzester Zeit zu nachweisbaren Ergebnissen. Da in einer späteren Planungsphase auch der öffentlich geführte Bereich der Bibliothek von der nach rein privatwirtschaftlichen Gesichtspunkten geführten „Gesellschaft für Informations- und Kommunikationstechnik Schotten mbH" getrennt wurde, übernahm der Verein zur Strukturverbesserung auch die führende Rolle beim Aufbau dieser Gesellschaft.

Bei der baulichen Realisierung ging es darum, ein im Eigentum der Stadt Schotten stehendes ehemaliges Schulgebäude aus dem vorigen Jahrhundert, das auch noch unter Denkmalschutz steht, so umzuplanen und zu gestalten, daß es den gestellten Anforderungen und der Zielprojektion gerecht wurde. Dieses Schulgebäude, das im Gegensatz zu einem daneben stehenden, noch heute für den Schulbetrieb genutzten roten Klinkerbau, schon immer mit einer gelben Putzfassade versehen war und im Volksmund das „gelbe Schulhaus" genannt wurde – von daher auch der Name *Gelbes Haus Schotten* -
barg in seiner Substanz einige Überraschungen, die zu nicht unerheblichen und nicht eingeplanten Mehrkosten führten. Nach anfänglichen Kostenschätzungen sollten sich die Modernisierungskosten auf rd. 1 Million DM belaufen. Bereits nach der Entkernung des Gebäudes mußte der Architekt seine Kostenschätzung auf rund 1,8 Mio. DM erhöhen und nachdem sich auch herausgestellt hatte, daß die angenommene Tragfähigkeit der Zwischenwände nicht für die aufzunehmenden neuen Deckenlasten ausreichend war, ergab sich eine Kostenschätzung von rd. 2,5 Mio. DM. Dieser Betrag wurde auch dem Finanzierungshilfeantrag bei der EG-Kommission zugrundegelegt und fand Berücksichtigung bei der Bezuschussung. Wie so oft steckte jedoch der Teufel im Detail, so daß bei der Zusammen-

stellung der Schlußrechnungen eine weitere Kostensteigerung um 500.000 DM zu verkraften war. Dank der zwischenzeitlich sehr guten Beziehungen zu der HLT und dem HMWVT war es möglich, zu den Mehrkosten von einer halben Million eine Nachfinanzierung aus EG-Mitteln zu erhalten. Insgesamt sind bei der baulichen Realisierung somit rund 3,0 Millionen DM aufgewendet worden. Als Gegenleistung verfügt die Stadt Schotten heute über ein nach modernen architektonischen Gesichtspunkten aber trotzdem dem Denkmalschutz gerecht werdendes neugestaltetes Gebäude, daß mit seiner lichten und aufgelockerten Innenarchitektur sehr viele Freunde gewonnen hat.

Bei der technischen Realisierung galt es verschiedene Komponenten sowohl in der räumlichen Ansiedlung als auch der technischen Ausstattung miteinander in Einklang zu bringen. Dies war nicht nur Aufgabe des planenden und mit der Bauleitung beauftragten freien Architekten, sondern, nachdem das Modellprojekt in eine konkrete Phase gekommen war, wurde seitens der HLT im Rahmen eines Werkvertrages ein Mitarbeiter beschäftigt, der ausschließlich nur für das BIuK-Technik-Zentrum zuständig war und seinen Arbeitsplatz in der Stadtverwaltung Schotten hatte. Dieser Mitarbeiter wurde dann später von der Stadt Schotten über einen eigenen Werkvertrag in ein unbefristetes Beschäftigungsverhältnis übernommen, ist dann mit der Gründung der „Gesellschaft für Informations- und Kommunikationstechnik Schotten mbH." aus den Diensten der Stadt ausgeschieden und heute Geschäftsführer der GmbH.

Folgende Komponenten sind eingerichtet worden:
a. zentraler Informationsschalter
b. Medienräume
c. Veranstaltungsraum
d. Räume der Aus- und Weiterbildung
e. Dienstleistungsbüro

Der zentrale Informationsschalter ist das Herzstück des gesamten Objektes. An ihm sitzen die Mitarbeiter und Mitarbeiterinnen der Bibliothek, geben Auskünfte, wickeln über ein bibliotheksspezifisches Softwareprogramm die gesamte Ausleihe bis hin zu erforderlichen Mahnungen ab. Weiterhin ist an diesem Schalter ein PC mit einer lokalen Datenbank über Angebote von Selbstvermarktern, mit dem Jahresveranstaltungskalender der Stadt Schotten und sämtlichen Vereinen. Ein öffentliches Fax-Gerät und ein öffentliches BTX-Geräte stehen neben einem Kopierer jedermann zur Verfügung. Lokale Datenbank und öffentliches BTX sind in der Benutzung kostenlos, für alle anderen Leistungen werden angemessene Gebühren erhoben – auch für die Ausleihe von Medien aus der Bibliothek. Dies ist nur bei Fachleuten umstritten, nicht dagegen bei der Bevölkerung der Stadt Schotten und den potentiellen Nutzern.

In den Medienräumen werden verschiedene Medien angeboten (Bücher, Zeitschriften, Literatur-, Kinder- und Musikkassetten, CD's, Videos, Publik-Domain-Disketten, Shareware-Disketten). Die Recherche nach den einzelnen Medien erfolgt voll elektronisch über das Bibliotheksprogramm an drei Bildschirmen in der Nähe des Info-Schalters. Dabei ist das Menü des Bibliotheksprogramms so einfach aufgebaut, daß jeder ohne Hilfe des Bibliothekspersonals mit diesen Bildschirmen recherchieren kann. In den Medienräumen befinden sich Leseecken, eine Kinderspielecke, aber auch Videogeräte, Kassettengeräte und CD-Player, um in auszuleihende Medien hineinzuschauen oder zu hineinzuhören. Weiterhin ist der Bibliothek ein kleines Bistro angegliedert, das sich insbesondere an Sonntagnachmittagen eines guten Besuches erfreut. Der Veranstaltungsraum steht sowohl der Bibliothek als auch der IuK-GmbH zur Verfügung und wird für Vorträge, Autorenlesungen und Versammlungen genutzt. Das besondere an ihm ist eine Videoprojektionsanlage, die als Ersatz für ein nicht vorhandenes Kino Videofilme in Kinoqualität darbringen kann, um als „öffentliches Kino" wenigstens einen Teil in diesem Bereich abzudecken. Allerdings bestehen derzeit noch erhebliche Probleme in den urheberrechtlichen Ansprüchen – ähnlich wie bei der GEMA.

Die Komponenten d. Aus- und Weiterbildung und e. Dienstleistungsbüro stellen die sogenannte IuK-Werkstatt der Gesellschaft für Informations- und Kommunikationstechnik Schotten mbH dar. Durch sie findet eine breitangelegte Aus- und Weiterbildung im PC-Bereich, angefangen vom PC Schnupperkurs bis hin zu hochqualifizierten

Auto-CAD-Schulungen statt. Die IuK-GmbH ist seit 1.1.93 autorisiertes Trainings-Centrum (ATC) der Firma Auto-Desk, einer der weltgrößten Entwickler und Anbieter im CAD-Bereich.

Der Schulungsraum im *Gelben Haus Schotten* ist mit 8 Schüler-PC's CPU 486/33, RAM 16 MB, HD 250 MB, voll vernetzt im System Novell, mit Farbmonitoren 20" SPEA-Grafiksystem, 1 Kursleiter-PC gleicher Konfiguration mit Summasketch III-Digitalisiertablett, 1 HP Laser-Jet III, 1 HP Desk-Jet 500 und 1 HP Draftpro EXL DIN A-0-Farbplotter ausgestattet. An Software sind jeweils die neuesten Versionen von MS.DOS, Word Perfekt, Auto-Sketch, Auto-CAD, Excell u.a. im Betrieb. Im Dienstleistungsbüro werden Leistungen für kleine und kleinste Betriebe im näheren Umkreis, aber auch für mittlere Firmen im regionalen Bereich angeboten und erbracht. Langfristig (unter ISDN) können und sollen hier mittels Datenfernübertragung Dienstleistungen z.B. für das Rhein/Main-Ballungsgebiet angeboten werden. Ziel der Gesellschaft für Informations- und Kommunikationstechnik Schotten mbH ist gemäß einer betriebswirtschaftlichen Grundorientierung die Gewinnerzielung nach Maßgabe der gewonnenen Erkenntnisse über die Marktsituation bezüglich Nachfragepotential und gefordertem Angebotsprofil.

Die Finanzierung des Gesamtprojektes war die größte Hürde, die im politischen Raum auf örtlicher Ebene zu überwinden war. Auch wenn erhebliche Zuwendungen seitens der EG-Kommission und des Landes Hessen avisiert wurden, so blieb dennoch eine beträchtliche Summe (anfangs etwa 1,0 Mio. DM) durch die Stadt Schotten zu finanzieren. Die Stadt Schotten ist zwar nach der Einwohnerzahl die drittgrößte Stadt im Vogelsbergkreis, gemessen an der Finanzkraft nimmt sie jedoch nur die zehnte Position unter den Kommunen im Kreis ein. Durch Überzeugungsarbeit – hierbei auch insbesondere durch den gesamten Vorstand des Vereins zur Strukturverbesserung im Vogelsberg e.V., konnten die parlamentarischen Gremien von der Schlüssigkeit und der Notwendigkeit des Modellvorhabens überzeugt werden, so daß die erforderlichen Eigenmittel der Stadt Schotten zur Verfügung gestellt wurden. Schwierigkeiten gab es zunächst nur, als die nicht einkalkulierten Mehrkosten von 500.000 DM aus der Gebäudesanierung bereitgestellt werden mußten.

Insgesamt sind bei dem Modellprojekt Gesamtkosten entstanden von 4.169.500 DM. Darin enthalten sind alle Kosten der Gebäudesanierung, der technischen Ausstattung, der Erstausstattung mit 7.500 Medieneinheiten und der hochgerechneten Personal- und Sachaufwendungen der ersten drei Jahre.

Von der Gesamtsumme von 4.169.500 DM haben finanziert: die Europäische Gemeinschaft 1.836.600 DM, das Land Hessen (das Min. f. Wissensch. u. Kunst: Bibliothek 365.700 DM; Denkmalschutz 300.000 DM, das Min. f. Wirtsch., Verk. u. Technologie 131.600 DM) 797.300 DM, der Vogelsbergkreis 244.000 DM und die Stadt Schotten 1.291.600 DM.

Hinzuzurechnen sind noch das Stammkapital von 112.000 DM für die Gesellschaft für s- und Kommunikationstechnik Schotten mbH. Daran haben Anteil die Stadt Schotten 49.000 DM, der Verein zur Strukturverbesserung 35.000 DM, die IHK Friedberg 10.000 DM und 7 weitere örtliche und regionale Unternehmen 18.000 DM

III.5 Entwicklung in der Praxis

Nach der Planung war vorgesehen, daß das Modellprojekt in drei Abschnitten in Betrieb gehen sollte. Der erste Abschnitt sollte die Bibliothek, der zweite Abschnitt der Schulungsbereich und der letzte Abschnitt das Dienstleistungsbüro sein. Diese sollten sich auf die Jahre 1991 bis 1993 verteilen, nachdem zuvor in 1990 die Gebäudesanierung stattgefunden hatte. Diese Planung konnte jedoch nicht realisiert werden, weil für den Zeitraum der Sicherstellung der Finanzierung, insbesondere bis zur Zusicherung der EG-Mittel mehr Zeit verstrich, als angenommen war. Weiterhin gab es durch die geschilderten Probleme bei der Gebäudesanierung zusätzliche Zeitverzögerungen, so daß die Fertigstellung erst Ende des Monates Mai 1992 erfolgte. Parallel dazu war jedoch die programmatische Entwicklung im Schulungsbereich und Dienstleistungsbüro weiter vorangeschritten, so daß am 12.06.1992 das Gebäude seinem Zweck übergeben werden konnte und am 01.07. 1992 alle Komponenten zur gleichen Zeit ihren Betrieb aufnehmen konnten.

Seit dieser Zeit haben sowohl die städtische Bibliothek als auch die IuK-GmbH eine erfreuliche Entwicklung genommen.

Für die Bibliothek werden entgeltliche Benutzerausweise auf die Dauer eines Jahres ausgegeben. Die Gebühren dafür betragen für Kinder und Schüler 10,00 DM, erwachsene Einzelpersonen 30,00 DM und Familien 40,00 DM. Zur Zeit sind etwa 650 Benutzerausweise, vorwiegend für Familien ausgegeben, so daß sich die Zahl der permanenten Nutzer der Bibliothek auf ca. 2.000 Personen hochrechnen läßt. Die Bibliothek ist an den Tagen Dienstag, Donnerstag und Freitag jeweils von 14.00 – 19.00 Uhr, Mittwochs von 10-12 Uhr und an Sonntagen von 14-18 Uhr geöffnet, ansonsten ist sie geschlossen. Die Sonntagnachmittage wurden auf Empfehlung des Bibliothekspersonals geöffnet, das sich auch regelmäßig bei der Betreuung abwechselt. Gerade der Sonntag erfreut sich einer sehr guten Frequentation durch Familien mit Kindern, die sich dann auf dem Spielteppich vergnügen, im Bistro einen Kaffee trinken, sich Musik anhören oder Videofilme anschauen.

Insgesamt hat die Bibliothek mittlerweile einen Medienbestand von 10.100 Einheiten. Mittelfristig ist ein Bestand von 20.000 geplant. Mit dem derzeitigen Medienbestand wurden 1993 rd. 38.500 Ausleihen erzielt. Durchschnittlich wurde also jede Medieneinheit 3,8 mal umgesetzt. In Fachkreisen spricht man von einem guten Ausleihergebnis wenn der Bestand 2,5 – 3,o mal im Jahr umgesetzt wird. Die Nachfrage ist weiterhin steigend, wobei selbstverständlich gravierende Unterschiede in den einzelnen Mediengruppen bestehen. Die Hitliste wird angeführt von Kindervideos mit 18,6 Ausleihen/Jahr, gefolgt von Kinder/Jugendlichen-Comics mit 15,3 Ausleihen/Jahr und Spielfilm-Videos mit 11,8 Ausleihen/Jahr. Die geringsten Quoten erreichen Sachliteratur mit 1,5 Ausleihen/Jahr und Literatur-Tonkassetten mit 1,9 Ausleihen/Jahr. Abschließend läßt sich zum Bibliotheksbereich sagen, daß sich die Bibliothek fest etabliert hat und offensichtlich in Schotten bislang unbefriedigte Informations- und Kulturbedürfnisse abdeckt.

Auch die Gesellschaft für Informations- und Kommunikationstechnik Schotten mbH kann auf eine positive Entwicklung zurückschauen. In der Zeit vom 01.07.1992 bis 31.12.1993 haben sich insgesamt 708 Personen einer Schulung unterzogen. Waren es anfänglich mehr Schulungskurse der unteren Kategorie bis hin zur Textverarbeitung für Fortgeschrittene, hat sich seit der Anerkennung als ATC für Auto-CAD eine spürbare Verlagerung zu hochwertigen Lehrgängen ergeben. Damit verbunden ist auch eine deutliche Verbesserung des Kostendeckungsgrades. Im ersten Schulungsquartal 1993 wurde ein Kostendeckungsgrad von 36,44% erreicht. Dieser ist zwischenzeitlich über 41,12%, 52,00%, 59,61% bis hin zu 73,8o% im ersten Quartal 1994 gestiegen und für das 2. Quartal 1994 sind 95,00% hochgerechnet, so daß bei gleichbleibender Entwicklung, die als Minimum unterstellt werden kann, bereits zum Jahresende 1994 ein positives Betriebsergebnis erwartet werden kann.

III.6 Resümee und Ausblick in die Zukunft

Im abschließenden Teil der Ausführungen stellen sich nun die Fragen: Wurden bei diesem Vier-Millionen-Projekt theoretische Grundüberlegungen ausgenutzt? Konnten eventuell schon bekannte Problemfelder strukturfördernder Politik umgangen werden? Wurden Vorteile bestimmter Konzepte auf die Schottener Situation umgemünzt? Sicherlich sind diese Fragen nur ansatzweise beantwortet worden. Eine Beurteilung des Projektes kann aber durchaus damit erfolgen. Allgemein kann man sagen, daß die Informations- und Kommunikationstechniken im ländlichen Raum am Beispiel des *Gelben Hauses Schotten* zunächst ein Ergebnis zentraler Strukturförderung sind. Dabei gingen die Ausgangsüberlegungen von der unteren politischen Handlungsebene aus. Durch eine glücklich zu nennende Verkettung einiger Kontakte und vorgefundener Strukturen konnte ein Modellprojekt entwickelt werden, das bis heute keine Parallele in Hessen hat. Nicht so eindeutig kann man darstellen, in welchem Ausmaß mit dem *Gelben Haus Schotten* der Gedanke einer wachstums- oder beschäftigungspolitischen Neuansiedlung eines Betriebes verbunden ist. Mit dem *Gelben Haus Schotten* wurden zwar auch direkt Arbeitsplätze geschaffen (3 ganztags, 4 halbtags), der

Schwerpunkt des Projektes liegt allerdings auf der Qualifizierung von Arbeitskräften aus der Region, die durch Strukturveränderungen in der Wirtschaft freigesetzt werden und somit durch die Möglichkeit der verbesserten Weiterbildung eher eine Chance der Eingliederung in das Berufsleben finden. Mit dieser „Initialzündung" wurde eine regionale Offensive zum Anschluß an die neuen Informations- und Kommunikationstechniken gestartet. Es kann festgestellt werden, daß der Start hervorragend gelungen ist, und daß sich das Objekt auf einer guten Bahn befindet. Es wurde ein Weg der weichen Innovationsförderung gefunden, die als vornehmliches Ziel die Kommunikations- und Informationsbereitstellung, Vermittlung und Dienstleistungen für Betriebe in der strukturschwachen Region hat. Um auf Problemstellungen eingehen zu können, bedarf es des direkten Kontaktes zu den beteiligten Akteuren. Das *Gelbe Haus Schotten* soll und will durch seine teils qualifizierende, teils beratende Funktion den regionalen Wirtschaftsbetrieben eine Stütze sein. Im Vordergrund steht dabei der Einsatz neuer Informations- und Kommunikationstechnologien, die im ländlichen Raum gewöhnlich einen schweren Stand haben. Das *Gelbe Haus Schotten* verfolgt mit seiner Konzeption einen Ansatz, der die Verbesserung der aktuellen ökonomischen Situation „von unten" angeht. Somit kann das *Gelbe Haus Schotten* in seiner bisherigen Gestaltung und Entwicklung als durchaus gelungenes Experiment einer beispielhaften Verbesserung der wirtschaftlichen Lage im ländlichen Raum angesehen werden.

Literaturnachweis:

1. Ökologie und Technik im ländlichen Raum, Arbeitsgruppe empirische Planungsforschung in Zusammenarbeit mit dem Wissenschaftlichen Zentrum Mensch, Umwelt, Technik. Gesamthochschule Kassel, Mai 1990
2. Modellprojekt Bibliotheks- und IuK-Technik-Zentrum Schotten, Christoph Grass und Dr. Karl Heinz Wöbbeking, HLT Gesellschaft für Forschung, Planung Entwicklung mbH, Wiesbaden
3. Mit neuen Technologien in die Zukunft? Struktur- und Technologieförderung im ländlichen Raum: DAS *Gelbe Haus Schotten*, Christoph Bieber, Schotten, Zwischenprüfung Politikwissenschaft, Justus-Liebig-Universitaet Gießen, Februar 1993

Abb. 1: Die Träger des Projektes „Gelbes Haus Schotten"

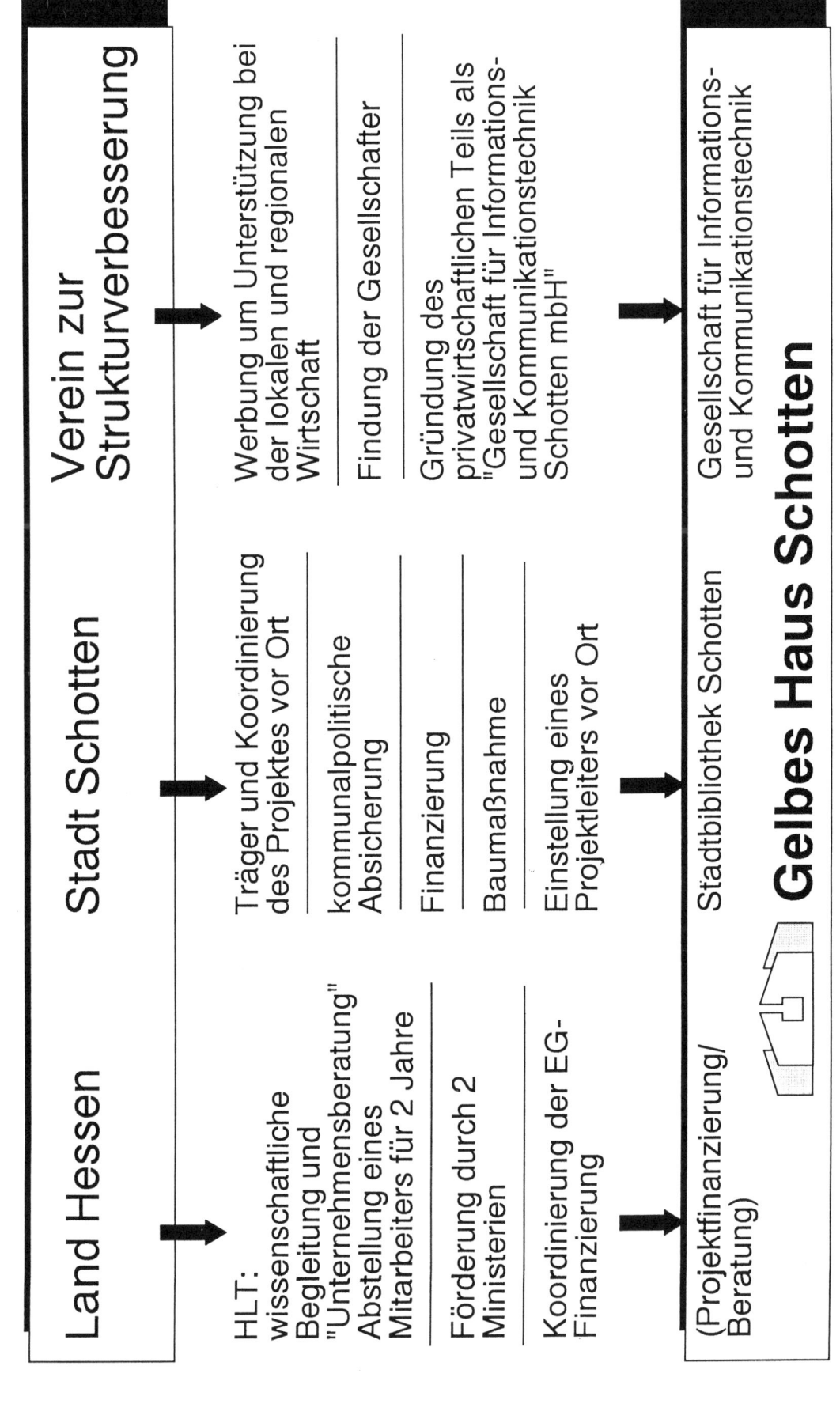

Die Träger des Projektes "Gelbes Haus Schotten"

Land Hessen

HLT:
wissenschaftliche Begleitung und "Unternehmensberatung"
Abstellung eines Mitarbeiters für 2 Jahre

Förderung durch 2 Ministerien

Koordinierung der EG-Finanzierung

→ (Projektfinanzierung/Beratung)

Stadt Schotten

Träger und Koordinierung des Projektes vor Ort

kommunalpolitische Absicherung

Finanzierung

Baumaßnahme

Einstellung eines Projektleiters vor Ort

→ Stadtbibliothek Schotten

Verein zur Strukturverbesserung

Werbung um Unterstützung bei der lokalen und regionalen Wirtschaft

Findung der Gesellschafter

Gründung des privatwirtschaftlichen Teils als "Gesellschaft für Informations- und Kommunikationstechnik Schotten mbH"

→ Gesellschaft für Informations- und Kommunikationstechnik

Gelbes Haus Schotten

Abb. 2: Finanzierung des Projekts „Gelbes Haus Schotten"

Finanzierung des Projekts "Gelbes Haus Schotten"
Stand : Juli 1993

→ **Europäische Gemeinschaft**	1.836.000 DM
→ **Land Hessen**	
Hessisches Ministerium für Wissenschaft und Kunst	
Bibliothek	365.700 DM
Denkmalschutz	300.000 DM
Hessisches Ministerium für Wirtschaft, Verkehr und Technologie	131.600 DM
→ **Vogelsbergkreis**	244.000 DM
→ **Stadt Schotten**	1.362.800 DM
➡ **Gesamtkosten 1991-1993**	**4.169.500 DM**
+ **Stammkapital der "Gesellschaft für Informations- und Kommunikationstechnik Schotten mbH"**	112.000 DM

Grafik:
Gesellschaft für Informations- und
Komunikationstechnik Schotten mbH

Abb. 3: Öffentlicher Bereich / Privatwirtschaftlicher Bereich

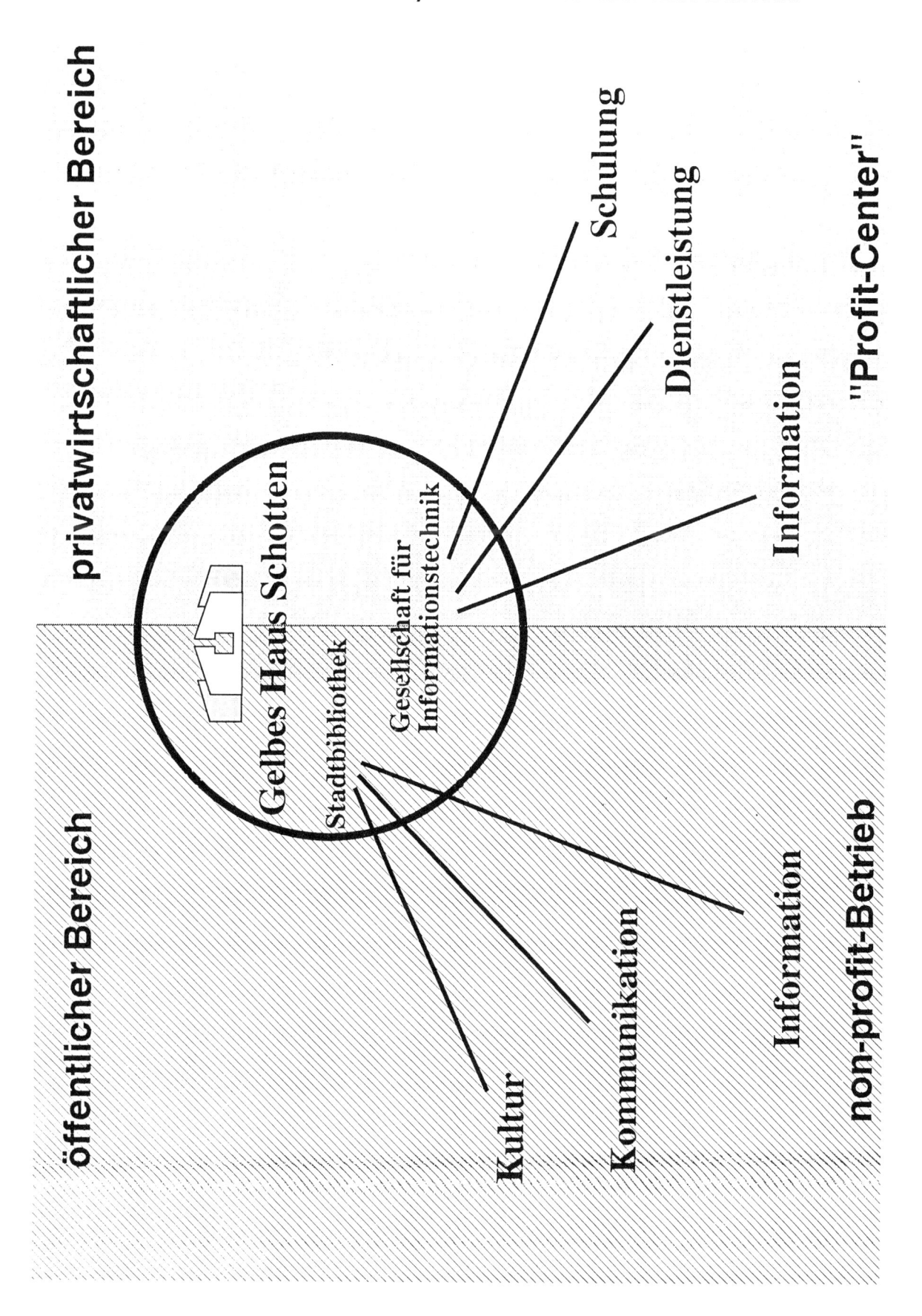

privatwirtschaftlicher Bereich — "Profit-Center"

- Schulung
- Dienstleistung
- Information

Gelbes Haus Schotten
- Stadtbibliothek
- Gesellschaft für Informationstechnik

öffentlicher Bereich — non-profit-Betrieb

- Kultur
- Kommunikation
- Information

Abb. 4: Gesellschaft für Informations- und Kommunikationstechnik Schotten mbH

Gesellschafter:	Anteil:
Stadt Schotten	43,75 %
Verein zur Strukturverbesserung im Vogelsberg e.V.	31,25 %
Industrie- und Handelskammer Friedberg	8,93 %
ReHa Schotten	4,46 %
ComputerCenter Lich	2,68 %
AS-Druck Schotten	1,78 %
CompuSatz Laubach	1,78 %
Fa. Prebena	1,78 %
Gewerbe- und Verkehrsverein	1,78 %
Werbegemeinschaft Marktstadt Schotten	1,78 %

Aufsichtsrat:
Bürgermeister Hans Otto Zimmermann (Vorsitzender)
Reinhard Lamp (REWE Informations Systeme)
Günter Kern (Volksbank Schotten)
Andreas Schaab (AS-Druck Schotten)
Dr. Heinrich Wassermann (IHK Friedberg)

Vorstand:
Geschäftsführer Peter Eisenburger

Beirat:
Elke Ehlen (IHK Friedberg)
Günter Frey (HMWVT Wiesbaden)
Christoph Graß (HLT Kassel)
Martin Sperling (Glauburg)
Stefan Neeb (Schotten)

Abb. 5: Technische Ausstattung
Schulungsraum im Gelben Haus Schotten

<u>8 Schüler-PCs</u>
CPU 486/33   RAM 16 MB   HD 250 MB
20 " SPEA-Grafiksystem
Summasketch III - Digitalisiertablett
<u>Drucker</u>
HP Draftpro EXL DIN A0-Farbplotter
HP LaserJet III HP DeskJet 500
<u>Software</u>
immer neueste Versionen

Abb. 6: Umsatzentwicklung der Gesellschaft für Informations- und Kommunikationstechnick Schotten mbH

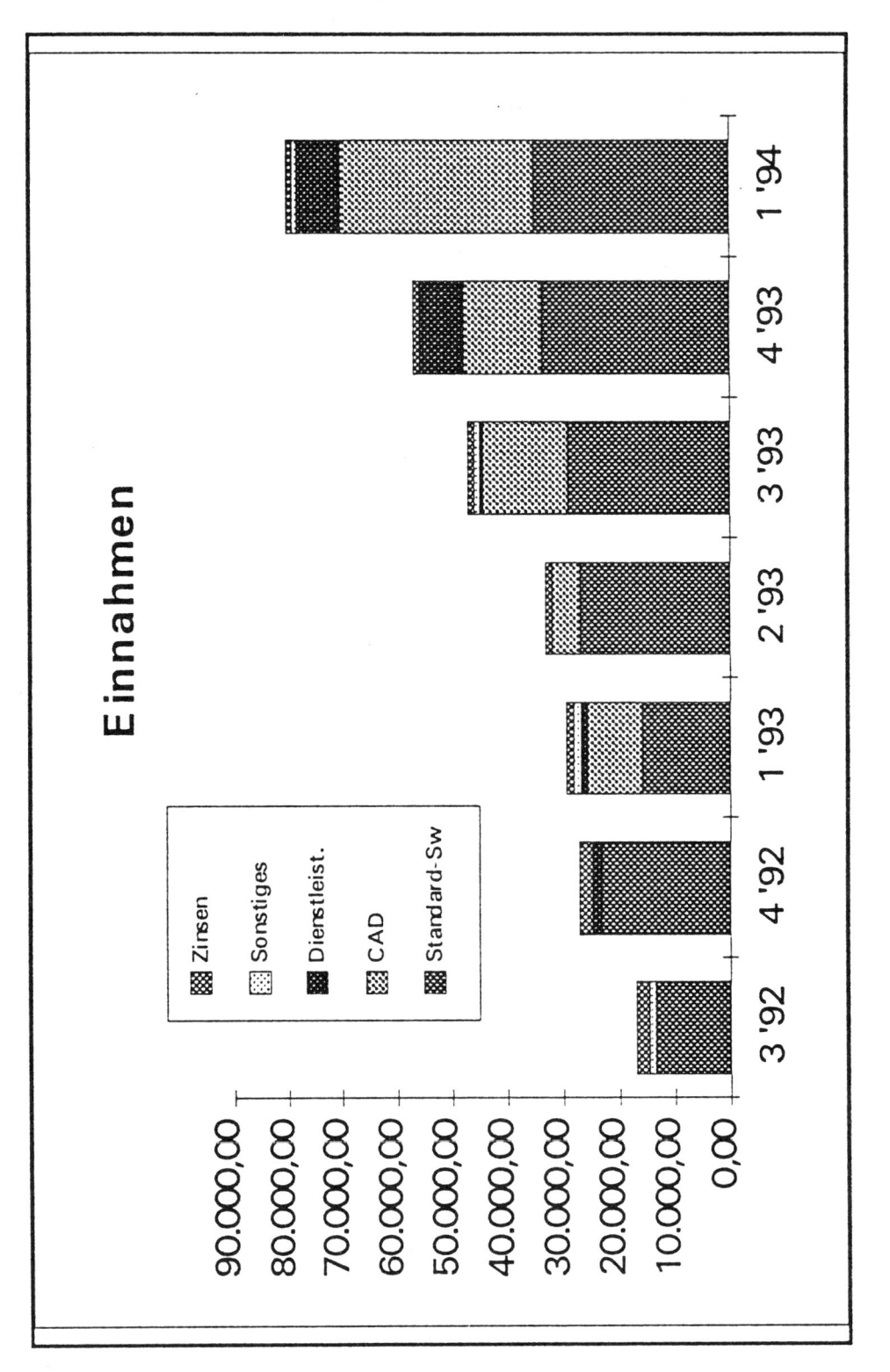

(1/94 Schätzung)

Tab. 1: Einnahmen und Kosten

Quartale	Schulungen			Dienstleistungen und Sonstiges				Kosten	Deckung	
	Standard	CAD	Summe	Dienstl.	Sonst.	Zinsen	Summe	GESAMT		
1 '93	15.749	9.775	25.524	1.038	1.543	1.045	3.626	29.150	80.000	36,44%
2 '93	26.750	5.100	31.850	0	0	1.045	1.045	32.895	80.000	41,12%
3 '93	28.944	15.207	44.152	450	1.150	1.045	2.645	46.797	90.000	52,00%
4 '93	33.583	14.048	47.630	7.954	0	1.045	8.999	56.629	95.000	59,61%
1 '94	23.500	33.000	56.500	0	1.000	800	1.800	58.300	79.000	73,80%
2 '94	50.000	25.000	75.000	13.000	500	800	14.300	89.300	94.000	95,00%
Jahre bisher										
1992	36.551		36.551	1.500	1.250	5.745	8.495	45.046	95.000	47,42%
1993	105.027	44.130	149.157	9.441	2.693	4.180	16.314	165.471	345.000	47,96%
1994	73.500	58.000	131.500	13.000	1.500	1.600	16.100	147.600	173.000	85,32%
Summen	215.078	102.130	317.208	23.941	5.443	11.525	40.909	358.117	613.000	58,42%

Tab. 2: Schulungsteilnehmer

SCHULUNGS-TEILNEHMER			
Quartale	Standard	CAD	Summe
1 '93	64	13	77
2 '93	83	3	86
3 '93	79	13	92
4 '93	87	14	101
1 '94	48	29	77
2 '94	137	19	156
Jahre bisher			
1992	119		119
1993	313	43	356
1994	185	48	233
Summen	617	91	708

Sanfter Tourismus als Wirtschaftsfaktor?
Beispiele und Erfahrungen aus Sachsen

Erwin Zillenbiller[1]

Zusammenfassung

Die Schaffung außerlandwirtschaftlicher Arbeitsplätze ist ein vordringliches Anliegen auch für den Freistaat Sachsen. Die Zahl der Erwerbstätigen in der Landwirtschaft sank in Sachsen 1989 bis 1992 von 180.000 auf unter 40.000. Es gelang, einen größeren Teil in den ausgegliederten Handwerks- und Dienstleistungsbereichen zu beschäftigten. Für viele, insbesondere Frauen, sind aber trotzdem neue Einkommensquellen zwingend geboten. Teilzeitarbeit oder Nebenerwerb ist schon eine große Hilfe.
Der „Sanfte Tourismus" kann hierbei durchaus in den geeigneten Ferienlandschaften solche Chancen bieten. Urlaub auf dem Lande entspricht in besonderem Maße den Vorstellungen des „Sanften Tourismus". Landschaftliche Vielfalt, reizvolle Dörfer, interessante Privatquartiere u.a.m. sind geschätzte Werte von Gästen. Solche Werte können nicht ausschließlich für die Gästewünsche geschaffen werden. Vielmehr sollen sie durch Zielsetzungen in der Landschafts- und Agrarstrukturpolitik sowie der Dorfentwicklungsprogramme Gegenstand von Maßnahmen sein. Die Land- und Forstwirtschaft trägt mit ihren Gestaltungskräften vorzüglich zur landschaftlichen Vielfalt, Flur und Walderschließung, den schönen Ortsbildern bei und entspricht in der umweltgerechten Erzeugung auch den Bedürfnissen an Nahrungsmitteln und regionale Spezialitäten.
Die Umnutzung von funktionslos gewordener Bausubstanz, denken wir nur an die Vielzahl der Dreiseithöfe, kann dem „Sanften Tourismus" wertvolle Impulse geben. Die Sächsische Flurneuordnung bemüht sich, zusammen mit Gemeinde und Landkreis, Wegenetze zu örtlichen und überörtlichen Wander-, Rad-, und Reitwegen zu verbinden. Die Aktion „grünes Sachsen" begünstigt zudem Flora und Fauna.
Die Belegungszeit im Jahreslauf pro Bett auf über 100 Tage und die Verweildauer der Gäste auf 10 bis 14 Tage zu bringen, muß das Ziel der Vermieter sein. Das erfordert einige Jahre Anlaufzeit. Die staatliche Förderung als Anschubfinanzierung ermöglicht den Einstieg in diesen Erwerbszweig und bietet etwas Entfaltungsspielraum für Werbung. Vollerwerbsarbeitsplätze entstehen nach Angaben des Bayrischen Landesamtes für Statistik erst ab etwa 14 Betten in Ferienwohnungen. Sächsische Berechnungen kommen zu ähnlichen Größen. Urlaub auf dem Lande ist vorwiegend eine Teilzeit- bzw. Nebenerwerbschance. Wichtigster Grundsatz ist, daß möglichst alle Einnahmen aus dem „Sanften Tourismus" der ortsansässigen d.h. heimischen Bevölkerung zugute kommen.

---

[1] Prof. Dr. Erwin Zillenbiller, Ministerialdirigent a. D., Zillenbillerhof, 72519 Veringenstadt

Summary

Adapted tourism as an economic factor? Examples and experiences in Saxonia. To create non-agricultural jobs is one of the main aims of the Free State of Saxonia. The agricultural labour force decreased from 180 000 (1989) to below 40 000 (1992). The majority of the dismitted employees could achieve new jobs in the crafts and services. For many, however, and for women in particular, new sources of income have to be created. Part-time and additional jobs are of great help.

To increase the number of jobs an adapted tourism can offer chances in landscapes suitable for leisure. Holiday in the countryside to a high degree corresponds with the ideas of an adapted tourism. A varied landscape, picturesque villages, interesting private accommodations are values appreciated by the guests. But such values can not be created for guests alone, but should be parts of landscape and agricultural policies as well as of rural development programmes. Agriculture and forestry produce a varied landscape, contribute to develop fields and forests as well as nice village fabrics. Moreover, agriculture can also fulfill the needs of foods and regional specialities. Re-using derelict houses can give new impulses to an adapted tourism. The Saxonian rural restructuring programme as well as local districts are engaged to change the visiting network of paths into local and regional hiking, cycling and riding systems. The compaign „Grünes Sachsen" also favours flora and wildlife. It must be the aim of the hosts to raise the occupation rate per bed and year to more than 100 days and the duration of stay to 10-14 days. To achieve this aim an initial financial governmental support is neccessary to allow the start of the business and advertising. Full-time jobs, however, can not be created below 14 beds in holiday flats. So, holiday in the countryside will be a chance for part-time and additional jobs. The main principle of an adapted tourism will be that the majority of the income ist to be of benefit to the local population.

I) Sanfter Tourismus im Freistaat Sachsen

1. Mitwirkungsmöglichkeiten des Staatsministeriums für Landwirtschaft, Ernährung und Forsten zur Erfüllung des Verfassungsauftrages und der Landesentwicklung

Der Freistaat Sachsen hat sich eine Verfassung gegeben, die den Sanften Tourismus als Verfassungsgebot wie folgt erkennen läßt:
So heißt es in der Präambel: „Vom Willen geleitet... dem Frieden und der Bewahrung der Schöpfung zu dienen..."
Und im Art. 10 (1): „Der Schutz der Umwelt als Lebensgrundlage ist, auch in Verantwortung für kommende Generationen, Pflicht des Landes und Verpflichtung aller im Lande. Das Land hat insbesondere den Boden, die Luft und das Wasser, Tiere und Pflanzen sowie die Landschaft als Ganzes einschließlich ihrer gewachsenen Siedlungsräume zu schützen.
Art. 10 (2) Das Land erkennt das Recht auf Genuß der Naturschönheiten und Erholung in der freien Natur an, soweit dem nicht die Ziele nach Abs. (1) entgegenstehen. Der Allgemeinheit ist in diesem Rahmen der Zugang zu Bergen, Wäldern, Felsen, Seen, Flüssen zu ermöglichen."
Den zitierten Verfassungsgeboten folgt bereits klar und deutlich der Entwurf des Landesentwicklungsplanes. Dort heißt es zu II „Überfachliche Grundsätze und Ziele der Raumordnung und Landesplanung" unter 1.3.3.6 „Ländlicher Raum": „Im ländlichen Raum sind unter Beachtung der Belange des Natur- und Landschaftsschutzes die Möglichkeiten für eine naturnahe Erholung und den Fremdenverkehr als zusätzlicher Wirtschaftsfaktor zu nutzen."
Hier wird der Wirtschaftsfaktor als landesplanerisches Ziel herausgestellt. Da es sich in die Belange des Natur- und Landschaftsschutzes einzuordnen hat, ist ein Teilaspekt des „Sanften Tourismus" angesprochen. Weitere Zielsetzungen in diesem Sinne finden sich zu III „Fachliche Grundsätze und Ziele der Raumordnung und Landesplanung" zur Landschaft. Dort heißt es:
„Die Landschaft soll insgesamt mit ihren Naturgütern Boden, Wasser, Luft, Pflanzen und Tierwelt, ihren schützenswerten Kulturlandschaften und Ihren charakteristischen Landschaftsbildern nachhaltig gesichert und entwickelt werden."
Zum Punkt Fremdenverkehr, Freizeit und Erholung im Landesentwicklungsplan heißt es:
- „Bei der Ordnung und Entwicklung des Raumes soll dem Bedürfnis nach Erholung in umwelt- und sozialverträglicher Weise, insbesondere in Gebieten mit landschaftlicher Vielfalt, Eigenart und Schönheit, bioklimatisch günstiger Lage, wertvollen Baustrukturen und hochwertigen kulturellen Einrichtungen Rechnung getragen werden."
- „Gebiete, die aufgrund ihres Landschaftscharakters oder vorhandener kulturhistorischer Sehenswürdigkeiten für eine Entwicklung des Fremdenverkehrs mit landesweiter Bedeutung geeignet sind, sollen ausgebaut werden."
- „Für thematisch interessierte Touristen sollen Ferienstraßen wie die 'Silberstraße' und die 'Sächsische Weinstraße' attraktiv ausgestaltet werden. Ferienlandschaften wie die 'Umgebindelandschaft' oder das 'Sächsische Burgenland' sind weiterzuentwickeln. Dabei sind Handwerkstraditionen ebenso einzubeziehen wie kulturhistorisch wertvolle Bauten und technische Denkmale".
- „Es ist darauf hinzuwirken, daß das Angebot an Ferienwohnungen erweitert wird. Dabei soll nach Möglichkeit die vorhandene Bausubstanz genutzt werden."
- „Camping- und Caravaningplätze sollen in Gebieten errichtet werden, in denen sie zur Entwicklung oder Stärkung des Fremdenverkehrs beitragen können. Sie sollen in der Regel in Anbindung an die bebaute Ortslage errichtet und ihre Kapazität mit den Ver- und Entsorgungsmöglichkeiten der Gemeinden abgestimmt werden. Sie sollen sich in das Orts- und Landschaftsbild harmonisch einpassen."
- „Der Urlaub auf dem Lande soll als attraktives Spezialangebot des Fremdenverkehrs in geeigneten Gebieten entwickelt werden."
- „Ein Netz von Fernwanderwegen und Radwanderwegen, einschließlich Fernradwegen abseits stark befahrener Straßen, soll schrittweise geschaffen bzw. ausgebaut werden. Es soll darauf hingewirkt werden, diese Wege mit benachbarten Bundesländern sowie unter Beachtung historischer grenzüberschrei-

tender Wege mit der Tschechischen Republik und Polen abzustimmen."
- „Dem Freizeitbedürfnis in Verdichtungsräumen soll durch die Schaffung von Naherholungseinrichtungen innerhalb der Verdichtungsräume Rechnung getragen werden".

2. Konkretisierung in Landschaftsrahmen- und Regionalplänen für die Ferienlandschaften und in der örtlichen Bauleitplanung

Im Sächsischen Gesetz über Naturschutz und Landschaftspflege (Sächsisches Naturschutzgesetz -SächsNatSchG. vom 16. Dezember 1992) sind gesetzliche Vorschriften enthalten, die den Zielen des „Sanften Tourismus" entsprechen und der Land und Forstwirtschaft Aufgaben in diesem Sinne zuweisen. Der Sanfte Tourismus ist eine Querschnittsaufgabe.

Im Zuständigkeitsbereich des Staatsministeriums für Landwirtschaft, Ernährung und Forsten können Fördermaßnahmen als Beitrag zum Sanften Tourismus festgelegt werden, wie das untenstehende Schema aufzeigt:

Das Staatsministerium für Landwirtschaft, Ernährung und Forsten hat hierbei mit der agrarstrukturellen Vorplanung, den Aktionsprogrammen Ländlicher Raum, den fachspezifischen landwirtschaftlichen und forstwirtschaftlichen Programmen und als Träger öffentlicher Belange

Abb. 1: Freistaat Sachsen. Planungs- und Programmarten sowie Zuständigkeiten

Freistaat Sachsen

Planungs- und Programmarten sowie Zuständigkeiten

SMU/SMI	SMU	SMWA	SML
Landesentwicklung	Landschaftsplanung	Fachplanung	Fachplanung
Sanfter Tourismus im • *Landesentwicklungsplan* • *Regionalplan* (Kreisentwicklungsplan)	**Sanfter Tourismus** im • *Landschaftsprogramm* • *Landschaftsrahmenplan*	**Sanfter Tourismus** im • Fachlichen Entwicklungsplan bzw. *Fremdenverkehrsentwicklungsprogramm* des Freistaates Sachsen • *Regionale Fremdenverkehrskonzepte* • *Marketingstrategie* des Landesfremdenverkehrsverbandes • *Sächsisches Kurortegesetz* mit Rechtsverordnungen	**Sanfter Tourismus** im • Fachlichen Entwicklungsplan bzw. *Entwicklungsprogramm Urlaub auf dem Lande* • *Aktionsprogramme* Ländlicher Raum • *Forstliche Rahmenplanung*, Landeswaldprogramm • *Regionale u. örtliche Entwicklungskonzepte* – Flurbereinigungsplan – Agrarstrukturelle Vorplanung – Agrar- und Landschaftskonzepte – Dorfentwicklungskonzepte
Bauleitplanung – Flächennutzungsplan – Bebauungsplan	Landschaftsplan Grünordnungsplan	*Stellungnahmen* zur Landes-, Regional-, Landschafts- und Bauleitplanung	*Stellungnahmen* zur Landes-, Regional-, Landschafts- und Bauleitplanung

≡ Nimmt durch Aufnahme an der Rechtsverbindlichkeit teil

Beitrag wird in die Landschaftsplanung u. Landesentwicklung eingearbeitet

Es besteht enges Zusammenwirken zwischen den Staatsministerien

Abkürzungen:
SMU - Sächsisches Staatsministerium für Umwelt und Landesentwicklung
SMI - Sächsisches Staatsministerium des Innern
SMWA - Sächsisches Staatsministerium für Wirtschaft und Arbeit
SML - Sächsisches Staatsministerium für Landwirtschaft, Ernährung und Forsten

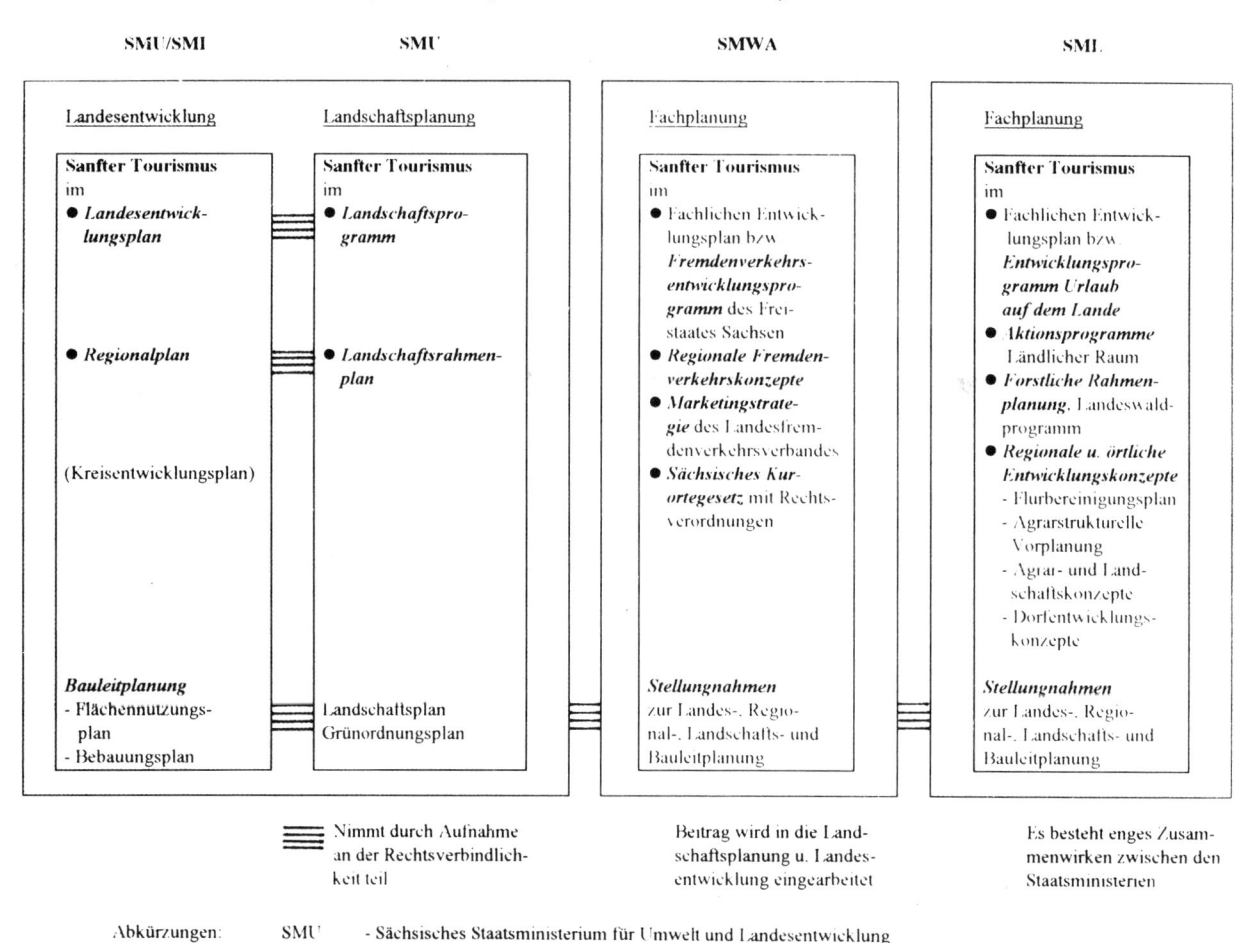

maßgebliche Hilfestellung zu leisten. Alle Maßnahmen sollen der Wahrung der Kulturlandschaft dienen, die Existenzgrundlage der Bewirtschafter verbessern und über ergänzende Einkommen – z.B. aus dem Sanften Tourismus – nachhaltig sichern.

Im für den Fremdenverkehr zuständigen Staatsministerium für Wirtschaft und Arbeit fällt dem Fremdenverkehrsentwicklungsprogramm eine Schwerpunktaufgabe zu.

Die Zielsetzung ist ein

umweltverträglicher

(– Erhaltung und Schutz des natürlichen Landschaftsbildes sowie der Lebensräume für Pflanzen und Tiere, – Begrenzung der Beeinträchtigungen, die durch Freizeitaktivitäten, Beherbergung und Verkehr für die Umwelt entstehen, – Erstellung alternativer Angebote, z. B. großflächige Ferienzentren)

sozialverträglicher

(– Wahrung und Pflege der Identität der Fremdenverkehrsregionen, – Akzeptanz der Bürger zur weiteren Profilierung als Fremdenverkehrsort/-gebiet, – Verbesserung der Lebensqualität durch erweiterte Infrastruktur)

wirtschaftlich ergiebiger

(– Aufbau einer leistungsgerechten und wettbewerbsfähigen Fremdenverkehrswirtschaft, – Nutzung des „Multiplikatoreffektes" für das einheimische Handwerk, für den Handel und den Dienstleistungsbereich (Absatzförderung), – Erhaltung und Schaffung von Arbeitsplätzen)

Fremdenverkehr.

Aufgabe der Regionalverbände ist die Erstellung regionaltypischer touristischer Produkte. Dazu müssen die Leistungsträger zusammengeführt und ihre Angebote marktgerecht gebündelt werden. Auf der Grundlage einer abgestimmten Marketingstrategie koordinieren die Regionalverbände die Werbeaktivitäten auf regionaler Ebene. Neben mehr Professionalität wird eine deutlich höhere Effizienz der eingesetzten Mittel erkennbar.

Im Hinblick auf die Dimensionen des Marktes und den härter werdenden Wettbewerb sowie die Aufwendungen für die Fremdenverkehrswerbung stehen die regionalen Organisationsstrukturen ständig neu zur Disposition. Verglichen mit den Verbandsgebieten in den alten Bundesländern ist nach Wahrnehmung vielfältiger „Aufbauaufgaben" eine Straffung der Strukturen auf regionaler Ebene notwendig. Orientierung könnten dabei die fünf Planungsregionen geben, die dem Landesentwicklungsplan zugrunde gelegt wurden: Westerzgebirge (Vogtland), Leipzig/Westsachsen, Chemnitz/Erzgebirge, Dresden/Sächsische Schweiz, Oberlausitz/Niederschlesien.

3. Sanfter Tourismus in der Entwicklungskonzeption für den Fremdenverkehr im Freistaat Sachsen

„Entwicklungskonzeption für den Fremdenverkehr im Freistaat Sachsen".

Ergebnisse einer Studie im Auftrag des Sächsischen Staatsministeriums für Wirtschaft und Arbeit.

In der allgemeinen Einführung kommen die Gutachter – Dr. Lang u. Partner GmbH, 1992/93) – zum Schluß, daß „Sachsen als Land großer Geschichte und Tradition, Brauchtum und Kunst, Kultur und Kunsthandwerk, ein Land, dessen Menschen über Phantasie und Unternehmergeist, industrielle Tradition und politische Kultur verfügen", sehr wohl ein touristisches Zentrum Deutschlands wieder werden könnte. Sie appellieren an die Kultur-, Wissenschafts- und Handelszentren, die wiedererstehende Identität, die Vielfalt und Schönheit der Landschaften, an die Hinwendung der Bürger zum „Dienstleistungs-Gedanken" und im Tourismus an das für den Gast „nachvollziehbare Preis-Leistungs-Verhältnis". Sie erinnern an den Wert und an die Atmosphäre in den Städten und Ortschaften, die sich am Tourismus beteiligen.

Diese Ausführungen beziehen sich auf Formen des Fremdenverkehrs, für die das Sächsische Staatsministerium für Wirtschaft und Arbeit folgende Entwicklungsziele formuliert:

– **Kurorte und Heilbäder**

Für Kurorte und Heilbäder gilt in besonderem Maße daß die Vorbeugung, Linderung und Heilung von Krankheiten als ganzheitliche Therapie eines gepflegten Ortsmilieus bedarf, das im Einklang mit dem natürlichen Unifeld steht. In vielfältiger Weise wird dieses Umfeld (Kurpark, Terrainkurwege) sogar in die medizinische Behandlung integriert.

– Historische Altstädte als Zentren des Städtetourismus

Auch im Bereich des Städtetourismus werden Möglichkeiten erkennbar, zu verträglicheren Dimensionen zurückzufinden. Ausgangspunkt dafür sind häufig Belastungsgrenzen des Verkehrs oder von Kunst- und Kulturgütern. Die touristische Einbindung von historisch interessanten und rekonstruierten Klein- und Mittelstädten oder alternative Reiseformen, die sich nicht ausschließlich nach klassischen Zielpunkten orientieren, sind Beispiele dafür.

– Fremdenverkehrsformen im ländlichen Raum („Urlaub auf dem Lande", Camping)

Die Umnutzung vorhandener Bausubstanz sowie die Kombination touristischer Leistungen mit bodenständigem Handwerk und Produktion prägen die Angebote für „Urlaub auf dem Lande".

Neben wenigen erhalten gebliebenen landwirtschaftlichen Höfen werden im Freistaat Sachsen vielfältige spezielle Varianten in den Regionen geboten (Reiter- und Fischerhöfe, Winzergüter, Umgebindehäuser). Sowohl die Vermeidung von separierten Gästekonzentrationen, ihre Einbeziehung in den Familien- bzw. Betriebsalltag, die Orientierung auf den Verbrauch eigener Produkte als auch die Anregungen zu naturnahen Freizeitaktivitäten fördern die Entwicklung sanfter Tourismusformen.

Für den Sanften Tourismus ist der Hinweis auf den Campingtourismus beachtenswert. Die Gutachter beziehen sich auf den „Campingführer der Interessengemeinschaft Tourismussoziologie e.V. Sektion Dresden, 1992". Dort wird wie folgt angegeben, wieviel Campingplätze mit welcher Personenkapazität in den Regionen derzeit vorhanden sind.

	Campingpl.	für Personen
Oberlausitz Niederschlesien	19	18.250
Sächsische Schweiz	4	1.200
Sächsisches Elbland	24	14.900
Mittelsachsen	18	8.030
Erzgebirge	12	6.570
Vogtland	5	1.570
Westsachsen	2	350

Die überwiegende Platzkapazität liegt zwischen 250 bis 500 Personen. Der Grad der Ausstattung ist sehr unterschiedlich.

Die Durchsetzung ähnlich positiver Ansätze ist auch im Campingtourismus erkennbar.

1. Vor Neuanlage von Campingplätzen sollten Erweiterungsmöglichkeiten der bestehenden Plätze geprüft werden. Erweiterung und Neubau setzen Umweltverträglichkeitsprüfungen voraus.
2. Schwerpunkt fremdenverkehrspolitischer Zielsetzungen ist die Verbesserung der Qualität und Ausstattung der Campingplätze; sie sollte einhergehen mit der Suche nach wirtschaftlichen Betriebsformen und die Aussonderung unrentabler Plätze zur Folge haben.
3. Camping kann nur im Einzelfall eine zusätzliche Einnahme im Rahmen „Urlaub auf dem Lande" sein und sollte mit einigen Stellplätzen und ökologischen Auflagen dem Anbieter privater Ferienquartiere ermöglicht werden.
4. Camping-Urlauber sollen sich möglichst an vorhandenen Infrastruktureinrichtungen orientieren, d. h. die Landgasthöfe und Ladengeschäfte im Dorf besuchen.

– Fremdenverkehrsorte in traditionellen und sich entwickelnden Fremdenverkehrsgebieten

Die Gestaltung von umwelt- und sozialverträglicher, aber auch wirtschaftlich ergiebiger Angebote ist Schwerpunkt in den traditionellen und sich entwickelnden Fremdenverkehrsgebieten des Freistaates. Dies belegen die regional sehr unterschiedlichen Ansätze zur Produktgestaltung und Vermarktung.

Mittelsachsen

– Flußtäler und Heidelandschaften als schutzwürdige Landschaftsteile werden mit kulturhistorischen Sehenswürdigkeiten verbunden
– Ausrichtung des touristischen Produktes auf das „Sächsische Burgenland", Verbindung zwischen Mittelalterspektakel, Burgfesten u.a. mit Natur pur – Angeboten (Ökodörfer und -

höfe) sowie einem umfangreichen Sportangebot (Wasser- und Flugsportaktivitäten, Wandern und Radwandern)

Sächsisches Elbland
- Elbtal und -aue mit Weinanbaugebieten
- Ausrichtung des touristischen Produktes auf die „Sächsische Weinstraße", Verbindung mit Elbeschiffahrt, Schmalspurbahn sowie den Städten Dresden, Meißen, Torgau, naturnahe Aufenthaltsgestaltung (Wandern, Radwandern, Kutschfahrten, Reiten) sowie Weinkurse

Oberlausitz/Niederschlesien
- Biosphärenreservat Heide-Teich-Landschaft und Ferienlandschaft der Umgebindehäuser
- sorgsame Erschließung der Entwicklungszone der Heide-Teich-Landschaft für naturerhaltende und -schützende Freizeitaktivitäten (Bootfahren, Angeln, Wandern, Radwandern)
- Gestaltung der Ferienlandschaft durch Nutzung der Umgebindehäuser für touristische Leistungsangebote (Unterbringung, Museen, Heimatstuben, historische Produktionsanlagen), Verbindung mit ökologisch orientierter Landwirtschaft, regionaltypischer Küche sowie mit den Traditionen und dem Brauchtum der Sorben
- rekultivierte und renaturierte Braunkohleabbaugebiete als Potential für touristische Großprojekte

Sächsische Schweiz
- Nationalpark und Landschaftsschutzgebiet; Erstrangigkeit des Natur- und Landschaftsschutzes in ökologisch sensiblen Räumen
- Ausrichtung der touristischen Projektgestaltung auf Natur und Kultur; Verknüpfung des Landschaftserlebnisses Sächsisch-Böhmische Schweiz mit aktiven, ressourcenschonenden Freizeitbetätigungen (Wandern, Radwandern, in verträglichem Maße Klettern) und traditionellen Handwerken (Kunstblumen)
- gezielte Ergänzung der touristischen Infrastruktur an abgestimmten Standorten (periphere Lagen sowie verstärkte Kooperation der Orte)

Erzgebirge
- Mittelgebirgslandschaft mit Naturpark, Hochmoor, Stauseen
- Ausrichtung der touristischen Produktgestaltung auf die Ausgestaltung der „Silberstraße" Verbindung der Zeugnisse des Bergbaus mit der geschichtlichen Entwicklung und heutigen Lebensformen, Freizeit- und Urlaubsgestaltung durch vielfältige Sportangebote (Wandern, Radwandern, Wassersport, Segel- und Drachenfliegen, Wintersport) in intakter Natur; Beziehung zu kulturhistorischem Erbe darstellen (alte Stadtkerne, Kirchen, Mühlen, Spielzeugproduktion, technische Denkmale, Silbermannorgel) sowie zum Brauchtum (Weihnachtstraditionen)

Westsachsen
- Muldental; landschaftliche und kulturhistorische Beziehung zum Erzgebirge (Beginn der „Silberstraße")
- Ausrichtung der touristischen Produktgestaltung auf Kultur- und Infokurzreisen (Burgen und Schlösser, historische Stadtkerne, Schumann-Musiktage) mit Sport- und Freizeitmöglichkeiten (Wandern, Radwandern, Wassersport, Wintersportanlagen)

Vogtland
- Teil des Naturparks Erzgebirge/Vogtland (mit bayerischem, böhmischem und thüringischem Teil) Elstergebirge, Sächsisch-Böhmisches Bäderdreieck
- Ausrichtung der touristischen Angebotsgestaltturng auf Urlaub und Freizeit in landschaftlich schönem Umfeld mit Anbindung an das „Sächsische Burgenland" in Mittelsachsen; Einbeziehung vorhandener Traditionen und kulturhistorischer Sehenswürdigkeiten (Topasfelsen, Musikinstrumentenbau, Mühlen, historische Brücken) und Ergänzung durch Sport- und Freizeitangebote (Wasser- und Wintersport) sowie zeitgenössische Kultur (Vogtländische Philharmonie)

4. Sanfter Tourismus mit fließenden Übergängen

– Vorschlag einer Definition:
Unter Berücksichtigung der ökologischen und sozialen Verträglichkeit soll den Gästen und der heimischen Bevölkerung Natur und Landschaft, Weiler und Dörfer, Handwerk und Gewerbe, Dienstleistungen und Kultur in ihrer historisch überkommenen Aussagekraft und zu wahrenden oder wieder zu gestaltenden Vielfalt als Lebensraum und Erholungsraum dienen.

Zielsetzungen:
Der Beitrag des Staatsministeriums für Landwirtschaft, Ernährung und Forsten im Freistaat Sachsen geht davon aus, daß
- vorrangig die einkommenfördernden Aspekte für die ländliche Bevölkerung im jeweiligen Fremdenverkehrsgebiet herausgestellt werden,
- möglichst rasche Beschäftigungseffekte durch ein direktes und indirektes Maßnahmenbündel zu erreichen sind,
- den Belangen von Natur und Landschaft im Sinne eines anzustrebenden ökologischen Gleichgewichts entsprochen wird,
- der Währung des kulturellen Erbes Rahmenbedingungen geboten sind, um den Erlebnisbereich der Gäste zu begünstigen,
- den Zielen des Sanften Tourismus in allen Planungsstufen und -ebenen entsprochen wird, um diese im Programm konkret in die Praxis umzusetzen.

Ergänzende Bemerkungen:
Einkommenfördernde Aspekte kommen dort zum Tragen, wo
- der Bekanntheitsgrad der Ferienlandschaft groß ist,
- regionalspezifische Bauweisen und traditionelles Brauchtum gewahrt und gefördert werden,
- heimische Handwerkskunst gefunden wird und
- regionale Spezialitäten auf dem Speisezettel Gäste ansprechen.

Rasche Beschäftigungseffekte werden dann am ehesten erreicht, wenn es gelingt bei den Urlaubsgästen die Ferienregion begehrenswert zu machen. Ein unverwechselbares Image ist die beste Werbung.

Natur und Landschaft sind im Sanften Tourismus entscheidende Faktoren für die Wahl des Feriengebietes und der Verweildauer. Ferienangebote müssen die innige Verzahnung von Beherbergung, Landgasthöfen, Natur und Landschaft als harmonisch gebündelten Erlebniswert empfinden lassen.

Das kulturelle Erbe bietet besondere Chancen, den Gast anzusprechen. Er nimmt gern an lebendiger Brauchtumspflege teil und sucht kulturhistorische Spuren. Der Urlaubsgast setzt sich auch mit der Wirtschaftsgeschichte einer Region auseinander. Er ist durchaus bereit, kreativ mitzudenken bzw. bestimmte Fähigkeiten zu erlernen.

Die regionaltypische Architektur unmittelbar in der Beherbergung zu erleben, steigert durchaus im Einzelfall die Begeisterung. Wirkungsvolle Ortsbilder und gelungen gestaltete Ensemble im Dorf erfreuen stets die Gäste.

Zielgruppen im Bereich der Kultur sind Bildungsverbände, vielfach Senioren, Familien mit schulpflichtigen Kindern, Brauchtumsinteressierte u. a.

Zielgruppen im Bereich Natur und Landschaft sind vor allem Naturfreunde, Genesung suchende Personen, landschaftsbezogene Sportler, Hobbyfreunde u. a.

Urlaubsgäste wünschen Vielfalt:
Das vielfältige Angebot im Sanften Tourismus hat große Vorteile. So wird ermöglicht, daß in Erholungslandschaften mulitfunktionale Ausrichtungen nebeneinander bestehen können und aus gesamtökonomischen Gründen auch müssen.

Fremdenverkehr als „Urlaub auf dem Lande" kann immer nur ein einkommenswirksamer Teilaspekt sein. Erholungslandschaften sind deshalb
- vorrangig Lebensräume für die Einheimischen,
- Regenerationsräume für die natürlichen Ressourcen wie Boden, Wasser, Luft, Klima, Pflanzen- und Tierwelt, Wald,
- Produktionsräume für die Land- und Forstwirtschaft und

– Orte für Freizeit und Erholung
... je nach ihrer spezifischen Eigenheit, Schönheit und Vielfalt.
Die multifunktionale Zielsetzung für Erholungslandschaften bezieht sich somit auf die
– naturräumlichen,
– geschichtlichen und
– kulturellen Aspekte des jeweiligen Raumes.

Abb. 2: Kosten/Einnahmemöglichkeiten des Sanften Tourismus

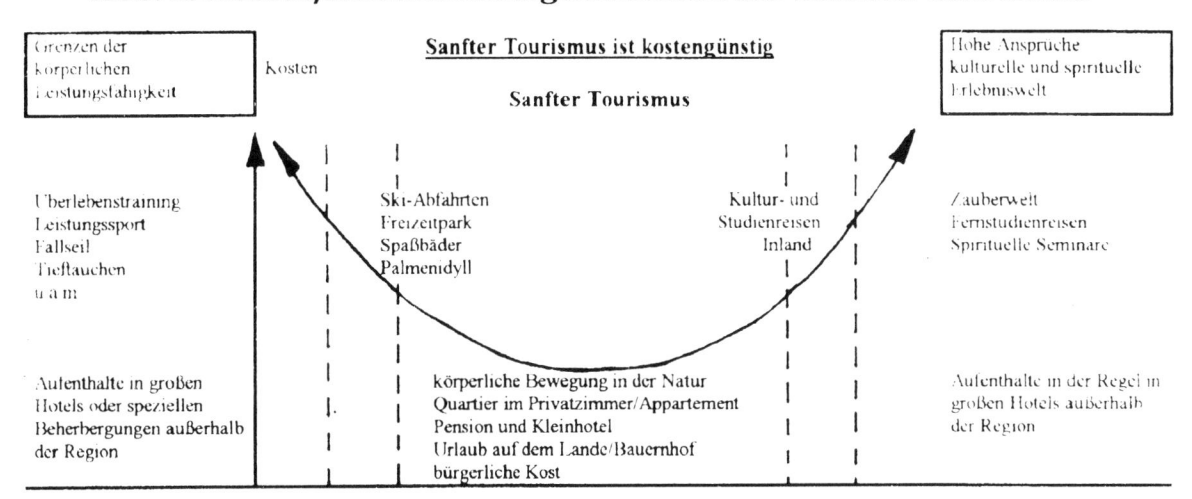

Sanfter Tourismus ist kostengünstig

Kosten

Sanfter Tourismus

| Grenzen der körperlichen Leistungsfähigkeit | | | | Hohe Ansprüche kulturelle und spirituelle Erlebniswelt |

Überlebenstraining
Leistungssport
Fallseil
Tieftauchen
u.a.m.

Ski-Abfahrten
Freizeitpark
Spaßbäder
Palmenidyll

Kultur- und
Studienreisen
Inland

Zauberwelt
Fernstudienreisen
Spirituelle Seminare

Aufenthalte in großen Hotels oder speziellen Beherbergungen außerhalb der Region

körperliche Bewegung in der Natur
Quartier im Privatzimmer/Appartement
Pension und Kleinhotel
Urlaub auf dem Lande/Bauernhof
bürgerliche Kost

Aufenthalte in der Regel in großen Hotels außerhalb der Region

Bemerkung: Der Sanfte Tourismus ist für alle sozialen Schichten offen. Alle finden nach persönlicher Wahl und finanziellem Spielraum gute Urlaubschancen.

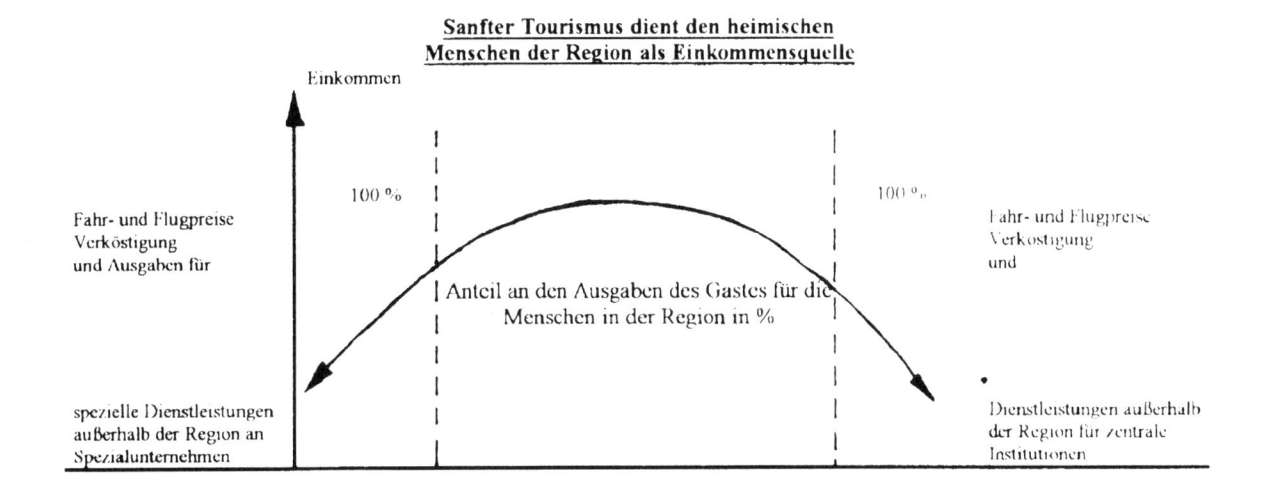

Sanfter Tourismus dient den heimischen Menschen der Region als Einkommensquelle

Einkommen

100 %   100 %

Fahr- und Flugpreise
Verköstigung
und Ausgaben für

Anteil an den Ausgaben des Gastes für die Menschen in der Region in %

Fahr- und Flugpreise
Verköstigung
und

spezielle Dienstleistungen außerhalb der Region an Spezialunternehmen

Dienstleistungen außerhalb der Region für zentrale Institutionen

Bemerkung: Werden die Angebote für die speziellen Urlaubsarten höchster Ansprüche in der heimischen Region durch entsprechende Anlagen ermöglicht, beschränken sich die Einkommen der heimischen Bevölkerung auf wenige Chancen beim Arbeitsmarkt. Die Hauptgewinne werden nach außen transformiert. Die Übergänge des Sanften Tourismus zu anderen Tourismusformen sind fließend. Kuraufenthalte jeglicher Art sind in den Skizzen nicht berücksichtigt.

5. Überlegungen zur Änderung des Begriffs „Sanfter Tourismus" in „Intelligenter Tourismus"

Bei der 14. Sitzung des Arbeitskreises Freizeit- und Fremdenverkehrsgeographie der deutschen Geographen am 6. Mai 1994 in Würzburg schlug Peter Haimayer, Innsbruck, vor, den Begriff „Intelligenter Tourismus" zu bevorzugen. Er begründete dies in bezug auf den Alpenraum, „... daß das gewachsene und auf weite Strecken auch funktionierende Neben- und Miteinander von Natur und Technik als Faktum einzubeziehen ist. Ein Ergebnis der Bemühungen um das Beschreiten eines solchen Weges ist die Konzeption des Intelligenten Tourismus..."

Er will damit das positive Gedankengut des Sanften Tourismus mit den positiven Aspekten des technisch geprägten Tourismus verbinden und vernetztes Denken und Handeln anregen. Der Intelligente Tourismus soll ökonomische, soziale und ökologische Aspekte in gleicher Weise einbeziehen. Er möchte auch mit dem Begriff erreichen, daß aufgrund von Analysen gesellschaftlicher und wirtschaftlicher Strömungen der kommunale Blick ins größere Umfeld ausgeweitet wird. Die Inhalte sollten Umwelt, Gesellschaft und Wirtschaft umfassen und Leitbilder als Konzepte entstehen lassen, um auch Umsetzungen zu gewährleisten.

Die vorliegende Schrift mit den umschriebenen Zielsetzungen, Fachbereichen, Fördermaßnahmen und administrativen Handlungsempfehlungen entspricht durchaus dem ganzheitlichen Denkansatz für den vorgeschlagenen „Intelligenten Tourismus". Werden die Vorstellungen von allen Beteiligten ernst genommen, besteht für den Freistaat Sachsen kein Bedürfnis zur Begriffsänderung. Selbst in den hochsensiblen Naturlandschaften der Sächsischen Schweiz dürfte vorerst die gewählte Vorgehensweise genügen.

Die harten Auseinandersetzungen zwischen Technik, Großbauten und Landschaftsverträglichkeit müssen ohnehin in der amtlichen Landes-, Regional- und Bauleitplanung ausgefochten werden.

Damit es im Regelfall schon gar nicht zu Konflikten kommt, empfiehlt das Staatsministerium für Landwirtschaft, Ernährung und Forsten für seine nachgeordneten Behörden im Regierungspräsidium im Rahmen der ganzheitlichen Betrachtung von Entwicklungszielen und Fördermaßnahmen Koordinierungs- und Abstimmungsgespräche zu führen und die entsprechenden Vertreter hinzuziehen (siehe Abschnitt IV 5. Regionale Koordinierung).

II) Sanfter Tourismus als Wirtschaftsfaktor

1. Arbeitsmarkt und beschäftigungspolitische Bedeutung

Für den Fremdenverkehr als Teil des Dienstleistungssektors ist der persönliche Service rund um den Gast unverzichtbar und daher nicht entscheidend wegzurationalisieren. Die Arbeitsplätze sind damit relativ krisensicher. Diese Einschätzung kommt in einem regionalen touristischen Entwicklungskonzept von J.F.M. Regional-Consult Berlin-Dresden-Potsdam deutlich zum Ausdruck.

Da über die Hälfte der Beschäftigten Frauen sind, bieten sich alternative Beschäftigungschancen. Wieviele davon beim „Urlaub auf dem Lande" eine volle oder teilweise Beschäftigung finden, läßt sich generell nur schwer erfassen. Im Beherbergungsgewerbe werden für Westdeutschland folgende Zahlen genannt: „Auf 1.000 Gästebetten fallen rund 200 Beschäftigte (d.h. bei fünf neuen Gästebetten wird durchschnittlich ein Arbeitsplatz geschaffen). Allerdings bestehen zwischen den einzelnen Unterkunftsarten große Unterschiede: Bedarf es im Hotelgewerbe nur knapp über 3 Betten für einen zusätzlichen Beschäftigten, so müssen für diesen Arbeitsplatz knapp 14 neue Betten in Ferienwohnungen entstehen (siehe Bayerisches Landesamt für Statistik und Datenverarbeitung 1989)."

Nach Angaben der HBS Consulting „entfallen ca. 80 % der Arbeitsplätze auf die Region touristischer Nachfrage, und ca. 20 % entfallen auf vorgelagerte Wertschöpfungsstufen wie Transport, Reiseveranstalter, Reisebüro oder Carrier, so daß der Fremdenverkehrsumsatz überwiegend regionale Beschäftigungseffekte erzielt."

Die Anzahl der gegenwärtig mittel- und unmittelbar Beschäftigten im Fremdenverkehr beläuft sich in Sachsen auf ca. 18.000 – 20.000. Darin einbezogen sind Arbeitsplätze, die der Fremdenverkehr in tangierenden Bereichen Handel, Banken und Verkehrsträger initiiert.

2. Wirtschaftskraft

Nach Angaben des Statistischen Landesamtes wuchs die Zahl der Gästeankünfte im gewerblichen Bereich 1992/93 um 9,5 % auf 2,4 Mio. Die Übernachtungen im gewerblichen Bereich erhöhten sich um 5,9 % und betrugen 1993 7,14 Mio. Erfahrungsgemäß werden darüber hinaus ca. 0,8 Mio. Ankünfte sowie ca. 3,4 Mio. Übernachtungen in Privatzimmern und Ferienwohnungen (nichtgewerblicher Bereich) realisiert.

Legt man die 1992 vom Deutschen Wirtschaftswissenschaftlichen Institut für Fremdenverkehr München ermittelten durchschnittlichen Tagesangaben pro Gast zugrunde (Basisregion war das traditionelle Fremdenverkehrsgebiet Erzgebirge), zeigt sich, daß die Ausgabenhöhe entscheidend durch die Leistungsarten Unterkunft und Verpflegung beeinflußt wird.

und Verbesserungen in der touristischen Infrastruktur erhöhen die Ausgaben für Verpflegung sowie Sport und Spiel.

Unter Beachtung der verschiedenen Betriebsarten, Fremdenverkehrsgebiete sowie den Übernachtungszahlen ergibt sich ein geschätzter Fremdenverkehrsumsatz von 1,4 Mrd. DM (nur übernachtungsgebundener Fremdenverkehr). Dies entspricht 1993 einem Anteil von ca. 1,7 % am Bruttoinlandsprodukt.

2 % dieses Umsatzes fließen den Kommunen über Steuereinnahmen wieder zu. Für den Freistaat Sachsen kann hier ein Volumen von 28 Mio. DM angesetzt werden.

Die einkommenswirksamen Teile (Löhne, Gehälter, Gewinne) des Fremdenverkehrsumsatzes werden durch die Wertschöpfungsquote ausgewiesen. Für die einzelnen Ausgabenbereiche gelten in den alten Bundesländern folgende unterschiedliche Wertschöpfungsquoten in %:

Unterkunft(gewerblich)	42
Verpflegung	37
Einzelhandel	18
Sport/Freizeit/lokale Dienste	45

Tagesangaben im übernachtungsgebundenen Fremdenverkehr in DM

Betriebsart		Ausgabenart in %					
		Unterkunft	Verpflegung	Einkaufen	Sport/Freizeit	Transport	Sonst. Dienstleistungen
Hotel	123,–	50	39	7	2	1	1
Pension	87,–	36	49	5	8	2	0
Privatzimmer	49,–	32	46	16	2	2	2
Ferienwohnung	46,–	42	28	20	5	2	3

Mit der schrittweisen Verbesserung der touristischen Infrastruktur entstehen Freizeit-, Sport- und Fitneßbereiche sowie im Rahmen der Revitalisierung der Innenstädte bzw. der Dorfentwicklung auch attraktive Einkaufszentren und -bereiche. Mit marktgerechten Angeboten wird eine höhere Ausgabebereitschaft des Gastes geweckt, die zugleich Einfluß auf die Anteile der einzelnen Ausgabenarten hat. In den vergangenen Jahren hat sich durch Neubau und Modernisierung der Standard in der Fremdenverkehrswirtschaft wesentlich erhöht. Diese Maßnahmen

Die durchschnittliche Wertschöpfungsquote aus dem übernachtungsgebundenen Fremdenverkehr beläuft sich auf 42 %. Für einkommenswirksame Bestandteile der Vorleistungen und Abschreibungen werden weitere 30 % veranschlagt.

3. Wirtschaftlichkeitsberechnungen für „Urlaub auf dem Lande"

Investitionen und zu erwartendes Einkommen
Die Beschäftigungseffekte hängen konkret von zu erreichenden Einkommen aus der
- Vermietung von Zimmern
- Vermietung von Ferienwohnungen

ab. Hierbei stehen Investition – laufende Finanzierung – Verweildauer der Gäste und die jährliche Auslastung in engem Zusammenhang. Der Preis wird vom Markt bestimmt.

Das Sächsische Staatsministerium für Landwirtschaft, Ernährung und Forsten hat Kostenrechnungen für die Beratungsarbeit vorgenommen. Am Beispiel von 3 Ferienzimmern mit je 2 Betten wird aufgezeigt, welche einkommenswirksamen Chancen von Vorhaben für „Urlaub auf dem Lande" bestehen.

(1) Investitionskosten und Finanzierung

a) förderfähige Investitionskosten
(Ausgaben in DM)

Umbau, Ausbau und Fußbodenbeläge	74.733
Kosten für E-Anlage	2.141
Fenster	—
Einrichtung	17.100
Heizung	13.754
Sanitär	12.004
Malerarbeiten	1.099
Außenanlagen	13.469
Gesamt	134.300

Die staatliche Förderung in Höhe von 40 % hat die Investitionsfinanzierung entscheidend verbessert und senkt den jährlichen Kapitaldienst (Zins und Tilgung).

b) Investitionsfinanzierung

Finanzierungsplan ohne staatliche Förderung	Finanzierungsplan mit staatliche Förderung
Eigenmittel 47.300 DM	Eigenmittel 47.300 DM
Eigenleistung 7.000 DM	Eigenanteil 7.000 DM
Kapitalmarktdarlehen 80.000 DM	Kapitalmarktdarlehen 26.280 DM
	Zuschuß 53.720 DM
134.300 DM	134.300 DM
	Gesamtfinanzierung

c) Kapitaldienstberechnung

Für das zur Investitionsfinanzierung aufgenommene Kapitalmarkt-Darlehen ist für die Laufzeit jährlich ein Kapitaldienst für Zins- und Tilgungsleistungen zu erbringen.

Der Kapitaldienst beträgt für

Zins 7,75 % =	2.037 DM/Jahr
Tilgung 1,00 % =	263 DM/Jahr
Gesamt =	2.300 DM/Jahr

Diese durch staatliche Förderung erzielte Senkung des Kapitaldienstes wirkt sich positiv auf die laufenden Kosten aus.

Bemerkung: Empfohlene Größe der Ferienzimmer

Zweibettzimmer	12 – 18,0 m²
Einbettzimmer	8 – 12,0 m²
Naßzelle	3 – 4,5 m²
Aufenthaltsraum	20 m²

(für 4-8 Gäste – (AID – Info Nr. 1109/1991, S. 7)
(Siehe auch Abb. 3: „Ein- und Ausgaben – ohne und mit staatlicher Förderung" auf Seite 107)

(2) Wirtschaftlichkeitsberechnung (Einnahmen/Ausgaben)

Am gewählten Beispiel mit drei Ferienzimmern zu je 2 Betten wurde ein Bettenpreis von 30 DM/Tag zugrunde gelegt. (Siehe auch Abb. 4 „Gewinn und Verlust mit und ohne staatliche Förderung" auf Seite 108)

Die Vermieter erhalten durch den staatlichen Zuschuß zu den förderfähigen Investitionskosten und dessen Wirkung auf die Senkung des Kapitaldienstes insbesondere in der Anlaufphase der ersten Jahre eine große Unterstützung. Die Gewinn- bzw. Verlusterwirtschaftung als Verhältnis zwischen Einnahmen und Ausgaben wird beeinflußt durch

- Höhe der laufenden Kosten (Summe aus veränderlichen und festen Kosten/Jahr)
  veränderliche Kosten: Frühstück, Energie, Reinigung, Wäscheersatz
  feste Kosten: Abschreibung, Instandhaltung, Versicherung, Werbung, Gebühren, Zins und Tilgung für Kapitaldienst
- Höhe der Einnahmen
- Verweildauer der Gäste
- jährliche Auslastung

Trotz der erheblichen staatlichen Förderung kann im Beispiel bei einer Verweildauer von nur

Abb. 3: Ein- und Ausgaben – ohne und mit staatlicher Förderung

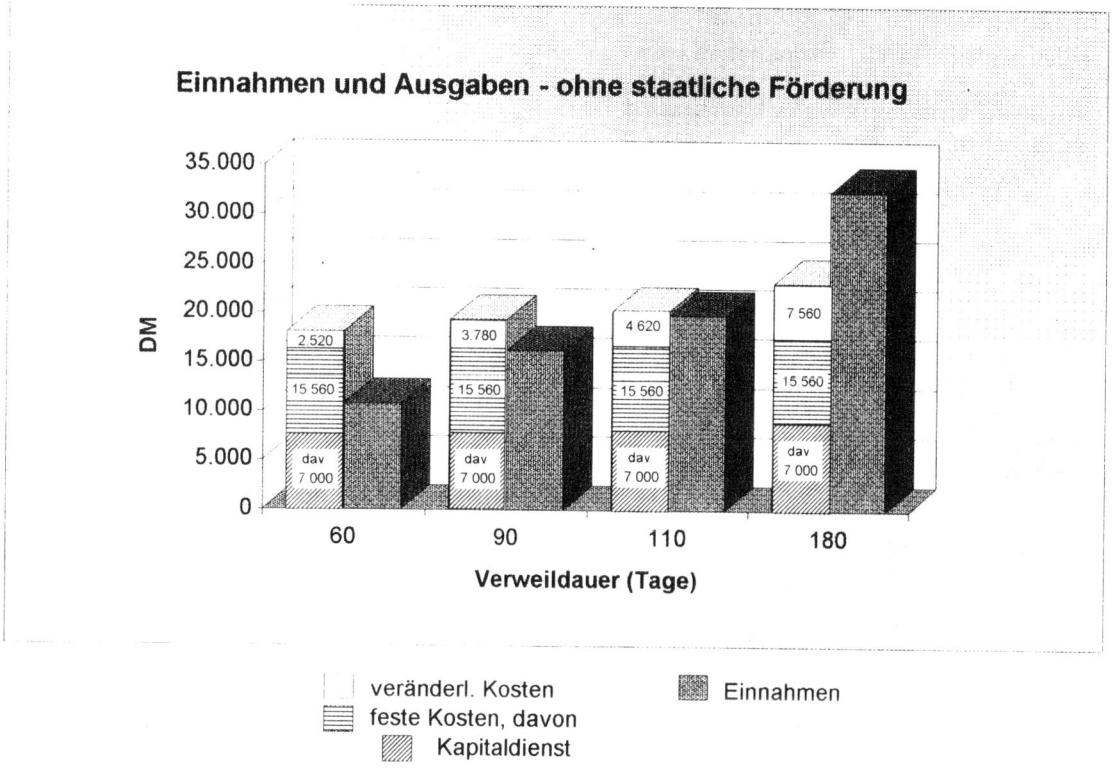

Einnahmen und Ausgaben - ohne staatliche Förderung

(Balkendiagramm: DM über Verweildauer in Tagen: 60, 90, 110, 180)
- 60 Tage: veränderl. Kosten 2.520; feste Kosten 15.560 (davon Kapitaldienst 7.000)
- 90 Tage: veränderl. Kosten 3.780; feste Kosten 15.560 (davon Kapitaldienst 7.000)
- 110 Tage: veränderl. Kosten 4.620; feste Kosten 15.560 (davon Kapitaldienst 7.000)
- 180 Tage: veränderl. Kosten 7.560; feste Kosten 15.560 (davon Kapitaldienst 7.000)

Legende:
- veränderl. Kosten
- feste Kosten, davon Kapitaldienst
- Einnahmen

Ohne staatliche Förderung gilt: Erst ab einer Verweildauer von **113 Tagen** tritt ein Gewinn ein.

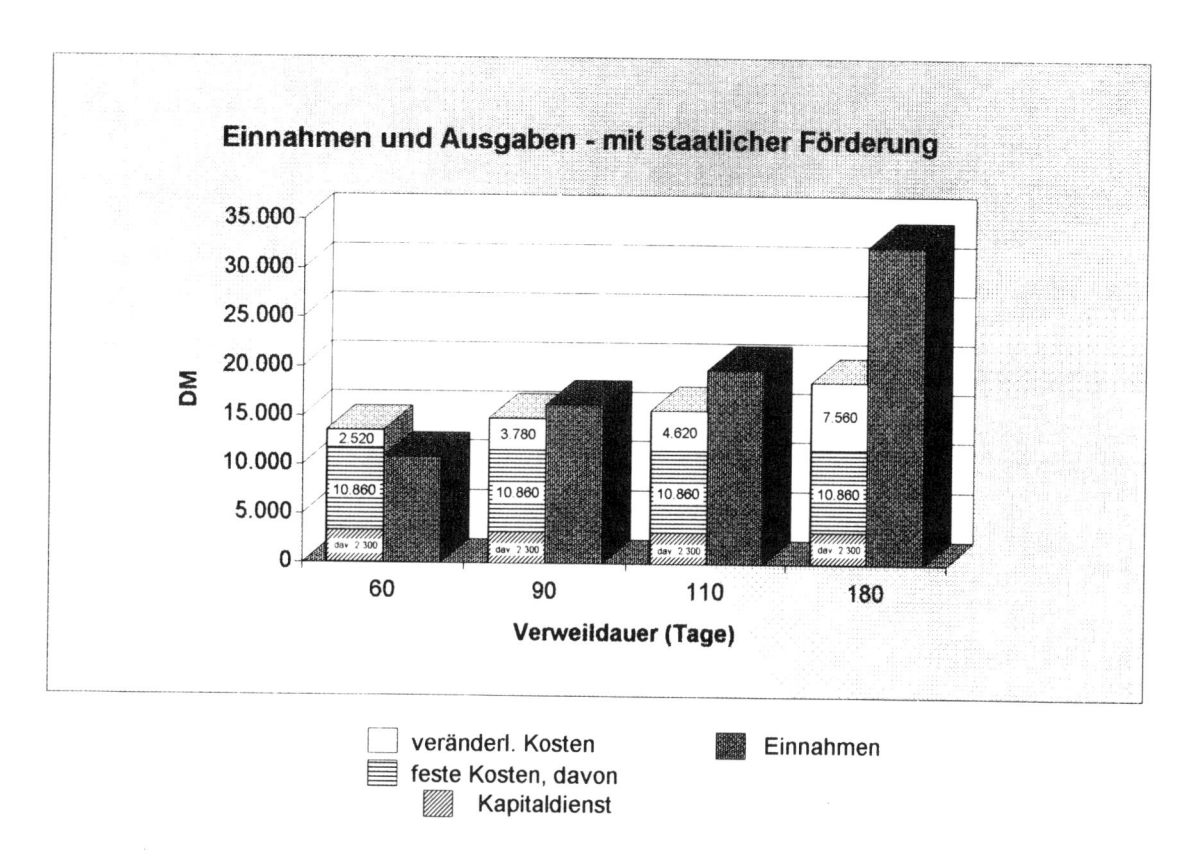

Einnahmen und Ausgaben - mit staatlicher Förderung

(Balkendiagramm: DM über Verweildauer in Tagen: 60, 90, 110, 180)
- 60 Tage: veränderl. Kosten 2.520; feste Kosten 10.860 (davon Kapitaldienst 2.300)
- 90 Tage: veränderl. Kosten 3.780; feste Kosten 10.860 (davon Kapitaldienst 2.300)
- 110 Tage: veränderl. Kosten 4.620; feste Kosten 10.860 (davon Kapitaldienst 2.300)
- 180 Tage: veränderl. Kosten 7.560; feste Kosten 10.860 (davon Kapitaldienst 2.300)

Legende:
- veränderl. Kosten
- feste Kosten, davon Kapitaldienst
- Einnahmen

Mit staatlicher Förderung gilt: Ab einer Verweildauer von **83 Tagen** tritt ein Gewinn ein.

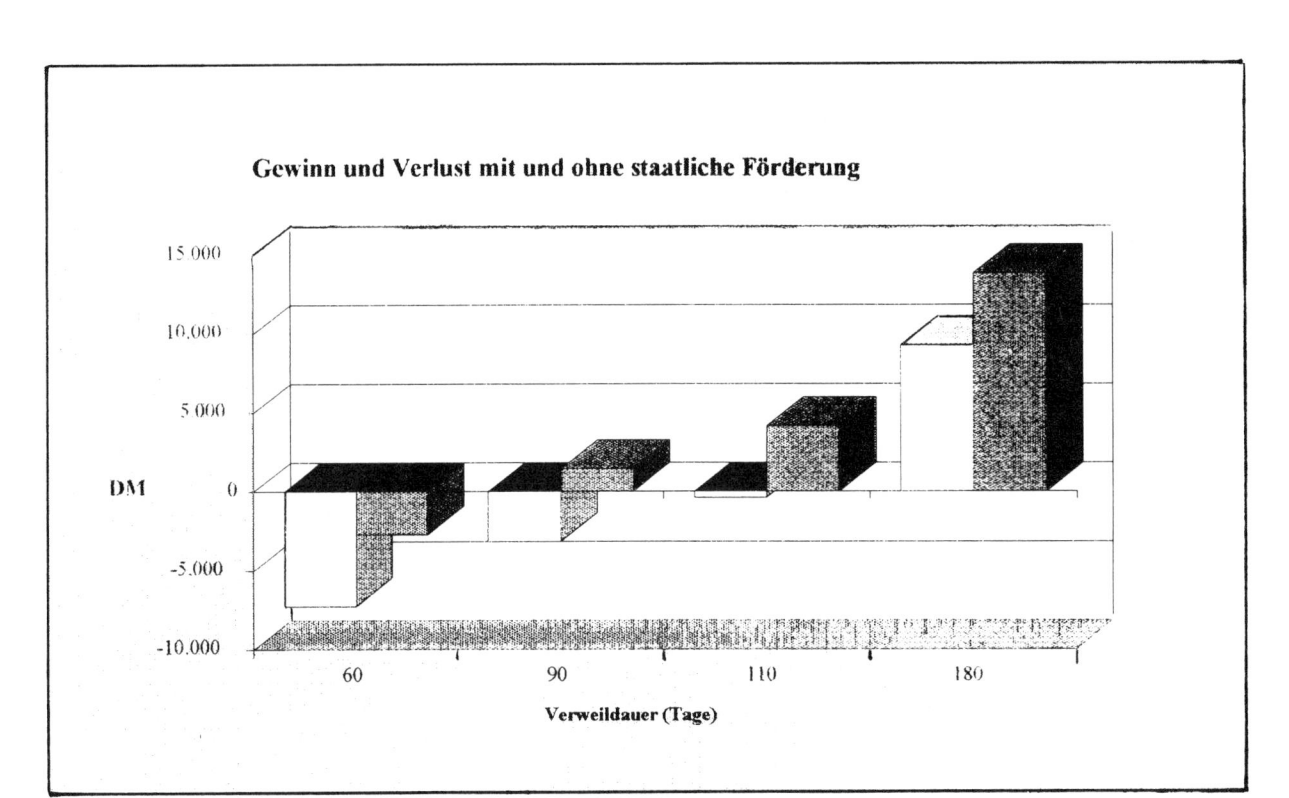

Abb. 4: Gewinn und Verlust mit und ohne staatliche Förderung

Gewinn und Verlust mit und ohne staatliche Förderung

[Balkendiagramm: DM-Werte auf der y-Achse (-10.000 bis 15.000), Verweildauer (Tage) auf der x-Achse: 60, 90, 110, 180]

Legende: ☐ Gewinn/Verlust ohne staatliche Förderung
▨ Gewinn/Verlust mit staatlicher Förderung

---

60 Tagen ein Verlust nicht vermieden werden. Da die Preise angemessen bleiben müssen, ist der Schwerpunkt auf die Verlängerung der Verweildauer durch Werbung zu legen und auf eine Kostensenkung zu orientieren.

Dieses Beispiel bestätigt, daß die staatliche Förderung eine sinnvolle Anschubfinanzierung darstellt, um den „Sanften Tourismus" in Gang zu bringen.

4. Bedeutung der Verweildauer der Gäste für die Wirtschaftlichkeit

Je länger die Verweildauer des Gastes ist, um so mehr werden die Einkommenschancen verbessert.

– Im kurzzeitigen Naherholungsverkehr stehen die Bemühungen zum Verkauf von ländlichen Erzeugnissen im Vordergrund. Die Direktvermarktung ab Hof hat ihre Chancen auch hier zu suchen. Das Landgasthaus profitiert ebenfalls von solchen Kurzaufenthalten.

– Im gemischten 3-5 Tage-Tourismus mit Übernachtungen ist die Werbung bereits auf vielfältige Angebote auszurichten. Hier beginnt sich das passive Landschafts-Genießen zum aktiven Urlaubsanspruch zu wandeln. Die Gäste sollten für alle Jahreszeiten angesprochen und umworben werden. Auch unterschiedliche Zielgruppen sind zu beachten.

– Längere Urlaubsaufenthalte lassen die Einkommenserwartungen im doppelten Sinne steigen. Zum einen werden primäre Umsätze aus dem eigentlichen Tourismusgeschäft wie Transport, Beherbergung und Gastronomie erzielt, zum anderen sind Sekundärumsätze in der Dienstleistung wie Einkauf von regionalen Erzeugnissen und kunsthandwerklichen Produkten, im Friseurgeschäft u. a. zu erreichen. Entsprechende Angebote müssen den Gast zum Konsum anregen.

Die Vermietungstage insgesamt können auch angehoben werden, indem die Trends zu Kurzreisen, Zweitreisen, Bildungs- und Studienreisen sowie zu speziellen Erlebnisreisen im Inland gezielt in der Werbung und in Sonderangeboten genutzt werden. Immerhin unternehmen 3/4 der Bevölkerung jährlich eine Inlandsreise. Haushalte mit mittleren und gehobenen Einkommen verbringen Urlaub in zwei Reisen. Hohe Zuwachsraten verzeichnen Reisen zwischen 2 und 4 Tagen.

Für Urlaub auf dem Lande entscheiden sich Gäste, die durchaus heterogene und wechselnde höhere Ansprüche stellen. Familiär bezogene Gäste bevorzugen allerdings günstigere Preisangebote, Geselligkeit für Kinder und zufriedenstellende Speiseangebote.

Andere Gästegruppen zeigen dagegen ein anspruchsvolleres Konsumverhalten und erwarten Komfort auch im Verzehr und in Dienstleistungen. Ihr Anteil wird bereits auf 30 % geschätzt.

Da Urlaub auf dem Lande von beiden Gruppen angenommen wird, sind deren unterschiedliche Bedürfnisse zu beachten. Allerdings dürfte der familiär bezogenen Gästegruppe derzeit noch das Hauptaugenmerk zukommen. Nach Umfragen (HB Consulting Partners 1992) wünscht diese Gruppe in der Reihenfolge der häufigsten Nennungen: – Auslauf für Kinder – Bademöglichkeit – gemütliche Zimmer – ruhiges Wohnen – preiswerte Unterkunft – Kochmöglichkeit – Kinderspielplatz – Aufenthaltsraum – gemütliches Gasthaus – Supermarkt – Freizeiteinrichtungen – Abenteuerspielplatz.

Einige weitere Wünsche beziehen sich auf gepflegte Grünanlagen – Gäste-Kindergarten – Haus des Gastes – Heimatmuseum.

Auf den ersten Blick lassen sich mit dem Programm Ländlicher Raum diese Wünsche weitgehend abdecken. Auf den zweiten Blick zeigen sie aber, daß die Anziehungskraft einer Region nur durch die Ausstrahlungskraft eines Dorfes allein nicht bestehen kann, um wirkungsvolle und längerfristige Einkommensquellen aus dem „Sanften Tourismus" zu erschließen. Im Bereich der privaten Wirtschaft bieten sich zahlreiche Ansatzpunkte, die neue Zielgruppen für den Urlaub auf dem Lande gewinnen lassen, z. B.:
- Aufleben von Sitte und Brauchtum im Jahreslauf
- Aktivitäten traditioneller Handwerksbetriebe
- Integration von Dienstleistungen
- Verstärkte Hobbyorientierung
- Nutzung des Heimatbewußtseins

Konkret heißt das
- Angebote von qualifizierten Appartements in den vorhandenen Siedlungsstrukturen,
- erschlossene Sehenswürdigkeiten im Nahbereich,
- ausgearbeitete Rad-, Wander- und Reitwegeangebote mit jeweiligen Einkehrmöglichkeiten,
- aussagekräftiges Informationsmaterial,
- Einkaufsmöglichkeiten auf dem Bauernhof, in Kunsthandwerksbetrieben u.a.

Örtlich muß für den Gast erkennbar sein:
- der Landschaftswert der Umgebung
- die Attraktivität des dörflichen Erscheinungsbildes
- die Qualität der Sehenswürdigkeiten
- die Möglichkeiten aktiver Betätigung

Das sächsische Staatsministerium für Landwirtschaft, Ernährung und Forsten nennt für die Maßnahmenträger „Urlaub auf dem Lande" Voraussetzungen, die für die Aufnahme von Gästen erfüllt sein sollen, z.B.:

(1) attraktive Lage und Umgebung des Betriebes
- Vielfalt der Landschaft
- ansprechendes Dorfbild
- historisch und kulturell wertvolle Bauten

Urlaubsgäste erwarten ....
- Wanderwege und Ruhebänke
- Sport- und Spieleinrichtungen
- Parkplätze und günstige Zufahrten
- Gaststätten und Cafés
- sonstige Einrichtungen zum Ausüben von Hobbys
- Arzt, Apotheke
- Friseur
- Einzelhandelsgeschäfte

(2) Voraussetzungen in Familie, Haushalt und Betrieb
- positive Einstellung aller Familienmitglieder zu Gästen

- wer mit Gästen umgeht, sollte kontaktfreudig und gesprächsbereit sein
- der Nebenbetrieb "Urlaub auf dem Lande" muß in das Haushalts- und Betriebsgeschehen eingeordnet werden.

Frau Gisa Diehl von der DLG Frankfurt bezeichnet Belegungen von unter 100 Tagen als reines Hobby. Die stellvertretende DLG-Kommissionsvorsitzende für „Urlaub auf dem Bauernhof" weist auf die 3.000 Betriebe in Baden-Württemberg mit folgenden Angaben hin:

3,5 Tage bleibe ein Gast im Schnitt im Hotel, 7,1 Tage ergeben sich auf dem Bauernhof, 11,2 Tage werden in der Ferienwohnung verbraucht. Mit 168 Tagen seien die Ferienwohnungen am gefragtesten gewesen. (Art. Stuttgarter Zeitung vom 14. April 1994 Nr. 85)

5. Blick über den Zaun

Die Stuttgarter Zeitung brachte in der Ausgabe vom 8. März 1994 Nr. 55/10 einen Artikel mit der Überschrift „Die ostdeutschen Landschaften beginnen zu blühen." Dabei wird auf die ITB in Berlin Bezug genommen. Die Kulturstädte, Romantikstraßen und viel unverbrauchte Natur für den Tourismus in den neuen Bundesländern werden besonders herausgestellt. Einige Hinweise sind auch als Anregungen für den Bereich Sanfter Tourismus interessant.

Als Motto bzw. Impulse werden Stichworte angegeben; z. B. für

Sachsen-Anhalt
„Mythen, Märchen, Mittelalter"

Thüringen
„Das grüne Herz Deutschlands" – „Weimar – Kulturstadt Europas" – „Unverbrauchte Natur für Wanderer und Radwanderer"

Mecklenburg-Vorpornmern
„Altgewohnte Ferienlandschaft"

Brandenburg
„Spreewald" – „Schloß Rheinsberg" – „Sanssouci"

Sachsen
„die kulturellen Vorzüge" – Dresden mit seinen Kulturschätzen – Leipzig als Handelsmetropole – Porzellanstadt Meißen – Holzschnitzerdorf Seiffen – „Ziel Sachsens ist, daß die Besucher künftig länger als nur 3 Tage wie bisher im Elbeland verweilen".

In einem anderen Artikel der Stuttgarter Zeitung von 6. März 1994 in 'Sonntag aktuell' wird unter der Überschrift „Die Sommerfrische soll zum Werbeschlager werden" von alten Bundesländern, Österreich und der Schweiz berichtet. Hierbei handelt es sich ebenfalls um das Motto oder Impulse wie folgt:

- für Österreich: soll „Urlaubsphilosophie" für 1994 das Motto Sommerfrische sein. Symbolzeichen ist der gelbe Schmetterling. Sommerliche Ferienfreuden auf dem Lande soll den Kindern zeigen, woher Milch und Eier kommen und Zeit lassen zum Lesen, Schreiben, Malen, Lernen, Träumen, Nachdenken, Spielen, Plaudern, Spazierengehen, Schwimmen, Radfahren.
- für Vorarlberg: gilt das Motto mit einem Bündel von Tips für Sommerfrische-Ferien zu „Natur und Leben" Die heimische Landwirtschaft, Bergkäse, Lammkotelett aus Omas Küche, Themenwanderungen – z.B. zu traditionellen Handwerksbetrieben – werden angeboten:
Ziel: Der frühere Aufenthalt von 14 Tagen hat sich auf acht und sieben Tage verkürzt. „Diesen Trend 'Hüpfen von Ort zu Ort' hofft man, auch im Sinne eines sanften, urnweltverträglichen Tourismus, mit einer Renaissance der Sommerfrische stoppen zu können."
- für die Schweiz: Hier wird auch ein Jahresthema für 1994 vorangestellt. Das Motto lautet „Wege zur Schweiz". Historische Wanderungen wie „Römerwege" auf den „Spuren der Jakobspilger" oder auf dem „Großen Walserweg" werden ergänzt durch „Saumpfade" u.a.m.
- für Baden-Württemberg: präsentiert sich 1994 „Kunst und Kultur". Burgen, Schlösser, Klöster, römische Badeorte und Orte moderner Kunst, Musik und Theater werden in einer Broschüre vorgestellt. Pauschalarrangements für ein Kulturerlebnis z.B. zwischen Tauber und Bodensee. Fürstliche Festspielpauschale, Wochenendarrangements zum traditionellen Fischerstechen in Ulm und in Heilbronn das Motto „Kunst, Wein und Bildhauer" werden durch Kulturwochen in Villingen-Schwenningen ergänzt. Volksschauspiel in Ötigheirn, Tagesausflüge am Oberrhein, Literatur am Bo-

densee, Musicalwochenende in Stuttgart u.a.m. runden das Angebot ab.
- für Schleswig-Holstein: soll die Möwe „Malte" das Motto „Schleswig-Holstein – ein Land für Kinder" illustrieren, da fast die Hälfte aller Urlauber in dieser Region Familien mit Kindern sind. Kinderbilderbücher, Kinderprospekte, Kinderpässe, Kinderveranstaltungen stehen beim Ostseebäderverband oben an. Auch die Nordsee steht nicht zurück. Bernsteinsuche, Wattenmeerpolonaise oder Kuchen werden angepriesen. Der generelle Slogan „Atme auf in Schleswig-Holstein für die Gesundheit" in den Seeheilbädern soll dauerhaft bleiben.
- für Ostbayern: werden ländliche Spezialitäten zwischen Regensburg und dem Bayerischen Wald besonders betont. Prospekte künden auch von Pferdezucht, Zoiglbier, Bärwurz, Streuobstwiesen. Hofverkauf von Holzofenbrot, Honig, Geräuchertem u. a. wird bekannt gemacht. Badeseen, Markttage, Hinterglasmalerei oder Adventsfreuden werden ebenso angepriesen. Es gibt einen speziellen Katalog von Hotels, Gaststätten und Pensionen, die ihre Produkte direkt vom Landwirt beziehen.

III) Spezifizierte Angebote in den Ferienlandschaften zur Arbeitsplatzbeschaffung

Nachfolgend wird aufgezeigt wie spezifizierte Angebotsbereiche vom Staatsministerium für Landwirtschaft, Ernährung und Forsten gefördert, unterstützt bzw. begünstigt werden können.

1. Naturpotentiale

- Natur und Landschaft sind wesentliche Entscheidungskriterien für die Urlaubswahl. Bevorzugt wird folgendes: – Artenvielfalt in der Kulturlandschaft, – Kleinräumiger Wechsel zwischen offener Landschaft und Wald, – Gehölzgruppen, – Fließgewässer und Teiche, – Streuobstwiesen, – Grünland, Weideflächen, – Waldlandschaften mit geschlossenen Waldgebieten
- Vom Staatsministerium für Landwirtschaft Ernährung und Forsten gefördert, unterstützt bzw. begünstigt:

„Die Aktion "Grünes Sachsen" das Programm Umweltgerechte Landwirtschaft, das Programm für naturnahe Waldbewirtschaftung, die landeskulturellen Programme bieten die Möglichkeiten:
- vielgestaltige Landschaftsstrukturen zu schaffen, – den traditionellen, umweltgerechten und ökologischen Landbau zu begünstigen, – Hecken und Gehölzgruppen, Alleen und Einzelbäume zu pflanzen, – die Beweidung von Magerwiesen zu fördern, – Feuchtwiesen zu erhalten, – naturnahen Gewässerbau zu forcieren, – naturnahe Wälder mit besonderen Erholungsfunktionen zu gestalten, – standortgerechte Erstaufforstungen durchzuführen, – Maßnahmen des Artenschutzes und der Biotopgestaltung zu unterstützen."

2. Landschaftsbegegnung

- Wandern (Spazierwege, Rundwege, Wanderwege), Radwandern (Radtouren, Radwege), Reitsport (Wegeausweisung, Ausrittvorschläge), Wassersport
- Vom Staatsministerium für Landwirtschaft Ernährung und Forsten gefördert, unterstützt bzw. begünstigt:

„Die Bachlandschaft, Fassaden und Zäune sollen einfühlsam mit heimischen Baustoffen und Bautechniken gestaltet werde. Mit Maßnahmen der Dorfentwicklung und den forstlichen Programmen in Verbindung mit den Möglichkeiten der Flurneuordnung lassen sich – örtliche und überörtliche Wegenetze, – Ruhebänke, – Schutzhütten, – Verweilplätze zum Spielen, – Beschilderung neu schaffen, vorhandene verbessern und als Doppelfunktion mit der Flur- und Walderschließung in Einklang bringen."

3. Landwirtschaftlicher Betrieb

- Landwirtschaftliche Erwerbstätigkeit: – Umgang mit Tieren, – Mäh-Schnittkurse, Bauerngarten, – Erntehilfen

Bäuerliche Lebensformen: – Wohn- und Eßkultur, – Sitte und Brauchtum

Regionaltypische Produkte: – Regionale Erzeugnisse, – Produkte aus ökologischem Anbau

Betriebsformen: – Wiedereinrichter, – Genossenschaftsbetriebe, – Nebenerwerbsbetriebe

- Vom Staatsministerium für Landwirtschaft Ernährung und Forsten gefördert, unterstützt bzw. begünstigt:
- regionaltypisch eingerichtete Zimmer und Appartements
- Wohnen im Altenteilhaus (Leibgedinghaus)
- Wohnen im ehemaligen Stall und Scheunenteil durch Umnutzung der Bausubstanz
- Einfache Quartierangebote für Wandergruppen
- Tiere füttern und Pflegen/Hobbytiere
- Streichelzoo
- Zubereitung von Speis und Trank
- Aktivsport Reiten, Wandern, Gartenarbeit u.a.
- Festtagsvorbereitungen im Laufe des Jahres

Familien mit Kindern erwarten in der Regel den traditionellen Bauernhof mit Stall und Kleintieren. Der Kontakt zur bäuerlichen Familie wird hochgeschätzt. Es kann durchaus auch ein spezialisierter Betrieb sein, sofern ein Streichelzoo und die Unterkunft Atmosphäre vermitteln."

4. Ortsbild

- Siedlungsformen, – Ortsein- und Ausgänge, – Straßenplätze-Bachläufe/Teiche, – Grün in und am Dorf, – Ortsränder
- Vom Staatsministerium für Landwirtschaft Ernährung und Forsten gefördert, unterstützt bzw. begünstigt:

„Dorfentwicklung im Freistaat Sachsen ist so konzipiert, daß das individuelle und unverwechselbare Erscheinungsbild gewahrt wird und die historisch überkommene Siedlungsform maßgebend bleibt. Die Vielfalt im Dorf als Mischgebiet ist Ziel, um den Erlebniswert zu fördern. Dorfgemäßer, naturnaher Ausbau von Bachläufen mit Teichen ist oberstes Gebot. Grün im und am Dorf muß die Einbindung in die Landschaft sicherstellen."

5. Regionale Küche

- Landgasthof mit – regionalen Spezialitäten, – Hausspezialitäten, – örtlichem Bier und Obstsäften, – Speisekarte und Einführung, – Vollwert- und Vegetarierkost, – Diätkost

Vom Staatsministerium für Landwirtschaft Ernährung und Forsten gefördert, unterstützt bzw. begünstigt:

„*Direktverkauf ab Hof*

- Fische aus eigenem Teich, – Kräuter, Obst, – Gemüse aus dem Eigenanbau, – Fleisch, Milch, Käse aus der umweltgerechten Landwirtschaft, – Selbsternteanlagen (Erdbeer-, Obstpflanzen, Angeln), – Sonderangebote in der Ferien- und Altenbetreuung, – Selbstgebackenes Brot"

6. Aktive Betätigung

Gäste wirken aktiv mit

- traditionelle Handwerksformen, – Weben, Spinnen, Färben, Blaudrucktechnik u.a.m., – Holzschnitzerei, – Töpferei, – Korbflechterei, – Glasbläserei u.a.m., Mühlen, Heimatmuseum, Weberstube, Schmiede, Schusterwerkstatt, – Schauwerkstätten, Handwerkskurse, Handwerksfeste, Backkurse

Vom Staatsministerium für Landwirtschaft Ernährung und Forsten gefördert, unterstützt bzw. begünstigt:

„*Schauvorführungen:*
Kräutergarten, Vollkornprodukte, traditionelle Baumaterialien, Faserpflanzen für Bekleidung, Wollsorten für Bekleidung u.a.

Fortbildung:
Back- und Kochkurse für Spezialitäten, Herstellung traditioneller Gegenstände, Reitkurse

Lehrpfade:
Weinbau, Obstbau, Getreidesorten, Geologie und Landschaft,
Wald, Wasser: Teichlandschaft-Fischerei, Braunkohle, Renaturierungen, Sonderbiotope, Baumalleen"

Abb. 5: Wunscherholungslandschaft von Urlaubern

nicht so — großflächige Bewirtschaftung

sondern so — kleinräumigere Gliederung der Kulturlandschaft

noch lieber so — Kulturlandschaft, die zugleich Erholungslandschaft ist

IV) Direkte und indirekte Hilfen der Landwirtschafts- und Forstverwaltung für den Sanften Tourismus

1. Fördermaßnahmen

Auszug von Fördermaßnahmen aus dem Programm Ländlicher Raum, Programm Umweltgerechte Landwirtschaft, Programm naturnaher Waldbewirtschaftung und einschlägigen Fördermaßnahmen zusammen mit dem Bund und der Europäischen Union.

Die auszugsweise aufgeführten Maßnahmen wurden aus Mitteln des Agrarhaushaltes von EU-Bund-Land gefördert. Inwieweit sie gleichzeitig im Sinne der Mehrzwecknutzung den Sanften Tourismus begünstigen, wurde in % Anteilen geschätzt. In der Untergliederung der Hauptpunkte werden spezielle Fördermaßnahmen genannt, um die doppelte Zwecknutzung auch Außenstehenden verständlicher zu machen. Da es auch hier nur ausgewählte Einzelmaßnahmen sind, weisen die aufgeführten Hauptpunkte keine gemittelten Werte auf.

Abb. 6: Fördermaßnahmen

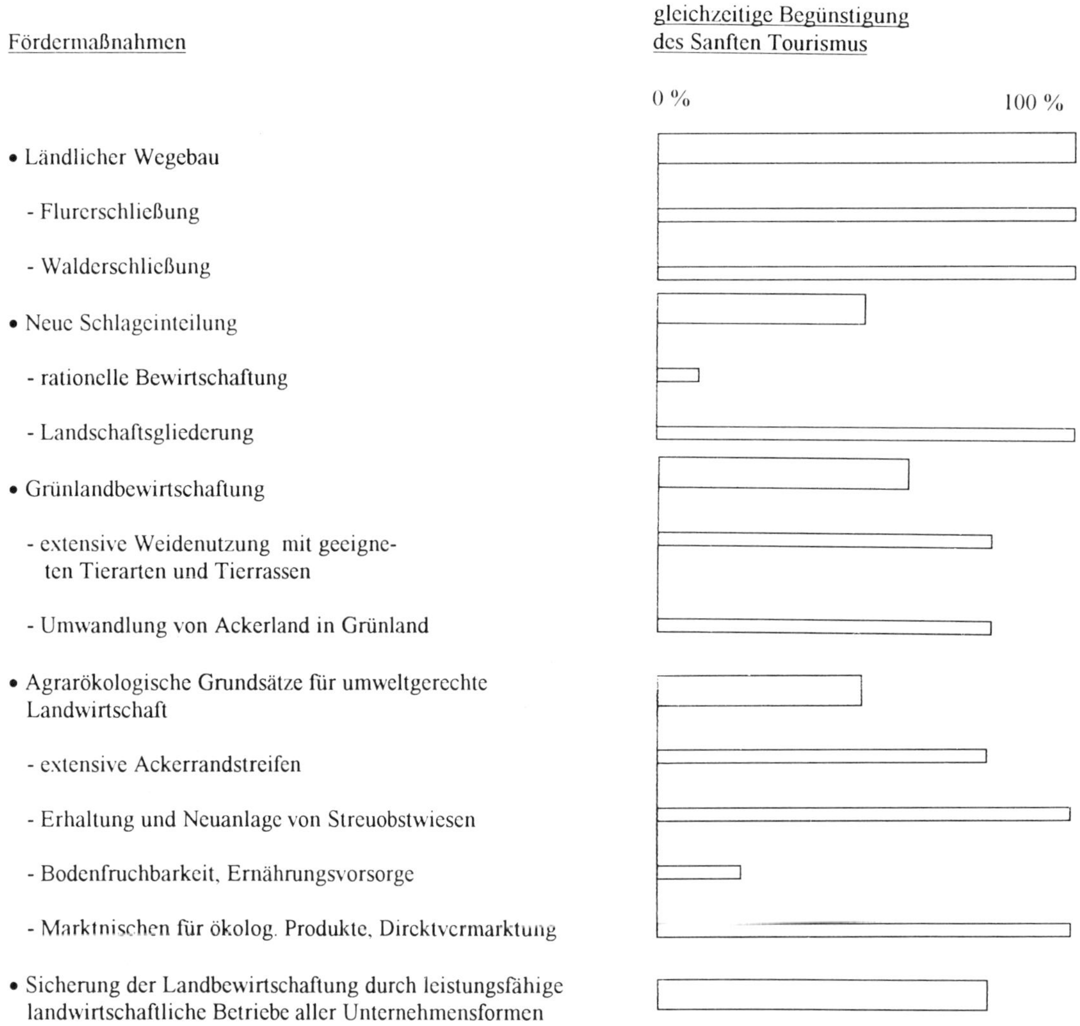

Fördermaßnahmen — gleichzeitige Begünstigung des Sanften Tourismus (0 % – 100 %)

- Ländlicher Wegebau
  - Flurerschließung
  - Walderschließung
- Neue Schlageinteilung
  - rationelle Bewirtschaftung
  - Landschaftsgliederung
- Grünlandbewirtschaftung
  - extensive Weidenutzung mit geeigneten Tierarten und Tierrassen
  - Umwandlung von Ackerland in Grünland
- Agrarökologische Grundsätze für umweltgerechte Landwirtschaft
  - extensive Ackerrandstreifen
  - Erhaltung und Neuanlage von Streuobstwiesen
  - Bodenfruchtbarkeit, Ernährungsvorsorge
  - Marktnischen für ökolog. Produkte, Direktvermarktung
- Sicherung der Landbewirtschaftung durch leistungsfähige landwirtschaftliche Betriebe aller Unternehmensformen

Sanfter Tourismus als Wirtschaftsfaktor? 115

0 %   100 %

- Aufforstung - künftige Feld/Waldgrenzen
  - Waldpflege
  - standortgerechter Waldaufbau
  - forstwirtschaftliche Rekultivierung
  - vorbeugende Waldbrandbekämpfung
- Schutzpflanzungen
  - Kleinklima, Erosionsschutz
  - landwirtschaftliche Einbindungen von Siedlungen und Bauten im Dorfbereich
- Wasserwirtschaft, Gewässerpflege
  - Schutz von Fließ- und Stillgewässern
  - Fischerei und Teichanlagen
  - Ver- und Entsorgung kleiner Siedlungen
- Dorfentwicklung
  - Umnutzung ehemaliger landwirtschaftlicher Bausubstanz für Ferienquartiere
  - Aus- und Umbau für gemeinschaftliche Zwecke
  - Erhaltung und Gestaltung des Ortsbildes
  - Verbesserung der innerörtlichen Verkehrsverhältnisse
- Ferien auf dem Lande
  - Gästebetten (max. 15 Betten)
  - Freizeit- und Erholungseinrichtungen
  - Kleinstcampingplätze, Reit-, Rad- und Wanderwege
  - Lehrpfade, Zeugen der Geschichte
- Biotopverbundsystem
  - Grün im und ums Dorf
  - Grünverbund in der Flur und mit dem Wald
  - Nahrungs-, Schutz-, Brut-Sonderbiotope
- Außerlandwirtschaftliche Arbeitsplätze
  - im baulichen Bereich
  - im landschaftspflegerischen Bereich
  - im Dienstleistungsbereich, u. a. im Sanften Tourismus

0 %   100 %

2. Akzeptanz der Erholungsuchenden in der Landschaft bei Maßnahmen der Flurneuordnung

Mit dieser Fragestellung hat sich dankenswerterweise Maucksch ebenfalls schon auseinandergesetzt und zahlreiche Anregungen gegeben, die berücksichtigt wurden.

Wege sind zunächst örtliche Erschließungseinrichtungen für die Erfordernisse der Land- und Forstwirtschaft. Sie dienen aber gleichzeitig den Wanderern, Radfahrern, Reitern und den Siedlungsverbindungen. In der Flurneuordnung werden deshalb Wegeführungen als Sackgassen vermieden. Zumindest verbinden sie sich als Grünwege bis zu Straßen, Waldrandwegen oder Uferwegen. Bewußt sollen in der Flurneuordnung Rundwanderwege und Radwanderwege geplant werden. Geschwungene Wege fügen sich harmonisch in die Konturen der Landschaft ein. Bei einer „Betrachtungslänge von 500m" sollten Wege „mindestens 25m in der Mitte von der Geraden abweichen". In der offenen Ebene empfehlen sich allerdings gerade Wegeführungen, da diese hier „natürlicher als gekünstelt geschwungene Wege" wirken. Betonspurwege lassen den Betrachter „alte, traditionelle Schotterwege" empfinden. Sie erscheinen als vollflächige Bitumenwege. Diese sollten den Hauptwegen vorbehalten bleiben.

Erholungseinrichtungen für Wanderer im Zusammenhang mit der Wegeerschließung sollen sein: Wanderparkplätze – Markierungen – Bachstege – saubere Wege – Aussichtspunkte und Landgasthäuser. Badende erwarten Uferwiesen, Beschattung und Parkplätze. Den Radfahrern sind versiegelte Wege und markierte Routen anzubieten.

Erholungswirkungen lassen sich steigern, wenn in der Flurneuordnung bewußt Bäume als Informationsträger gepflanzt werden. Maucksch macht folgende Anregungen:

So sollen Bäume an Flurbereinigungswegen z.B. gepflanzt werden:
- beim Bautypwechsel,
- bei Bodenartensprüngen der Nachbaräcker,
- mit ganzahliger Kilometerentfernung,
- bei runden Höhenmetern,
- bei ganzen Längen- und Breitengraden,
- auf Längen- und Breitengraden, die mit berühmten Bauwerken identisch sind,
- an Stellen mit besonderen Gegebenheiten oder Vorkommnissen wie ehemaligen Gemeindegrenzen oder Unfällen.

Derartige Maßnahmen können einen Wert für die Heimatkunde und auch für das Heimatgefühl bekommen und sind damit Beispiel für „multifunktionale Naturschutzmaßnahmen."

Artenschutz wird in der Flurneuordnung durch besondere Betonung der Waldränder, Gewässerränder, Geländekanten, die Schaffung von Trittrasenfluren, Tümpel mit Totholzbereichen, Einzelbäumen, Gehölzgruppen, Heckenlandschaften u.a.m. erreicht. Wesentlichen Anteil am Artenschutz haben Ackerland und Grünland, die nach den Regeln der umweltgerechten Landwirtschaft bewirtschaftet werden und die Schlaggrößen, genügende Kleinräumigkeit der Landschaft sowie den Wechsel von Nahrungs-, Brut- und Schutzbiotopen gewährleisten.

Historische Kulturlandschaften werden von den Besuchern und Naturschützern als erstrebenswerte ästhetische und artenreiche Landschaft zum Leitbild erklärt. Der Landwirt weiß sehr wohl um solche Wünsche seiner Feriengäste und schätzt auch die Anreize zum Ab-Hof-Verkauf von Produkten einer solchen Landschaft. Landschaftsbildpflege ist deshalb ein Teil seiner Einsichten wozu ihn die Maßnahmen der Flurerneuerung ermuntern können.

Sanfter Tourismus ist landschaftsangepaßter Tourismus und lebt vom Kapital der Landschaft. Flurneuordnung kann dieses Kapital mehren. Die Anziehungskraft ästhetischer Landschaftsbilder mit hoher Umweltqualität wirkt unverkennbar auf Einheimische und Gäste. Diese tragen zur Heimatbindung der Einheimischen bei und begünstigen die Verweildauer der Gäste. Einkommensquellen aus dem Tourismus werden damit gefördert.

Das DLG-Gütezeichen „Urlaub auf dem Bauernhof" besitzen derzeit (Stand April 1994) im Bundesgebiet 1640 Betriebe. Die Einhaltung hoher Qualitätsansprüche hat sich, so Gisa Diehl DLG Frankfurt, bewährt. Das neu eingeführte Gütezeichen „Landurlaub" für ländliche Privatquartiere soll unter den gleichen Bedingungen verliehen werden. Die Übernachtungen seien im Betrieb „Landurlaub" im Jahre 1993 um drei bis fünf Prozent gestiegen, obwohl allgemein die Tourismusbranche klagte. (Art. Stuttgarter Zeitung vom 14. April 1994 Nr. 85)

Urlaub auf dem Lande – Sachsen
Seit dem 18.05.1994 hat Sachsen eine Kommission DLG Prüfzeichen „Landurlaub". Die Kommission setzt sich aus 10 Mitgliedern zusammen, die von unterschiedlichen Institutionen kommen bzw. selbst private Anbieter sind, z. B. Vertreter der Industrie- und Handelskammer (IHK), Vertreterin des Landfrauenverbandes u.a. Der Urlaub auf dem Land gewinnt auch in Sachsen zunehmend an Bedeutung. Für das Prüfzeichen „Landurlaub" haben sich 1994 10 Betriebe angemeldet. Für das DLG-Gütezeichen „Urlaub auf dem Bauernhof" liegen 5 Anmeldungen von Betrieben vor. Was ist der Unterschied zwischen „Landurlaub" und „Urlaub auf dem Bauernhof"? Beim „Urlaub auf dem Bauernhof" gibt es noch einen voll funktionsfähigen Bauernhof, beim „Landurlaub" befindet sich das Quartier im ländlichen Raum, ohne daß der Anbieter einen landwirtschaftlichen Betrieb bewirtschaftet.
Einige kurzgefaßte Hinweise aus den Förderrichtlinien: **Das Sächsische Staatsministerium für Landwirtschaft, Ernährung und Forsten** fördert „Urlaub auf dem Lande" wie folgt:
a) Bau/Ausbau, Einrichtung und Ausstattung von Gästezimmern, Ferienwohnungen, Gästeaufenthaltsräumen und Kochstellen sowie Ferienheimen für bis zu 15 Kindern bis zu 40% bei max. 60.000,- DM Zuschuß.
b) Schaffung und Errichtung von überdachten Sitzplätzen, Kinderspielplätzen, Sauna, Grillstelle, Kauf von Spielen, Spiel- und Sportgeräten (wetterfeste Tischtennisplatte, Fahrräder u. a.) bis zu 40% bei max. 10.000,- DM Zuschuß.
c) Einrichtungen für den Sanften Tourismus wie
– Boots- und/oder Fahrradverleih,
– Reitsportanlagen und Fahrtouristik,
– Campingmöglichkeiten
bis zu 30% bei max. 20.000,- DM Zuschuß.
Die genannten Fördermaßnahmen lassen es zu, allen einschlägigen Urlaubswünschen für „Ferien auf dem Lande" gerecht zu werden. Entscheidende Voraussetzungen sind stets die rahmensetzenden Erlebniswerte von Landschaft, Dorf und Verzehrangeboten, die in der Strukturpolitik für ländliche Räume begünstigt werden.
Das **Sächsische Staatsministerium für Wirtschaft und Arbeit** fördert den Fremdenverkehr mit regionaler Zielsetzung im Freistaat Sachsen:
a) In besonders schwach strukturierten Fremdenverkehrsregionen wie Lausitz, Erzgebirge, Vogtland und Elbsandsteingebirge werden die Errichtung, Verlagerung, Erweiterung, Modernisierung und Rationalisierung von Betrieben des Hotelgewerbes der gehobenen und gebietstypischen traditionellen Gastronomie und Kultureinrichtungen gefördert.
b) Es werden verbilligte Darlehen mit folgenden Konditionen angeboten:
– Zinssatz 4 % bei 98 % er Auszahlung,
– Laufzeit bis zu 10 Jahren, im Beherbergungsgewerbe bis zu 15 Jahren, Tilgungsfreijahre bis zu 4 Jahren,
– Höchstbetrag bis zu 50% der anrechenbaren Investitionssumme, max. 500.000,- DM.

Direkte und indirekte Hilfe des Staatsministeriums für Wirtschaft und Arbeit zur Förderung eines marktorientierten und leistungsfähigen Fremdenverkehrs
Auszug von Fördermaßnahmen aus der Gemeinschaftsaufgabe „Verbesserung der wirtschaftsnahen Infrastruktur", aus dem Darlehensprogramm Fremdenverkehr des Freistaates Sachsen, aus dem Privatzimmerprogramm sowie grenzüberschreitenden Fördermaßnahmen der Europäischen Union, des Bundes und Landes (Siehe auch Abb. 7: „Fördermaßnahmen / gleichzeitige Begünstigung des Sanften Tourismus" auf den Seiten 118-119)

Freistaat Sachsen
(siehe Bericht Bauernzeitung vom 21. Januar 1994, 35. Jahrgang, Ausgabe Sachsen)
Das Motto für Sachsen lautet: „Mal wieder Land sehen". Dieses Motto wird von dem 1991 gegründeten Verein zur Förderung von kulturvollem Leben und Erholen auf dem Lande e.V. unterstützt. Der 3. Urlaubskatalog, gefördert vom Staatsministerium für Landwirtschaft, Ernährung und Forsten, liegt nunmehr für 239 Ferienquartiere vor. Danach genügen 300 gemütlich eingerichtete Zimmer, 200 komplett ausgestattete Ferienwohnungen (-häuser) mit insgesamt

Abb. 7: Fördermaßnahmen / gleichzeitige Begünstigung des Sanften Tourismus

Fördermaßnahmen	gleichzeitige Begünstigung des Sanften Tourismus (0 % – 100 %)
● Förderung von Konzepten, Gutachten, Studien (Landesmittel)	
- Unterstützung von Modellvorhaben im Sinne des Sanften Tourismus	▓▓▓▓▓▓▓▓▓▓ (hoch)
- Erstellung von Entwicklungskonzepten zur Standortabstimmung im Bereich Infrastruktur	▓▓▓
● Verbesserung der wirtschaftsnahen Infrastruktur Fremdenverkehr	
- Neubau, Umbau (einschl. Modernisierung) und Erweiterung von Fremdenverkehrseinrichtungen oder Erwerb und/oder Umbau bzw. Generalinstandsetzung eines Gebäudes, wenn damit ein notwendiger Neu- oder Erweiterungsbau ersetzt wird	
* Wanderwege (einschl. Radwanderwege) und Rastplätze	▓▓▓▓▓▓▓▓▓
* Markierung touristischer Wege	▓▓▓▓▓▓▓
* Häuser des Gastes/Kurhäuser	▓▓▓▓
* Aussichtspunkte, -türme	▓▓
* öffentliche Informationszentren einschl. Fremdenverkehrsämter	▓▓▓
* Tagungs- und Veranstaltungsräume	▓
* Park- und Grünanlagen in Fremdenverkehrsorten	▓▓▓▓▓▓▓
* Eissportanlagen	▓
* Langlaufeinrichtungen	▓
* Wassersporteinrichtungen	▓▓
* regionaltypische historische Besichtigungsschwerpunkte (Schaubergwerke, Mühlen u.a.)	▓▓▓
* Schauwerkstätten für traditionelle Handwerke	▓▓▓▓▓
- Erschließungsmaßnahmen einschl. der erforderlichen und baurechtlich geforderten Parkmöglichkeiten für diese Vorhaben	▓▓
- Fremdenverkehrseinrichtungen, die üblicherweise unter erwerbswirtschaftlichen Gesichtspunkten betrieben werden (gastronomische Einrichtungen, Campingplätze, Bergbahnen, Skilifte, Skiabfahrten, Tennisplätze, Golfplätze)	▓

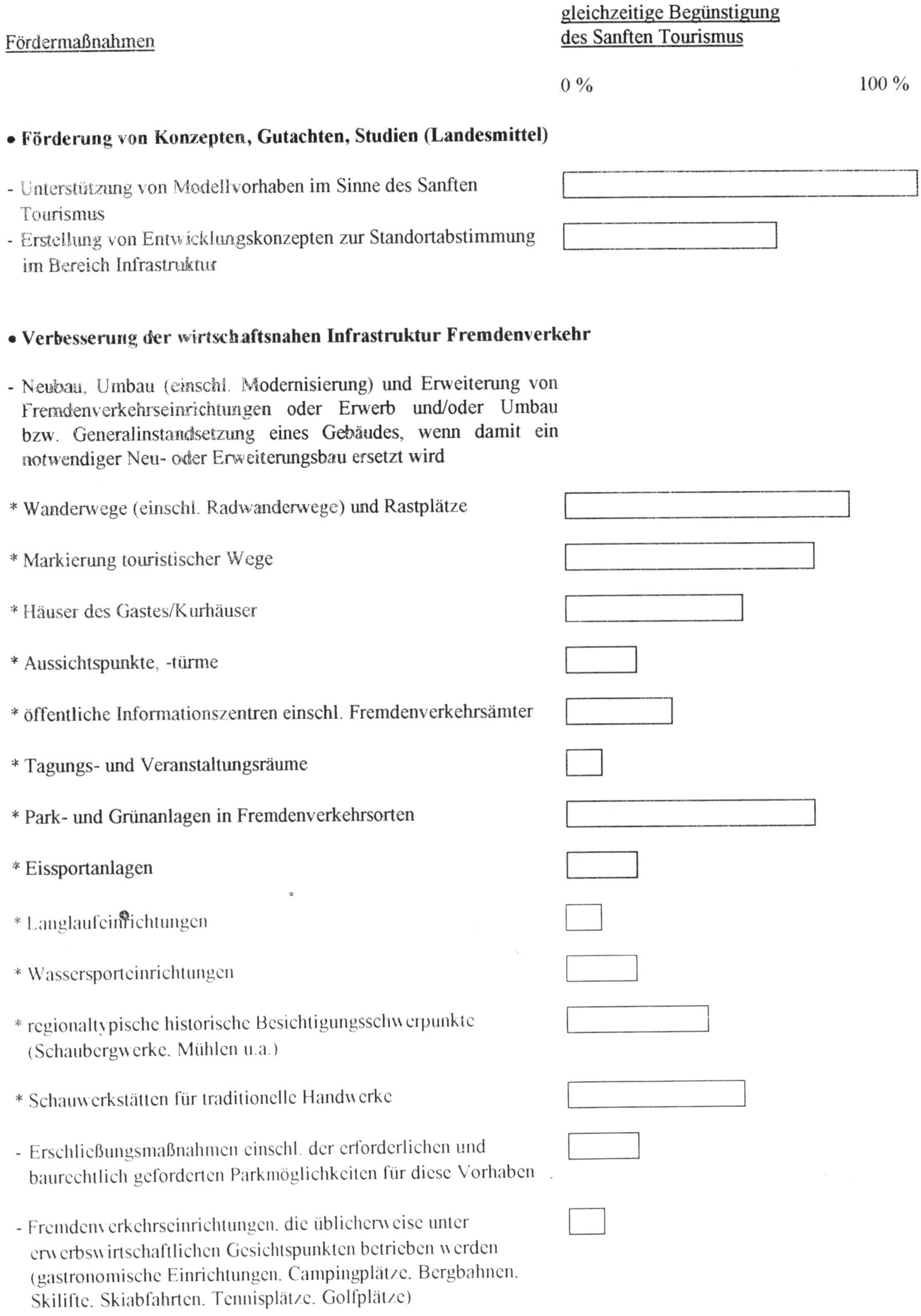

                                                                    0 %   100 %

- **Förderung der gewerblichen Wirtschaft im Fremdenverkehr**

  - Errichtung von Fremdenverkehrsbetrieben

  - Modernisierung von Fremdenverkehrsbetrieben

  - Rationalisierung von Fremdenverkehrsbetrieben

  * Anschluß an Wasser- und Abwassersystem mit Kläranlagen
  * Neuinstallation Sanitäreinrichtungen
  * Modernisierung Küchentrakt

  - Errichtung von Fremdenverkehrsbetrieben

  - Schaffung touristisch bedeutsamer Einrichtungen

  * Um- und Ausbau von Freizeitbereichen Außengestaltung

  - Errichtung von Campingplätzen

  - Erweiterung von Campingplätzen

  - Qualitätsverbesserung von Campingplätzen

- **Qualitätsverbesserung von Privatzimmern**

  - Installation moderner Sanitäreinrichtungen

  - Schaffung von Freizeit- und Aufenthaltsräumen bzw. -flächen

  - Ausbau und Einrichtung von Ferienwohnungen

- **Grenzüberschreitende Maßnahmen**

  - Normierung der Datenerfassung

  - Entwicklung abgestimmter Informationssysteme

  - Kommunikationsvernetzung

  - grenzüberschreitende Investitionsprojekte an Kulturgütern

  - gemeinsame Symposien

  - Lehr- und Forschungsprojekte

  - Konzepte zur Wahrung natürlicher Lebensräume

  - Verbesserung der städtischen Umweltqualität

  - Modellentwicklungen für sachgerechte Umweltverwaltung

  - Modelle für dauerhaften, umweltgerechten Tourismus

                                                                    0 %   100 %

1.500 Betten den gestellten Anforderungen für Urlaub auf dem Lande. Weitere Angebote beziehen sich auf 500 kleinere Landhotels und Pensionen. Sachsen steht bei den neuen Bundesländern im Angebot von „echten Bauernhöfen, die von einer Familie bewirtschaftet werden" im Verhältnis gut da. Immerhin werden im Katalog 99 Anbieter dieser Art aufgeführt. Weiterhin bemühen sich bereits 19 Reiterhöfe um Gäste. Auch schon 11 Angebote für Beherbergung beziehen sich auf die architektonisch besonders reizvollen Umgebindehäuser.

3. Betretungsrecht der Landschaft

Waldgesetz für den Freistaat Sachsen (SächsWaldG):
Gemäß § 11 sind Wander- und Radwanderwege im Rahmen des Betretungsrechts für den Wald auszuweisen.
Gemäß § 12 ist Reiten im Wald nur auf den durch die Forstbehörden ausgewiesenen und gekennzeichneten Wegen gestattet.
Sächsisches Gesetz über Naturschutz und Landschaftspflege (SächsNatSchG)
Sechster Abschnitt: Erholung in Natur und Landschaft:
Gemäß § 29 wird das Recht auf Erholung in der freien Landschaft im Grundsatz festgelegt.
Gemäß § 30 wird gestattet, außerhalb der Vegetationszeit (Nutzzeit) die freie Landschaft unentgeltlich zu betreten. Dazu zählen Ski- und Schlittenfahren, Spielen, Radfahren und Wandern. Das Betreten des Waldes ist im Sächsischen Waldgesetz geregelt.
Gemäß § 31 wird das Reiten, das Befahren mit Kraftfahrzeugen und bespannten Fahrzeugen nur auf geeigneten Wegen und besonders ausgewiesenen Flächen gestattet. Gekennzeichnete Wanderwege, Sport- und Lehrpfade sowie für die Erholung der Bevölkerung ausgewiesene Liegewiesen dürfen nicht benutzt werden. Gemeinden bzw. Forstverwaltungen sollen die Ausweisung vornehmen.
Hierzu werden im Sinne und Interesse des Sanften Tourismus als Einkommensquelle folgende Wünsche geäußert:

Zum Reiten:
(1) In Gemeinden im Hinterland von Landschaftsschutzgebieten mit geringer Reitpferdedichte sollte bewußt großzügig und flächenhaft weiträumig das Reiten gestattet werden. Sind Reithöfe vorhanden, ist eine schärfere Regelung erforderlich.
(2) Die Wanderreiter, die in der Regel als Gruppe reiten, sollten auf den ausgewiesenen Wegen auch die landschaftliche Schönheit erleben dürfen, d. h. an interessante Punkte herankommen. Das Reiten, als Attraktivität für Urlaub auf dem Lande, darf nicht als Störfaktor empfunden werden; es soll im Grundsatz begrüßt werden. So wird das Verständnis für ein ökologisch sensibles Verhalten geweckt, und das Reiten bleibt als Urlaubsanreiz dem Sanften Tourismus erhalten.

Zum Wandern:
(I) In der freien Landschaft soll generell außerhalb der Vegetationszeit (Nutzungszeit) das allgemeine Betreten in allen Ferienlandschaften erlaubt sein.
(2) In ökologisch empfindsamen Teilen der Landschaftsschutzgebiete muß das Betretungsrecht auf Wegen genügen. In der Flurneuordnung sollte jedoch für eine genügende Wegedichte gesorgt werden, um eine ausreichende Landschaftserschließung zu gewährleisten.
(3) In ökologisch sensiblen Bereichen ist die schonendste Betretung anzustreben.
(4) Ökologisch hochsensible Bereiche sind der Natur absolut vorzubehalten.
(5) Parkplätze zu landschaftlichen Sehenswürdigkeiten (z. B. Aussichtspunkte) und zur Besichtigung historischer Baudenkmale sind mit größerem Abstand anzulegen und landschaftsgemäß einzubinden, denn Ruhe und saubere Luft am Ziel erhöhen den Besuchswert.

Abb. 8: Betretungsrecht im Einklang mit dem Sanften Tourismus

Betretungsrecht im Einklang mit dem Sanften Tourismus

Die Akzeptanz von Einschränkungen des Betretungsrechts wird durch überzeugende und anschauliche Informationen gefördert.

1. Außerhalb der Vegetationszeit bietet das generelle Betretungsrecht die Bewegungsfreiheit für vielerlei Aktivitäten der Erholung in der Landschaft. Wir dürfen die andersartigen Schönheiten der Landschaft in unmittelbarem Kontakt erleben.

2. Ökologisch wertvolle Landschaftsteile wollen wir mit dem beschränkten Betretungsrecht schonen und nur die Wege benutzen. Die Natur wird es uns mit der Artenvielfalt danken.

3. Ökologisch hochsensible Landschaftsteile bedürfen des absoluten Schutzes. Wir akzeptieren, daß wir nur auf Wegen gehen dürfen. Wegeführungen mit Aussichtspunkten sollen jedoch höchstmögliche Erlebniswerte gewährleisten.

4. Einzigartige Schutzbereiche von Flora und Faunabeständen beanspruchen das absolute Betretungsverbot. Wir erwarten jedoch, so nahe wie zumutbar durch geeignete Ausweisung von Wander-, Reit- und Radwegen herangeführt zu werden.

5. Historische Baudenkmale und landschaftliche Sehenswürdigkeiten von herausragender Bedeutung sollen die Gäste unmittelbar erleben dürfen. Wir erwarten allerdings bei zentralen Parkplätzen eine Auswahl von Zugeh- und Zufahrtsmöglichkeiten zum gewünschen Ziel.

6. Reiter, Wanderer und Radfahrer sind gleichermaßen Naturfreunde und haben Anspruch auf Erholung und Landschaftsgenuß. Ihre unterschiedlichen Bewegungsformen erfordern allerdings darauf abgestimmte eigene Wegevernetzungen.

V) Eine Gemeinde als praktisches Beispiel für durchgeführte Maßnahmen im ganzheitlichen Sinne des Sanften Tourismus

1. Ortsteil Ehrenberg, Stadt Hohnstein, im Aktionsprogramm Ländlicher Raum

– Sächsische Schweiz
a) Einwohnerzahl früher und heute

im Jahre	Ehrenberg	Cunnersdorf
1900	850	443
1919	877	536
1947	883	541
1989	733	352
1993	727	340

b) Gemarkungsfläche: 2.100 ha
c) Seit 01.01.1994 bildet das Dorf einen Verwaltungsraum
mit Hohnstein und einigen anderen Gemeinden mit 4.072 Einwohnern.
d) Finanzkraft
Die Finanzkraft der Kommune ist gering. Ihr Verwaltungshaushalt wird nur mit 5 % aus Grundsteuer und Gewerbesteuer gedeckt.
Im Rechnungsjahr 1994 wird der Vermögenshaushalt fast 30 Mill. DM betragen. Er ist mit etwa 67 % durch Fördermittel des Landes und Bundes abgedeckt.

2. Erstellte Planungskonzepte

Vier Planungsbereiche im Ortsteil Ehrenberg (Planungsbüro: Kommunal Plan Stolpen)
1. Planungsbereich im Dorf- Örtliches Entwicklungskonzept
2. Planungsbereich in der Landschaft – Agrar- und Landschaftskonzept
3. Planungsbereich in der Flur und Schlageinteilung
4. Planungsbereich in der Landschaft und im Dorf- Beitrag zum Biotopverbund

3. Durchgeführte Maßnahmen

Schwerpunktaufgaben:
1. Entwässerung
2. Kläranlagen
3. Wasserversorgung
4. Örtlicher Straßenbau

in der Reihenfolge der Aufzählung. In diesen Bereichen besteht ein enormer Nachholbedarf Die hohen Kosten sind bedingt durch Straßendörfer mit 4.000 m Länge und dünner Besiedelung von 700 Einwohnern.

Dorfentwicklung
Das Dorfentwicklungsprogramm wird in den Gemeinden des Landkreises Sächsische Schweiz gerne angenommen. In Ehrenberg sind bis jetzt 38 Anträge gestellt.

Antragshöhe	1.753.860,– DM
beihilfefähig	1.753 860,– DM
bewilligt seit Juli 1993	430 340,– DM

Die vom Staatlichen Amt für Ländliche Neuordnung Kamenz durchgeführten Sprechstunden und Informationsgespräche werden von den Bürgern sehr begrüßt und rege besucht.

Fremdenverkehr
a) Vorhandene Gästebetten

in 2 Pensionen	22
1 Camping	90
3 Privatzimmer	6
9 Ferienwohnungen	36

b) Ausstattung
In den Pensionen und in den Privatzimmern sind Dusche, Bad und WC im Zimmer.
c) Ausbauzustand etwa 85 %
d) Übernachtungen 1993

Pensionen 1.839
– höchste Übernachtungszahl im Juni
– niedrigste Übernachtungszahl im Februar
Ferienwohnungen 2.947
– höchste Übernachtungszahl im August
– niedrigste Übernachtungszahl im April
Gegenüber dem Vorjahren ist eine starke Zunahme zu verzeichnen. In Spitzenzeiten fehlen sogar Gästebetten.
e) Fördermittel
Die Fördermittel je Zimmer von 40 % bei maximal 40.000,– DM haben die Entwicklung begünstigt.
f) Auslastung
Die Auslastung dürfte bei 42 Gästebetten noch ansteigen. Bei ca. 3.000 Übernachtungen ist eine Auslastung von 33 % gegeben.

Die Preise für Übernachtungen mit Frühstück liegen zwischen 20,– und 25,– DM je Person.

4. Auswirkungen auf die Arbeitsplatzsituation

Arbeitsplätze
Laut Aufstellung des Konzeptes zur Agrarstrukturellen Vorplanung sind weitere Arbeitsplätze außerhalb des Ortes vorgesehen.

Im Ort arbeiten	237 Personen,
davon teilweise im Fremdenverkehr	10 Personen,
Privatpersonen (Rentner) als Nebenerwerb	20 Personen

Ertragsbetrachtung
a) Bei einer Auslastung von 30 % ergibt sich pro Gastbett im Durchschnitt jährlich ein Ertrag von 167,– DM
b) Da sich die Gästebetten auf 12 Vermieter aufteilen, ergeben sich für die Vermieter im Durchschnitt jährlich 600,– DM
c) Bei einer Auslastung von 50 % würden sich für den Vermieter im Durchschnitt jährlich ergeben 1500,– DM
Da die Übernachtungszahlen steigen, wird es möglich sein, eine 50 prozentige Auslastung zu erreichen.

Marketing
Bisher haben hier ältere Bürger Urlaub gemacht. Das wird auch künftig so sein. Die Sächsische Schweiz, die Bastei in 15 km Entfernung, Stolpen und das „Elbflorenz" Dresden wirken positiv auf den Fremdenverkehr.
Wir haben mindestens für 1 Omnibus Übernachtungsgelegenheiten. Unsere historischen Mehrseitenhöfe prägen unser Dorf. Ehrenberg hatte früher 70 Teiche. Es wird angestrebt, weitere Teiche anzulegen und mit entsprechender Uferbepflanzung landschaftsgemäß auszustatten. Die Ausübung des Angelsports könnte auch dem Fremdenverkehr dienen.

Schlußbetrachtung
Die Gemeinde, Ortschaft Ehrenberg/Cunnersdorf, begrüßt die Bemühungen des Sächsischen Staatsministeriums für Landwirtschaft, Ernährung und Forsten (SML), das Fremdenverkehrspotential im ländlichen Raum des Freistaates Sachsen durch Studien zu untersuchen.

In vorliegender Untersuchung sollen Gesichtspunkte des Sanften Tourismus besonders bedacht werden. Statt „sanfter" hielten wir die Bezeichnung „gesunder" Tourismus für griffiger.

Gerade jetzt werden durch das sächsische Kommunalabgabegesetz die großflächigen landwirtschaftlichen Mehrseitenhöfe in die Beitragspflicht für die Be- und Entwässerung einbezogen. Das verunsichert die Anschlußinhaber. Baugrundstücke von 5.000 bis 8.000 Quadratmeter sind im dünnbesiedelten Raum des Landkreises Sächsische Schweiz die Norm.

Auch die Unterhaltung großer Gebäude (z.B. Scheunen) bringt für den Eigentümer erhebliche Belastungen mit sich. In der DDR-Zeit war es kaum möglich, Kapitalerträge anzusammeln. Gerade durch den Fremdenverkehr werden die Möglichkeiten eines Zuerwerbs geschaffen.

Es ist erstrebenswert, über Mittel der staatlichen Denkmalpflege und durch Fördermittel der Landwirtschaftsbehörden die vorhandenen historischen und dorfbildprägenden Mehrseitenhöfe zu erhalten und Teile der nicht mehr benutzten landwirtschaftlichen Nebengebäude für Zwecke des ländlichen, „gesunden" Tourismus umzuwandeln. Die künftigen Unterhaltungskosten könnten durch Einnahmen aus dem Fremdenverkehr abgedeckt, ja sogar neue Existenzen geschaffen

Abb. 9: Dreiseithof
Aquarell in naiver Malkunst aus dem Jahre 1877. Hof Klengel-Treutzsch in Ebersbach, heute noch in Familienbesitz. Das Bild wurde im Rahmen der Dorfentwicklungsplanung von Herrn Dipl.-Ing. D. Schröder, Architekturbüro Schröder und Partner, Radeburg gefunden und freundlicherweise zum Abdruck zur Verfügung gestellt. Die dorfbildprägenden Dreiseithöfe sind markante Gebäudeensemble, die Siedlungsgeschichte vermitteln, landwirtschaftliche Tradition und Baukunst erkennen lassen und heute als denkmalwürdige Bausubstanz großen Erlebniswert darstellen. Der Freistaat und die Kommunen sind stolz auf diese Zeugen der Jahrhunderte. Ihnen soll bei allen Planungen und neuen Ansprüchen an das Bauen im ländlichen Raum Prioritäten zur baulichen Umnutzung eingeräumt werden, um unersetzbare Gebäude auch kommenden Generationen zu erhalten.

Abb. 9: Dreiseithof

werden. Sicherlich werden hier nur wenige Wiedereinrichter Fuß fassen, so daß die ursprünglichen landwirtschaftlichen Höfe verfallen, wenn nicht entsprechende Alternativen zur Erhaltung durch staatliche Förderungen unterstützt werden.

Den Kommunen kann nicht zugemutet werden, die hohen Wasser- und Abwassererschließungskosten (Beiträge) niederzuschlagen oder zinslos zu stunden, da diese Beiträge zur Finanzierung der Be- und Entwässerungsanlagen benötigt werden und in dem dünnbesiedelten Raum ohnehin sehr teuer sind.

Hier stellt sich die Frage nach der Äquivalenzverpflichtung im Sinne der Landesverfassung. Schon jetzt ist erkennbar, daß sich das Gewerbe an den Entwicklungsachsen ansiedelt.

5. Entwicklungsziele und ihre Gunstfaktoren

Früher gab es über 70 Teiche in der Gemeinde, die wieder betriebsfähig gemacht werden sollen. Auch andere Dorfentwicklungsmaßnahmen sind im Gange. So werden zur Zeit Kläranlagen, Kanäle und Wasserleitungen verlegt. Die gewachsene Dorfstruktur soll erhalten bleiben. Damit könnten Angler Urlaub machen und Fischgerichte angeboten werden. Die Teiche bereichern die Naturlandschaft, die ebenso durch das Anpflanzen von Seerosen in Uferbereichen an Attraktivität gewinnen. Im Frühjahr sind auf den Wiesen die blühenden Märzenbecher nicht zu übersehen. Der Geologe findet in der Umgebung Sandstein und Granit. Die berühmte Bastei liegt nur wenige Kilometer von uns entfernt. Anzuführen sind noch die Silbermannorgel in Dittersbach, Rittergüter fast in jeder Gemeinde und die Basaltburg in Stolpen, auf der August der Starke die Gräfin Cosel 49 Jahre gefangen hielt, und auf der Napoleon 1813 weilte.

Auf Grund der örtlichen Umgebung, der Sächsischen Schweiz mit ihrer natürlichen Schönheit, wird dem Fremdenverkehr besondere Beachtung geschenkt.

Literatur

Auswertungs- und Informationsdienst für Ernährung, Landwirtschaft und Forsten (AID) e.V.: Urlaub auf dem Bauernhof Nr. 1109/1991

Bauernzeitung – Landwirtschaftliches Wochenblatt: Ausgabe Sachsen vom 21. Januar 1994, 35. Jahrgang.

Dr. Lang und Partner GmbH: Entwicklungskonzeption für den Fremdenverkehr im Freistaat Sachsen. Dresden 1992/93.

HBS Consulting Partners: Strukturwandel und Naherholung. Regionales Fremdenverkehrskonzept für die Oberlausitzer Heide- und Teichlandschaft. München 1992.

J.F.M. Berlin – Dresden – Potsdam: Ferienlandschaft der Umgebindehäuser. Touristisches Entwicklungskonzept Berlin 1992.

Landeszentrale für politische Bildung Baden-Württemberg: Landschafsschutzpolitik, Stuttgart 1982 = Bürger im Staat.

Maucksch, Wolfgang: Die Sicherung der Erholung in der Freien Landschaft durch Flurbereinigungsverfahren. In: VR Verfassungswesen und Raumordnung 1, 56. Jahrgang.

Sächsisches Staatsministerium für Landwirtschaft, Ernährung und Forsten: Dorfentwicklung – Dorferneuerung in Sachsen. Dresden 1991.

Sächsisches Staatsministerium für Landwirtschaft, Ernährung und Forsten: Aktionsprogramm Ländlicher Raum – Sächsische Schweiz. Dresden 1992.

Sächsisches Staatsministerium für Landwirtschaft, Ernährung und Forsten: Aktionsprogramm Ländlicher Raum – Dorfentwicklung, Land- und Forstwirtschaft in Braunkohlelandschaften. Dresden 1993.

Sächsisches Staatsministerium für Landwirtschaft, Prrogramm Ländlicher Raum – Ernährung und Forsten Richtlinien. Dresden 1993.

Sächsisches Staatsministerium für Landwirtschaft, Ernährung und Forsten: Sächsischer Agrarbericht 1993. Dresden 1993.

Sächsisches Staatsministerium für Landwirschaft, Ernährung und Forsten: Zwei Jahre Aktionsprogramm Ländlicher Raum. Sächsische Schweiz – Zwischenbilanz. Dresden 1994.

Sächsisches Staatsministerium für Landwirt-

schaft, Ernährung und Forsten:* Diverse Materialien zu „Urlaub auf dem Lande".

Sächsisches Staatsministerium für Landwirtschaft, Ernährung und Forsten: Programm umweltgerechte Landwirtschaft. Dresden

Sächsische Staatskanzlei: Sächsisches Gesetz über Naturschutz und Landespflege (SächsNatSchG v. 16.12.92). In: Sächsisches Gesetz- und Verordnungsblatt 37/1992.

Sächsisches Staatsministerium für Umwelt und Landesentwicklung: Gesamtentwicklungskonzept Nationalparkregion Sächsische Schweiz. Endbericht ARGE Sächsische Schweiz. Dresden 1992.

Sächsisches Staatsministerium für Umwelt und Landesentwicklung: Landesentwicklungsplan Sachsen (Entwurf). Dresden 1994.

Sächsisches Staatsministerium für Wirtschaft und Arbeit: Campingführer Sachsen. Meißen 1992.

Sächsischer Verein zur Förderung von kulturvollem Dresden: Landurlaub in Sachsen, Leben und Erholen auf dem Lande e.V. 1994.

Stuttgarter Zeitung vom 8. März 1994.

Stuttgarter Zeitung vom 14. April 1994.

Mitwirkung durch:

Beiträge: *Christine Gallasch, Dr. Mario Marsch* – Sächsisches Staatsministerium für Landwirtschaft, Ernährung und Forsten; Sächsische Landesanstalt für Forsten, Graupa

Dr. Angelika Tietz – Sächsisches Staatsministerium für Wirtschaft und Arbeit; *Ortsvorsteher Baldur Hänsel* und *Bürgermeister a. D. Wolfgang Haubensack* – Gemeinde Ehrenberg (jetzt Ortsteil Stadt Hohnstein)

Beratung:

Dr. Peter Spier, Leiter der Abteilung Ländlicher Raum, Agrarpolitik und Betriebswirtschaft

Erhard Kinder, Leiter des Referates Entwicklung und Förderung des Ländlichen Raumes

Dr. Ralf Müller, Referent im Referat Entwicklung und Förderung des ländlichen Raumes

Gerhard Witter, Leiter des Referates Flurerneuerung und Landschaftspflege

Technische Mitgestaltung:

Annett Faust, Sächsisches Staatsministerium für Landwirtschaft, Ernährung und Forsten

Hendrikje Becker, Landschaftsarchitektenbüro Becker und Heinrich, Dresden

Ländliche Arbeitsplätze durch dezentrale Energieversorgung. Das Projekt Strohheizwerk Schkölen, Landkreis Eisenberg (Thüringen)

Ernst von Lüneburg[1]

Zusammenfassung

Der Bürgerwille von Schkölen hat zu einer gemeinschaftlichen Wärmeversorgung geführt. Sie muß durch entsprechende Förderung wettbewerbsfähig zu den übrigen Heizungssystemen sein.
CO_2-Verminderung, Ersatz der endlichen fossilen Brennstoffe und die Beschäftigung für die Landwirtschaft sind die Eckpunkte des Strohheizwerkes in Schkölen.
Die Demonstration der Technik mit Genehmigung nach deutschen Emissionsgesetzen, der Verlegung des Wärmeverteilnetzes in einer Stadt unter 2.000 Einwohner, die Brennstoffbereitstellung als neue landwirtschaftliche Tätigkeit und die Wirtschaftlichkeitsrechnung tragen zur Markteinführung dieses Energieerzeugungssystems in den deutschen Energiemarkt bei.

Summary

Rural job creation by decentralised energy supply. The case of the straw heating station Schkölen, Kreis Eisenberg/Thüringen. The will of the people of Schkölen has produced a local heat supply. It has to be promoted to be competitive with the other heating systems. The main targets of the straw heating station of Schkölen are the reduction of CO2, the substitution of fossil fuels and the creation of jobs in agriculture. The demonstration of a technique that meets the German legal standards, the outline of a network in a town with less than 2000 inhabitants, the raw material supply by new agricultural jobs as well as the profitability calculation of the system contribute to its introduction into the German energy market.

---

1 Ernst von Lüneburg, Geschäftsführer der Firma BKW Bio-Kraftwerk-GmbH & Co. KG, Schloßstr. 6, 38165 Essenrode

Das Strohheizwerk Schkölen wurde bei seiner Einweihung als ein Leuchtturm für die Energieerzeugung aus Biomasse bezeichnet. Strom und Wärme aus Stroh oder Holz zählt neben Wind- oder Solarenergie zu den erneuerbaren Energien, für die in den Energiekonsensbemühungen ein Platz geschaffen werden muß.

Über erneuerbare Energien wird zur Zeit viel geschrieben, getagt und diskutiert. Die Erkenntnis der Forscher, daß die CO_2-Emission unser Weltklima wesentlich verändern wird, hat sich auf dem Klima-Gipfel in Rio de Janeiro deutlich artikuliert. Wissenschaft, Forschung und Politik sind aufgefordert, Strategien zur CO_2-Minderung zu entwickeln.

Die Weltvorräte an fossilen Brennstoffen werden unterschiedlich eingeschätzt. Über ihre Endlichkeit im nächsten Jahrhundert sind sich alle Energiefachleute einig.

Für die herbeizuführende Energie-Wende sind Demonstrationsanlagen zu errichten, die Zeichen setzen für eine Veränderung der Energieerzeugung, um die CO_2-Emission zu verringern und die fossilen Brennstoffe zu schonen. Sie werden gefördert, um aus ihrem Betrieb Rahmenbedingungen abzuleiten für die erfolgreiche Markteinführung. Dafür hat das Strohheizwerk in Schkölen seine große Bedeutung.

Neben der überragenden Bewertung für eine Veränderung der Erzeugung von Strom und Wärme für die Umwelt und der nachhaltigen Energieversorgung tut sich eine Möglichkeit auf, der Land- und Forstwirtschaft neue Produktwege zu zeigen.

Stroh aus dem Getreideanbau und Restholz aus der Holzwirtschaft bieten eine Einstiegsmöglichkeit in die thermische Nutzung von Biomasse. Auf dem Acker erzeugte Biomasse auf nicht zum Nahrungsmittelanbau benötigten Flächen führt zu einer neuen Nutzung und zu neuer Beschäftigung für die Landwirtschaft.

Alle an dem Projekt Schkölen Beteiligten (Bürger von Schkölen, Land Thüringen, Bundesstiftung Umwelt, Bundesumweltamt, Planer, Anlagenbauer und Brennstofflieferanten) hoffen, mit der errichteten Verbrennungsanlage in Deutschland für die Verwendung von Biomasse als Energieträger ein Zeichen zu setzen. Wir betrachten die Vorzüge der Anlage viel weniger aus der agrar-politischen als aus der energie-politischen Sicht.

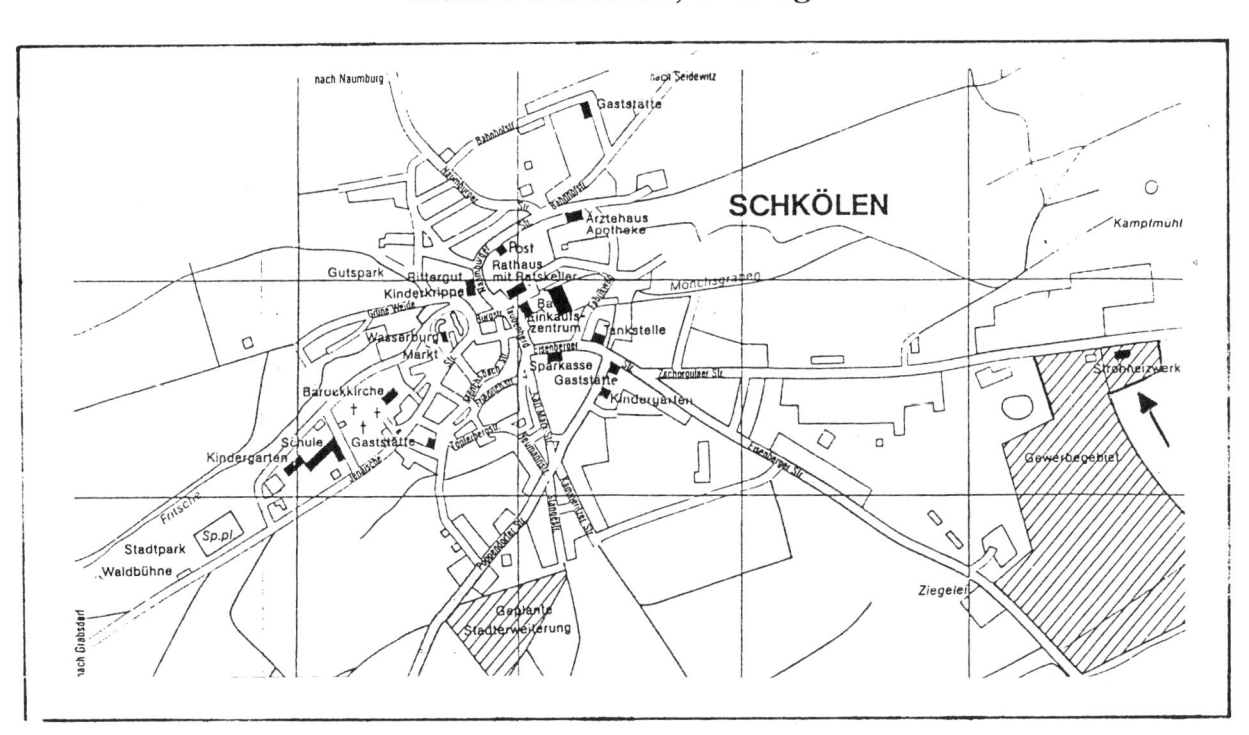

Abb. 1: Schkölen, Ortslage

Die kleine Stadt Schkölen liegt an der Grenze von Thüringen und Sachsen-Anhalt. Die Randlage führte eher zu einer bescheidenen Entwicklung. So sind kaum zentrale Versorgungseinrichtungen vorhanden gewesen, auch keine Fernwärmeverorgung. Die übliche Heizung bestand aus Braunkohleinzelöfen mit allen Nachteilen der Luftbelastung.

Ein Bild über die Struktur der Stadt zeigt die Aufstellung:

1.700 Einwohner
1 Schule
2 Banken
5 Gaststätten
26 kleine und mittlere Gewerbebetriebe
21 Geschäfte
600 Haushalte

Die „Wende" sollte auch für die Energieversorgung in Schkölen neue Verhältnisse bringen. Nach einer längeren Diskussion zwischen dem Bürgermeister, dem Stadtrat und den Bürgern kam es zu dem Beschluß, ein Fernwärmenetz zu verlegen und ein Strohheizwerk zu bauen.

Bürgermeister	Energiekonzept
Stadtrat	Fernwärme
Bürger	Strohheizwerk

Eine kommunale Gesellschaft wurde gebildet, die die Durchführung des Projektes übernahm.

Strohheizwerk Schkölen GmbH

52 %	48 %
Stadt Schkölen	Voelund
	Bauherr

Strohlieferverträge mit der Strohliefergemeinschaft Schkölen
Wärmelieferungsverträge mit den Bürgern

Die Gesellschaft ließ eine Studie erstellen, mit dem Ziel, die Realisierbarkeit des Projektes zu prüfen und die Rahmendaten festzulegen. Dazu gehörte auch eine Bürgerbefragung, um die Anschlußwilligkeit zu prüfen. Das Ergebnis der Studie führte zu dem Beschluß, die Planung in Auftrag zugeben, Ausschreibungen zu erstellen und Aufträge zu erteilen. Als Generalunternehmer fungiert die Firma Voelund. Die Finanzierung wurde durch die Bundesstiftung Umwelt abgesichert, die das Projekt von Anfang an begleitet hat und schon dadurch wesentlich zur Bauentscheidung beitrug.

Tarife für Wärmelieferung

Der aufgezeigte Tarif wurde den Bürgern angeboten und ist so gestaltet, daß in Schkölen ein möglichst hoher Anschlußgrad erreicht wird. Die Förderung der Bundesstiftung Umwelt hat dieses mit berücksichtigt.

Anschlußgebühren:
Einfamilienhäuser	DM 2.000,-
Anschlüsse nach 1993	DM 6.000,-
Mehrfamilienhäuser	DM 20,-/qm
für Gewerbe	DM 160,-/kW bei mittleren Anschlußwert

Jährliche Grundgebühren:
Einfamilienhäuser	DM 500,00
Mehrfamilienhäuser	DM 5,50/qm
Gewerbe	DM 23,00
Arbeitspreise	DM 0,08/kW

Kosten der Strohbereitstellung

Strohpressen frei Feldrand	DM 33,00/t
Lagerung (Feldrandmiete)	DM 9,20/t
Transport (8 t durchschn. 5 km)	DM 17,14/t
	DM 59,34/t
Erlös	DM 100,00/t

Basis Oktober bei 16 % Feuchte

Mit der Landwirtschaft gab es von Beginn an einen Dialog, um sie zur Stohlieferung zu gewinnen. Die Bedingung zur Strohlieferung am Standort Schkölen wurden in einer kleinen Studie der Lufa Jena durch Dr. Vetter untersucht. Die aufgezeigten Kosten der Strohbereitstellung stammen aus der Studie. Mit dem angebotenen Preis von DM 100,- pro Tonne war die Bereitschaft der Landwirtschaft vorhanden, in Verträge einzutreten. Die Perspektive als Brennstoff auch Ganzpflanzengetreide oder andere Biomasse liefern zu lassen, ist für die Landwirtschaft um Schkölen von großem Interesse.

Der Zeitplan gibt den Werdegang des Strohheizwerkes wieder. Umfangreiche Arbeit erforderten Studien und Antragserstellung. Der Bauantrag, der Antrag nach dem Bundesemissionsschutzgesetz und der Antrag auf Finanzierungszuschuß haben den Dänen manche Schweißperlen auf die Stirn getrieben, weil der deutsche Perfektionismus sie an vielen Stellen in Erstaunen versetzte. Ein entscheidendes Votum hatte das Bundesumweltamt abzugeben. Der positive Entscheid ist auf ein Konsens der Umweltleute und den Technikern im Amt zurückzuführen.

1991: Stadtverordnete diskutierten über ein Energiekonzept unter Berücksichtigung von Fernwärmeversorgung und dem Bau eines Strohheizwerkes

Juni 1992:
 Gründung der Strohheizwerk Schkölen GmbH

August 1992 bis März 1993:
 Verlegung des Wärmeverteilnetz und Wärmelieferung durch ein mobiles Ölcontainerheizwerk

Januar 1993:
 Baubeginn des Strohheizwerkes

Juli 1993:
 Kaltprobe

September 1993:
 Einweihung und Wärmelieferung durch Strohverbrennung

Das Vorhaben ist mit folgenden Investitionen bis 1996 in TDM kalkuliert. Eine Schlußabrechnung ist noch nicht erfolgt, kleine Verschiebungen sind vorhanden.

Gebäude
Außenanlagen
Versorgungsleitungen
Grundstück   1.375 TDM 13,60 %

Maschinen
Strohkessel
Ölkessel
Pumpen, Wasseraufbereitung
Schornstein
Meß- und Regeltechnik
Krananlage/Strohtransport 2.700 TDM 26,70 %

Verteilungsnetz   1.920 TDM)
Anschlußleitungen   1.384 TDM(55,70 %
Wärmezähler   185 TDM)
Planung, Bauaufsicht   950 TDM
Finanzierung während
der Bauphase   404 TDM   4,00 %
Gesamt   10.109 TDM

Auch die Kalkulation der Kosten für die Wärmeerzeugung im Jahr 1995 ist eine vorläufige. Ein vielleicht etwas höherer Investitionsbedarf, wird durch einen sich abzeichnenden höheren Verkauf von Nutzwärme ausgeglichen. Die Gesellschaft kann zuversichtlich ihre Geschäfte auf der vorhandenen Kalkulation betreiben.

Investitionen 1992 – 1996   DM 10.109.000,–

Finanzierung:
Darlehen (zinslos)
  Deutsche Bundesstiftung Umwelt
Land Thüringen
Anschlußgebühren
Investitionszulage
Kreditmarktmittel

Ausgaben pro Jahr
Brennstoffe:
Stroh (95 %) und Öl (5 %)   DM   460.000,–
Betriebskosten:
Lohn   DM   150.000,–
Strom   DM   50.000,–
Verwaltung   DM   10.000,–
Wartung   DM   10.000,–
Versicherung   DM   40.000,–
Instandhaltung   DM   56.000,–
Steuern   DM   28.000,–
Zinsen   DM   18.000,–
Tilgung DBU   DM   242.000,–
                                DM 1.064.000,–

Wärmearbeit pro Jahr   51.873 GJ
Nutzwärme pro Jahr   43.822 GJ
                                = 12.172 MW h/a
Kosten MW h   DM 87,41

Basismodell
Gesamtemissionen bei 12.718 MW h Nutzwärme

Für die Öffentlichkeit von großem Interesse ist die Ökobilanz der Umstellung der Energieerzeugung in Schkölen. Die Verminderung von SO_2 um 86 %, von Staub um 88 % und CO_2 von 85 % sind beachtlich. Der NO_X Anstieg ist nicht zu vermeiden, kann aber mit Maßnahmen aus neuen Forschungserkenntnissen um bis zu 50 % reduziert werden.

	SO$_2$ in kg	NO$_X$ in kg	Staub in kg	CO$_2$ in kg	CO$_2$-Äquiv. in KG
Braunkohle	39,760	7,320	7,910	7.426.250	8.239.010
Strohheizwerk	5.570	19,380	900	1.105.680	1.781.550
Verminderung	86 %		88 %	85 %	79 %

Abb. 2: CO$_2$-Emissionen

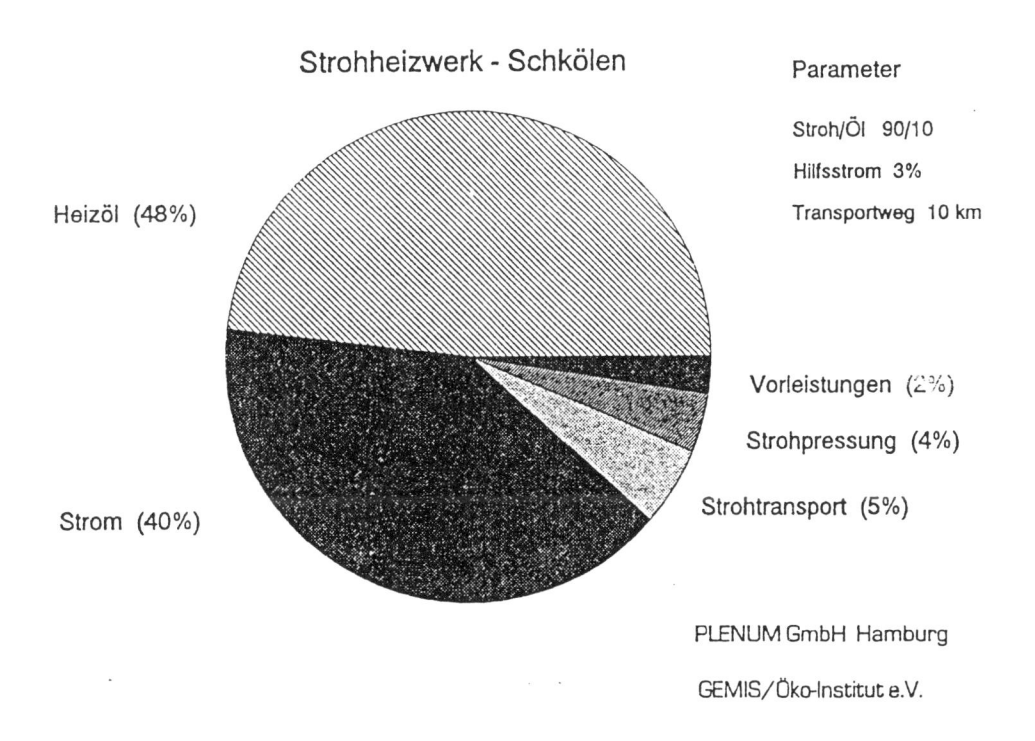

Strohheizwerk - Schkölen

Parameter

Stroh/Öl 90/10

Hilfsstrom 3%

Transportweg 10 km

Heizöl (48%)

Vorleistungen (2%)

Strohpressung (4%)

Strohtransport (5%)

Strom (40%)

PLENUM GmbH Hamburg

GEMIS/Öko-Institut e.V.

Aus der Graphik ist erkennbar, daß an den CO$_2$-Emissionen wesentlich das Heizöl und der Strom beteiligt ist, viel weniger die Strohernte und der Transport.

Im landwirtschaftlichen Bereich gilt die Biomasse als zukunftsträchtige Produktionslinie. Auch in Schkölen ist an Besucherströmen erkennbar, welch großes Interesse aus dem landwirtschaftlichen Umfeld besteht.

Zwei Arbeitsplätze sind im Strohheizwerk Schkölen entstanden. Der Betriebsleiter hat eine Ingenieurausbildung im Maschinenbau und muß die Funktionen der gesamten Anlage beherrschen und ohne fremde Hilfe den Kesselbetrieb und die Wartung erledigen. Auch der Abrechnungsverkehr mit den Kunden und Lieferanten gehört zu seinem Aufgabenbereich.

Ihm zur Seite steht ein Heizwerker, der in Schkölen eine Elektrikerausbildung erhalten hat. Er ist für die Strohannahme zuständig und kann den Strohkessel selbständig fahren. Beide Personen lösen sich in der Bereitschaft an den Wochenenden und in Urlaubszeiten ab.

Durch die Strohernte und -lieferung entsteht im landwirtschaftlichen Betrieb zusätzliche Arbeit. Neue Arbeitsplätze werden nicht direkt geschaffen, da diese Arbeiten im Ablauf des Betriebes mit erledigt werden können.

Die Strohpresse ist eine aufwendige Spezialmaschine und ist nur in überbetrieblichen Einsätzen rentabel. In Schkölen hat ein Lohnunternehmer das Strohpressen übernommen und setzt über den Erntezeitraum zwei Maschinenführer ein. Von dem Investitionsbetrag von DM 10 Mio. sind von regionalen Firmen für DM 3,6 Mio. Arbeiten ausgeführt worden. Hieran sind hauptsächlich Tiefbaufirmen und Installateure beteiligt, die dadurch einen hohen Beschäftigungsgrad hatten. Die Installationsfirmen entwickelten sich durch die Ausführung von moderner Heiztechnik zu Firmen, die anschließend in der Region wettbewerbsfähig waren. In Schkölen hat sich die Arbeitslosigkeit mit dem Bau des Strohheizwerkes sehr entspannt.

Das Strohheizkraftwerk Schkölen ist das erste seiner Art in Deutschland und hat somit einen hohen demonstrativen Wert.

Die Anlage in Schkölen soll zeigen
- die Technik
- die Umsetzung einer kommunalen Verantwortung
- den emissionsarmen Verbrennungsvorgang
- die Ökobilanz
- die verbraucherfreundliche Energieerzeugung
- die Strohbereitstellung
- die Energieträgerproduktion in der Landwirtschaft
- die Kosten der Energieerzeugung
- den Anschubfinanzierungsbedarf

Das Interesse aller, die sich mit Energie aus Biomasse durch Verbrennung befassen, ist groß. Schkölen freut sich über den starken Besucherstrom. Die Stadt Schkölen mit ihren Bürgern hofft, daß mit der augenblicklichen Aufmerksamkeit sich diese oder jene Ansiedlung einstellt und der kleinen Stadt einer glücklichen Zukunftsentwicklung entgegengeht.

Nachbarschaftsläden und Postagenturen in ländlichen Gemeinden

Axel Priebs[1]

Zusammenfassung

Der Beitrag stellt Nachbarschaftsläden und Postagenturen als Elemente einer Auffangstrategie dar, welche der funktionalen Erosion der Dörfer ohne zentralörtlichen Status entgegenwirken soll. Beide Ansätze, die auch miteinander kombiniert werden können, sichern sowohl eine lokale Mindestversorgung der Dorfbevölkerung als auch – in bescheidenem Umfang – Arbeitsplätze im Dorf. Zur Umsetzung der Strategie sind Berater und Moderatoren erforderlich, was vor allem eine Herausforderung für die Regionalplanung darstellt.

Summary

The objective of the present article was to present neighbourhood shops and post agencies as parts of a strategy, which tries to avoid a functional erosion of villages without classification in the central place hierarchy. Both these approaches, which also can be combined, can help to safe basic services as well as at least some opportunities for employment in the villages. To realize the strategy, it is necessary to find advisers and moderators, which is, above all, a challenge for the regional planning.

---

[1] Dipl.-Geogr. Dr. Axel Priebs, Hasteder Osterdeich 194, 28207 Bremen

1. Einleitung

Einschneidende Rationalisierungs- und Konzentrationsprozesse im Einzelhandels- und Dienstleistungssektor waren in den letzten Jahrzehnten entscheidende Rahmenbedingungen für die Versorgungslage im ländlichen Raum. Auch wenn die Stabilisierung, teilweise sogar Verbesserung des Angebots in den ländlichen Zentralorten (vgl. *Krogmann & Priebs* 1988) bei einer insgesamt stark zurückgehenden Zahl von Lebensmittelgeschäften, Poststellen und anderen Einrichtungen positive Effekte für Arbeitsmarkt und Versorgungslage der ländlichen Räume bewirkt hat, darf nicht übersehen werden, daß sich dieser Prozeß zu Lasten der Versorgungsdichte „in der Fläche" vollzogen hat. Das hier im Mittelpunkt stehende Problem ist also die funktionale Erosion der Dörfer ohne zentralörtlichen Status, die besonders deswegen als bedenklich einzustufen ist, weil

– für immobile Bevölkerungsgruppen in peripheren, nur unzureichend vom ÖPNV bedienten ländlichen Räumen die Möglichkeit zur Versorgung ohne fremde Hilfe nicht mehr gewährleistet ist und
– für die Erwerbsbevölkerung der Zwang zur Mobilität (Auspendeln) oder gar zur Abwanderung erhöht wird, weil Arbeitsplätze nur noch in den zentralen Orten vorhanden sind.

Eine interessante Alternative zur räumlichen Konzentration von Angebotsstandorten in den zentralen Orten stellt eine gezielte Integration von Waren- und Dienstleistungsangeboten an dezentralen Standorten, vorrangig an Standorten des ländlichen Lebensmittel-Einzelhandels, dar. Damit kann sowohl das Spektrum der in einem Dorf verfügbaren Angebote insgesamt als auch die wirtschaftliche Grundlage des für die Funktionserweiterung vorgesehenen Geschäftes verbreitert werden. Letzteres erfolgt sowohl über direkte Einkommenseffekte (Vergütung für die zusätzlich angebotenen Dienstleistungen) als auch über sekundäre Effekte (Umsatzerhöhung durch Attraktivitätssteigerung und erhöhte örtliche Kaufkraftbindung). In diesem Sinne werden die folgenden Betrachtungen nicht nur unter dem Versorgungsaspekt, sondern insbesondere unter dem Aspekt der Existenzsicherung für dörfliche Arbeitsplätze angestellt. Auch wenn es sicherlich eine vereinfachte Rechnung ist, so sollte doch die Sicherung eines einzelnen Arbeitsplatzes in einem 500-Seelen-Ort die gleichen Anstrengungen wert sein wie die Sicherung von 100 Arbeitsplätzen in einer Stadt mit 50.000 Einwohnern. Zudem ist jeder erhaltene oder gar neugeschaffene Arbeitsplatz im Dorf ein Gegengewicht zu dem Trend, wonach das Dorf zunehmend zum „Teilzeitwohnsitz" für Tagespendler, Wochenpendler und Zweithausbesitzer wird.

2. Nachbarschaftsläden

2.1 Problemaufriß und Rahmenbedingungen

Nachdem zum Beispiel in Dänemark schon Mitte der 80er Jahre die Aufwertung dörflicher Lebensmittelgeschäfte durch Zusatzfunktionen intensive staatliche Unterstützung erhalten hatte, wurde dieser Ansatz einer „Rettungsaktion für den letzten Kaufmann im Dorf" verstärkt auch in die deutsche Diskussion eingebracht (z.B. *Priebs* 1985). Dabei setzte sich immer mehr die Erkenntnis durch, daß das örtliche Lebensmittelgeschäft neben der Versorgungsaufgabe auch eine zentrale soziale Funktion für die örtliche Gemeinschaft wahrnimmt. In diesem Zusammenhang wurde der Begriff „Nachbarschaftsladen" geprägt, dessen „Philosophie" – in Anlehnung an den dänischen Ansatz – darin liegt, noch vorhandene, in Einzelfällen auch wiederzueröffnende dörfliche Lebensmittelgeschäfte durch Anlagerung weiterer Funktionen zum integrierten Versorgungs- und Dienstleistungsstützpunkt auszubauen. Zur Akzeptanz dieses Ansatzes trug sicherlich bei, daß etwa die Posthalterei oder die Zahlstelle von Genossenschaftsbanken und Sparkassen im Kaufmannsladen in vielen Gegenden auf eine lange Tradition zurückblicken kann.

In der Diskussion um die Verbesserung der dörflichen Handels- und Dienstleistungslage wurde schnell die Verbindung zur Dorferneuerung gefunden, die ihrerseits wegen ihrer zu wenig auf strukturverbessernde und zu stark auf „kosmetische" Maßnahmen konzentrierten Ansatzes in die Kritik geraten war. Mehrere Bundesländer bezogen die Sicherung der Versorgungsstrukturen in die Überarbeitung ihrer Dorferneuerungsrichtlinien ein, wobei dem Land Hessen allgemein eine Vorreiterrolle attestiert wird. In Hessen wurden in den letzten Jahren auch neue Formen der selbstorganisierten Grundversorgung entwickelt; besonders erwähnenswert ist der „Nachbarschaftsladen Hutten" in einem Ortsteil der Stadt Schlüchtern (vgl. JÄGER 1991). Aber auch andere Länder suchten nach neuen Ansätzen, so etwa das Land Schleswig-Holstein, das die Übertragbarkeit des dänischen Ansatzes auf Dorferneuerungsgemeinden in Schleswig-Holstein wissenschaftlich durch die Universität Kiel untersuchen ließ. Aus dieser Untersuchung ist das Modellprojekt Bimöhlen hervorgegangen, das in Abschnitt 4 näher vorgestellt werden soll.

2.2 Konzept „Nachbarschaftsladen 2000" auf Bundesebene

Der Ansatz des integrierten Einzelhandels- und Versorgungsstützpunktes rückte Ende der 80er Jahre, begünstigt durch die „Europäische Kampagne für den ländlichen Raum" (1988) und später verstärkt durch die in den ländlichen Räumen der ehemaligen DDR drohenden Erosionsprozesse, auch auf Bundesebene in das politische Bewußtsein. Im Jahre 1990 nahm das Bundesministerium für Raumordnung, Bauwesen und Städtebau die Herausforderung der Sicherung einer ländlichen Grundversorgung auch als gesamtstaatliche Aufgabe an und initiierte
(im Rahmen des Experimentellen Wohnungs- und Städtebaus – ExWoSt) gemeinsam mit der Bundesforschungsanstalt für Landeskunde und Raumordnung im Forschungsfeld „Städtebauliche Erneuerung" den Themenschwerpunkt „Nachbarschaftsladen 2000". Damit soll eine Betriebsform des ländlichen Einzelhandels gefunden werden, die wirtschaftlich hinreichend tragfähig ist und nicht der permanenten öffentlichen Subventionierung bedarf. Im Rahmen des vom Bund finanzierten ExWoSt-Forschungsvorhabens soll anhand ausgewählter Beispielfälle erprobt werden, ob bzw. unter welchen Voraussetzungen die in das Konzept des Nachbarschaftsladens gesetzten Erwartungen realisierbar sind.

Nach zwei Ausschreibungsrunden wurden zwölf Gemeinden gefunden, die in das Forschungsvorhaben aufgenommen wurden. Berücksichtigt sind Ortschaften unterschiedlicher Größenordnung (zwischen 120 und 1.000 Einwohnern), davon vier in den alten und acht in den neuen Bundesländern. Die Lebensmittelgeschäfte werden in zwei Fällen (darunter der oben erwähnte Nachbarschaftsladen in Hutten) durch Bürgerinitiativen als „Gesellschaft bürgerlichen Rechts" (GbR), in den anderen Fällen durch private Inhaber betrieben. Als Zusatzfunktionen wurden für den Modellversuch Postdienste, Lotto-Toto-Annahme, Bankdienste, kommunale Dienstleistungen, Agentur für Versandhandel sowie weitere Dienstleistungen (z.B. Annahmestelle für Wäschereien, Fotolabors etc.). Untersucht wurde auch die Möglichkeit, einfache Teleservice-Funktionen zu übertragen. Als Schwerpunkte der Funktionserweiterung haben sich jedoch Postdienst, Lotto-Toto-Annahmestelle sowie Versandhaus-Agentur herauskristallisiert.

Die Integration von Dienstleistungen wurde Ende 1992 begonnen und Ende 1993 im wesentlichen abgeschlossen. Eine erste betriebswirtschaftliche Auswertung der Zusatzfunktionen Postagentur, Lotto-Toto-Annahmestelle und Versandhaus-Agentur hat folgende Modellrechnung für eine fiktive 500-Einwohner-Ortschaft ermöglicht:

Tabelle 1: Modellrechnung für eine fiktive 500-Einwohner-Ortschaft

Position	Jahreseinnahmen in DM
Lebensmitteleinzelhandel	30 000
Post	4 140
Lotto	2 400
Quelle	4 800
sonstige Positionen	500
Insgesamt	**41.840**

Legende: Lotto mit 200 DM/Monat Provision angesetzt;
Quelle mit 400 DM/Monat Provision angesetzt
Postvergütung entspricht der Mindestvergütung
sonstige Positionen gleich Annahmedienstleistungen
durchschnittliche Kaufkraftbindung/Einwohner und Jahr 600 DM

Quelle: Bundesforschungsanstalt für Landeskunde und Raumordnung 1993

Diese Modellrechnung zeigt aus der Sicht des Bundes, „daß in einem Nachbarschaftsladen das Betreibereinkommen um 37% höher wäre als in einem normalen Lebensmittelladen ohne Zusatzdienstleistungen. Tatsächlich dürfte der Beitrag der Zusatzdienstleistungen höher sein, da sie auch den Lebensmittelumsatz steigern. – Somit trägt die Integration zusätzlicher Dienstleistungen wesentlich dazu bei, das Betreibereinkommen zu heben und die Wirtschaftlichkeit eines Dorfladens zu verbessern. Diese Aussage gilt zumindest für Gemeinden mit einer Einwohnerzahl ab 500. Die Erkenntnisse bei kleineren Gemeinden sind noch zu wenig tragfähig" (ExWoSt-Informationen zum Forschungsfeld „Städtebauliche Erneuerung" Nr. 5, 1993). Diese vorläufige Auswertung wird Ende 1994 erheblich erweitert werden, weil dann eine umfassende Datenauswertung möglich sein wird.

2.3 Bewertung

Auch wenn es sich bei der Übertragung von Zusatzfunktionen auf ländliche Lebensmittelgeschäfte nicht um eine „Wunderkur" handelt, die alle Probleme des ländlichen Einzelhandels löst, stellt ein gezieltes staatliches und kommunales Engagement für die Sicherung der Grundversorgung einen wichtigen Beitrag zur Erfüllung des raumordnungspolitischen Grundsatzes „Schaffung gleichwertiger Lebensverhältnisse" dar; auch hierzu werden detaillierte Ergebnisse aus der ExWoSt-Begleitforschung erwartet. Bezüglich der Sicherung dörflicher Arbeitsplätze zeigen die ersten Auswertungen der Modellversuche, daß sich die Aufwertung von dörflichen Lebensmittelgeschäften durch gezielte Übertragung eines „Dienstleistungsbündels" positiv auf deren Betriebsergebnisse auswirkt. Dadurch können die Arbeitsplätze zumindest der Inhaber gesichert werden; möglicherweise können auch Ausbildungsplätze zur Verfügung gestellt werden.
Mit der Einschränkung, daß nicht in jedem Geschäft gleichermaßen günstige personelle und räumliche Voraussetzungen für die Etablierung von Zusatzfunktionen gegeben sind und daß auch diese nur ein vergleichsweise bescheidenes Einkommen der Ladeninhaber ermöglichen, ist somit die Konzeption des „Nachbarschaftsladens" ein richtungsweisendes und mit Nachdruck zu empfehlendes Instrument nicht nur der Sicherung der dörflichen Lebensqualität, sondern auch dezentraler Beschäftigungsmöglichkeiten.

3. Postagenturen

3.1 Problemaufriß und Rahmenbedingungen

Insbesondere in den 70er Jahren hatte die Deutsche Bundespost – zum Teil auch als Folge der kommunalen Gebietsreform – zahlreiche schwach frequentierte ländliche Poststellen geschlossen. Die öffentliche Kritik an diesem Vorgehen führte zu einer Aufforderung des Deutschen Bundestages an die Bundesregierung, ein Konzept für die Postversorgung auf dem Lande vorzulegen, in dem u.a. auch die Kriterien für die Einrichtung oder Aufhebung von Amtsstellen genannt werden sollten. Dieses Konzept wurde 1981 vom Bundesminister für das Post- und Fernmeldewesen vorgelegt, trat im folgenden Jahr in Kraft und ist auch heute noch gültig.
Für die Organisationsstruktur der postalischen Amtsstellen legt das Konzept fest, daß Landzusteller für die Annahme dann eingesetzt werden, wenn die Annahmegeschäfte nicht mehr als 10 v.H. der Wochenarbeitszeit der Zusteller beanspruchen. Wird dieser Anteil überschritten, können fahrbare Postschalter eingesetzt werden. Ab einer Wochenarbeitszeit von 6 Stunden werden ortsfeste Amtsstellen fakultativ, ab 10 Stunden obligatorisch eingerichtet bzw. erhalten. Bei den ortsfesten Amtsstellen wird (in hierarchischer Abfolge) differenziert zwischen den Postämtern (mit und ohne Verwaltungsdienst), den Poststellen I, den Poststellen II sowie den Posthilfsstellen. Bei den Poststellen wird außerdem unterschieden, ob von dort aus ein Zustelldienst erfolgt oder nicht (vgl. *Hesse* 1982).
Die typische Organisationsform für kleine ländliche Gemeinden, in denen sich noch eine ortsfeste Amtsstelle befindet, ist die Poststelle II ohne Zustelldienst. Die Poststelle II wird in der Regel im

Nebenerwerb betrieben; vielerorts auch in Kombination mit einem Lebensmittelgeschäft oder einer Gaststätte. Bei einer Arbeitszeit von 12 Wochenstunden setzt die oben genannte Untersuchung der Universität Kiel zur Sicherung der Grundversorgung im Rahmen der Dorferneuerung (*Bähr & Priebs* 1989) entsprechend den Regeln des BAT für einen 33jährigen, ledigen Postangestellten eine Vergütung von ca. 700 DM monatlich an; dieser Ansatz ist entsprechend dem Lebensalter und dem Familienstand des oder der Angestellten zu erhöhen. Für die Post als Betreiberin stellt sich bei diesen Poststellen das Problem, daß deren Auslastung – bei fixer Vergütung – sehr unterschiedlich ist; verschiedentlich hat der Bundesrechnungshof die mangelnde Wirtschaftlichkeit der Postversorgung im ländlichen Raum gerügt. Für die Postkunden wiederum sind derartige nebenamtliche Poststellen trotzdem eine nur bedingt befriedigende Lösung, weil deren Öffnungszeiten sehr gering sind (Regel: 2 Stunden werktäglich) und sehr starr gehandhabt werden. Bedauert wird in dem Kieler Gutachten auch, daß die oben erwähnten „Posthilfsstellen", die nur noch an wenigen Extremstandorten (z.B. auf den nordfriesischen Halligen) zu finden sind, nach dem damaligen Bekunden der Post nicht mehr neu eingerichtet werden sollten.

Bei ausländischen Postverwaltungen wurde schon vor längerer Zeit verstärkt auf nicht mit posteigenem Personal betriebene Agenturen gesetzt; in Großbritannien wurden 1992 sogar 95% aller Postfilialen als Agenturen betrieben. Auch in anderen europäischen Ländern haben Agenturen bereits einen relativ hohen Anteil an den Filialen, so in den Niederlanden (57%) und in Dänemark (24%). In diesen beiden Ländern soll der Anteil bis zum Jahr 2000 auf 70% bzw. 65% erhöht werden (Pressemitteilung der Generaldirektion Postdienst vom 24.5.1993). In Dänemark war die Post von Anfang an in das oben erwähnte „Rettungsprogramm für den letzten Kaufmann im Dorf" einbezogen, wobei die Vergütung durch die Post (nach *Planstyrelsen* 1989, 11) mit 8.000-15.000 Dänischen Kronen jährlich (entspricht ca. 175-330 DM monatlich) deutlich niedriger als die Vergütung in Anlehnung an den BAT bei deutschen Poststellen liegt. Dabei sind die Schalteröffnungszeiten wesentlich länger als bei den deutschen Poststellen, da Postdienste fast in der gesamten Ladenöffnungszeit angeboten werden.

Bei der Überprüfung der Übertragbarkeit des dänischen „Rettungsprogramms für den letzten Kaufmann im Dorf" durch die Universität Kiel wurden auch intensive Verhandlungen mit der Deutschen Bundespost geführt. Konkret wurde die Post, nachdem drei potentielle Modellgemeinden ausgewählt worden waren, darum gebeten, die Möglichkeiten zur Einrichtung von Poststellen in den jeweiligen örtlichen Lebensmittelgeschäften zu prüfen. Im Ergebnis sah sich die Post – trotz grundsätzlicher Kooperationsbereitschaft – in keinem der Orte in der Lage, eine Poststelle II in das Lebensmittelgeschäft zu integrieren, weil das von ihr berechnete Kundenaufkommen zu gering war und die starren Berechnungsgrundlagen keinen Spielraum zuließen (*Bähr & Priebs* 1989).

Auch nach offizieller Auswahl der unten näher beschriebenen Gemeinde Bimöhlen für das Modellprojekt „Sicherung der Grundversorgung im Rahmen der Dorferneuerung" im Jahre 1989 und trotz starken Interesses seitens des Kaufmanns blieb die Post bei ihrer ablehnenden Haltung. Neben dem Rentabilitätsargument wurde als flankierendes Argument für die Ablehnung auch die seit Jahresanfang 1990 in das Geschäft integrierte Zahlstelle der Raiffeisenbank genannt; die Post sah hierin eine unvereinbare Konkurrenz mit ihren eigenen Bankdienstleistungen. Erst nach der Aufteilung der Bundespost in drei Unternehmensbereiche erklärte sich der Unternehmensbereich *Postdienst* bereit, zum 1. Oktober 1992 nach einem neuen Organisationsmodell in Bimöhlen die bundesweit erste Postagentur zu eröffnen. Dieses Konzept wird nachfolgend näher erläutert.

3.2 Das Konzept „Postagentur"

Die auf der Grundlage eines 1991 vorgelegten Gutachtens des Unternehmensberaters McKinsey angestellten Überlegungen der Generaldirektion Postdienst zur deutlichen Straffung ihres rund 22.000 Postämter, Poststellen und fahrbare

Postschalter umfassenden Filialnetzes sorgte für erhebliche Unruhe in der Öffentlichkeit. Die Generaldirektion Postdienst ging daraufhin in die Offensive und kündigte, gestützt auf erste positiven Erfahrungen aus Bimöhlen sowie anderen Orten in Schleswig-Holstein und Rheinland-Pfalz, in einer Pressemitteilung vom 26.3.1993 einen Betriebsversuch mit bundesweit mehreren hundert Postagenturen an, um „das postalische Angebot auf dem Land kostendeckender zu gestalten und durch längere Öffnungszeiten sogar noch zu verbessern". Die Post betonte, daß diese Vertriebsform nicht grundsätzlich neu sei, „sondern die versuchsweise Wiederbelebung des schon früher bewährten Konzeptes 'Posthalter'." Als mögliche Kooperationspartner nannte die Presseerklärung Lebensmittelgeschäfte, Schreibwarengeschäfte, Lotto-Toto-Annahmestellen und Tankstellen. Der Betriebsversuch, der seit Mitte 1993 mit ca. 500 Postagenturen durchgeführt wird, soll sich über mindestens ein Jahr erstrecken, während dessen auch Kundenbefragungen durchgeführt werden. Zum Abschluß des Betriebsversuchs im zweiten Halbjahr 1994 erhofft sich die Post genügend Erfahrungen für die Entscheidung, „ob diese Vertriebsform von den Kunden angenommen wurde und endgültig in einem längerfristigen Prozeß sozialverträglich eingeführt werden kann" (Pressemitteilung der Generaldirektion Postdienst vom 25.5.1993).

Eine wesentliche Voraussetzung für die zumindest versuchsweise Einführung des Konzeptes „Postagentur" war die geänderte Rechtsform der Beziehung zwischen Postkunde und Postdienst. Nach Umstellung der Kundenbeziehungen auf Privatrecht (Allgemeine Geschäftsbedingungen) übt die Post am Schalter einer Filiale – von wenigen Ausnahmen abgesehen – keine hoheitlichen Tätigkeiten mehr aus. Mit Ausnahme dieser hoheitlichen Tätigkeiten können also private Agenturnehmer alle Dienstleistungen des Postdienstes übernehmen. Sie sind juristisch Handelsvertreter im Nebenberuf; Vertragspartner des Kunden bleibt – wie auch bei den posteigenen Filialen – der Postdienst (Pressemitteilung der Generaldirektion Postdienst vom 24.5.1993).

Für den Inhaber eines Lebensmittelgeschäftes, das gleichzeitig die Funktion einer Postagentur übernommen hat, ergeben sich sowohl direkte Vorteile durch Vergütungspauschale (mindestens DM 4.140,– p.a.) und Provisionen für einzelne Vorgänge (vgl. Tabelle 2) als auch indirekte Einkommenseffekte durch eine höhere Kundenfrequenz und entsprechend erhöhte Umsätze im traditionellen Sortiment; eine erste Schätzung der Post geht von Umsatzsteigerungen zwischen 10% und 20% („Frequenzbringereffekt") aus. Damit wird ein wichtiger Beitrag für die Einkommenslage der ländlichen Einzelhandelsbetriebe und damit für deren Überlebensfähigkeit geleistet. Für die Kunden ergibt sich neben der Sicherung, teilweise sogar Neueinrichtung von Dienstleistungsstandorten der Post auch eine Verbesserung der Angebotsqualität, da in den Postagenturen sämtliche Postdienstleistungen während der gesamten Ladenöffnungszeiten nachgefragt werden können. Erwähnt werden soll noch die relativ einfache Möglichkeit der räumlichen Integration einer Postagentur in vorhandene Betriebe, da das von der Post entwickelte Grundmodul einer Bedienungstheke eine Standfläche von nur 0,8 qm hat. (Siehe dazu auch Tabelle 2: Vergütung und fixer Anteil, Mindestvergütung 4.140,– DM p.A. auf Seite 141).

Bei dieser positiven Einschätzung des Konzeptes „Postagentur" darf die Kritik vor allem der Deutschen Postgewerkschaft und der kommunalen Spitzenverbände an den neuen Vertriebsstrategien der Generaldirektion Postdienst nicht unerwähnt bleiben. Es liegt auf der Hand, daß die angestrebte Kostenreduzierung der Post im wesentlichen durch Reduzierung der Personalkosten, d.h. durch Stellenabbau beim posteigenen Personal, erreicht werden soll. Dies dürfte auch die wesentliche Begründung für die Bereitschaft der Post sein, mit dem Konzept Postagentur neue Vertriebswege zu erproben. Auf der anderen Seite dürfte ohne Einführung dieser flexibleren und preisgünstigeren Vertriebsformen eine weitere Ausdünnung der von der Post betriebenen Filialen trotz öffentlicher Proteste aus Kostengründen nicht zu verhindern sein. Keinesfalls jedoch darf die Post ihre öffentliche Verpflichtung auf Private abwälzen; sollte zum Beispiel ein Lebensmittelgeschäft trotz integrierter Postagentur schließen, ist es selbstverständlich

Tabelle 2: Vergütung und fixer Anteil, Mindestvergütung 4.140,- DM p. A.

PRODUKTE		VARIABLE VERGÜTUNG*	FIXE VERGÜTUNG*	VERGÜTUNGSBEISPIEL: 15 KUNDEN/TAG (PRO MONAT)	
				MENGE/UMSATZ	VERGÜTUNG
Ausgabe:	Gewöhnliche und nachzuweisende Briefsendungen, Pakete, Teletonbücher (pro Benachrichtigungskarte)	0,50 DM		100	50,-
Annahme:	Eingeschriebene Briefsendungen, Bestellungen von Druckwerken				
Ausgabe:	Nachnahmebriefsendungen, Wertpakete	1,00 DM	TRANSAKTIONEN / VERGÜTUNG** p.a. / p.a. (DM) bis 3.000 / 1.380 3.000 - 9.000 / 2.760 9.000 - 15.000 / 4.140 > 15.000 / 5.520	170	170,-
Annahme:	Pakete Inland, Wertbriefe				
Postbank:	Einzahlungen ZSch/ZK/PAnw Inl., Auszahlungen Giro, Auszahlungen ec-Schecks, Einzahlungen Postspk., Gutschriften/ Zinsanweisungen				
Ausgabe:	Nachnahmepakete	2,00 DM		25	50,-
Annahme:	Pakete Ausland, Wertpakete (Inland), Telegramme				
Postbank:	Auszahlungen Postspk.	3,00 DM		0	--
Annahme:	Infopost				
			Summe Transaktionen	295	
Briefmarken		4%	Provision	2.100,- DM	84,- DM
Telefonkarten		3%		100,- DM	3,- DM
Pack-Sets		20%		15,- DM	3,- DM
				Variable Vergütung	360,- DM
			Mindestvergütung 4.140 DM (300 DM pro Monat plus MWST)	Fixe Vergütung (2.760,- : 12)	230,- DM
				Vergütung im Monat	590,- DM***

* Inklusive MWST, 15 % z.Zt., wird nicht extra ausgewiesen
** 100, 200, 300, 400 DM pro Monat plus MWST
*** Falls Betrag < 4.140,- DM : 12 beträgt die Vergütung 345,- DM

Quelle: Generaldirektion Postdienst 1993

Aufgabe der Post, in eigener Regie oder über einen anderen Agenten die Aufrechterhaltung der postalischen Dienstleistungen sicherzustellen. Insgesamt ist das Konzept Postagentur mithin primär als Auffangstrategie zu sehen, die zwar keine Stellen im Postdienst selber sichert, dafür aber die Existenzmöglichkeiten der selbst meist in schwierigen Ertragslagen operierenden Agenturnehmer im ländlichen Raum verbessert.

3.3 Zusätzliche Dienstleistungen in Poststellen

Während das Konzept der Postagentur den Ansatz verfolgt, Postdienstleistungen an bereits vorhandene Institutionen „anzulagern", wurden in den letzten Jahren verstärkt auch Bemühungen unternommen, die Rentabilität von Postämtern und Poststellen durch die Übernahme weiterer Dienstleistungen im Auftrag anderer Behörden bzw. Institutionen zu steigern. Besonders interessant ist in diesem Zusammenhang die Zusammenarbeit zwischen Post und Kommunalverwaltung, weil als Folge der Gebietsreformen der 60er und 70er in den neuen Großgemeinden die Verwaltung am Hauptort zentralisiert wurde und sich die Wege zum Rathaus für die Bevölkerung eingemeindeter Dörfer teilweise extrem verlängert haben.

Im Jahr 1988 haben die Gemeinde Drochtersen (Lkrs. Stade) und die Deutsche Bundespost ein Pilotprojekt „Verlagerung einfacher kommunaler Dienstleistungen auf die Poststellen" gestartet. Mit dem Pilotprojekt sollten den Bürgern weite und zeitaufwendige Wege zur Gemeindeverwaltung erspart, die Auslastung der Poststellen verbessert und deren Bestand langfristig gesichert werden. In den Poststellen in der aus mehreren Ortsteilen bestehenden Gemeinde Drochtersen werden seitdem bestimmte Anträge an die Gemeinde (mit den erforderlichen Unterlagen) entgegengenommen sowie Formblätter, neue Personalausweise, neue bzw. verlängerte Reisepässe und Müllplaketten ausgegeben. Die Aktion in Drochtersen wurde allseits positiv bewertet; auch die Deutsche Postgewerkschaft schließt sich dieser Zustimmung an und bringt in ihrem Beitrag zum Abschlußbericht der Gemeinde Drochtersen und des Postamtes Stade das Ergebnis auf den Punkt: „Leistungsverbund statt Leistungsabbau – dies ist die Lehre aus Drochtersen, die auch in anderen Gemeinden Beachtung finden sollte!" Inzwischen sind ähnliche Projekte wie in Drochtersen auch in anderen Teilen der Bundesrepublik gestartet worden und nach KNYRIM (1990, 88) steht die Bundespost der weiteren Entwicklung dieser Kooperationsformen positiv gegenüber. Dies wird in einer Pressemitteilung der Generaldirektion Postdienst vom 5.3.1993 bestätigt, wo auf weitere „postfremde" Produkte und Dienstleistungen an Postschaltern hingewiesen wird, nämlich Fahrkarten der Bundesbahn und regionaler Verkehrsverbünde, deutsche und ausländische Telefonkarten, Schweizer Autobahn-Vignetten und Rubbellose.

3.4 Bewertung

Unter dem Aspekt der Sicherung außerlandwirtschaftlicher Arbeitsstätten im ländlichen Raum wäre es sicherlich am besten, wenn gerade öffentliche Arbeitsplätze, die ja gemeinhin als krisenfest gelten, in den ländlichen Räumen erhalten werden könnten. Die Entwicklung der letzten Jahre hat jedoch gezeigt, daß der flächendeckende Erhalt nicht rentabel zu erbringender öffentlicher Dienstleistungen angesichts der Finanzknappheit der öffentlichen Hände nur noch schwer zu rechtfertigen ist.

Als zukunftsträchtig muß deswegen der Ansatz beurteilt werden, die Rentabilität von öffentlichen Dienstleistungseinrichtungen durch Mehrfachnutzungen zu verbessern. Wo auch dies nicht zu den erwünschten Erfolgen führt oder wo keine ortsfesten öffentlichen Einrichtungen mehr vorhanden sind, stellt die Übertragung von Postdienstleistungen an private Agenturnehmer eine flexible und begrüßenswerte Auffangstrategie dar, die sowohl die Überlebenschancen privater Handels- und Dienstleistungseinrichtungen erhöht (und damit Arbeitsplätze in diesen Betrieben sichert) als auch den Erhalt einer Mindestversorgung in ländlichen Orten ermöglicht.

4. Modellprojekt Bimöhlen in Schleswig-Holstein

Die ca. 680 Einwohner zählende Gemeinde Bimöhlen im Kreis Segeberg war dem Land Schleswig-Holstein im Gutachten der Universität Kiel (*Bähr & Priebs* 1989) für die Durchführung eines Modellvorhabens „Sicherung der Grundversorgung im Rahmen der Dorferneuerung" empfohlen worden. Zur Realisierung des Modellvorhabens mußten sowohl bauliche Veränderungen vorgenommen werden als auch Partner für die Einrichtung zusätzlicher, ansonsten im Dorf nicht vorhandener Dienstleistungen gefunden werden.

Die Umbaumaßnahmen wurden zwischen September und Dezember 1991 durchgeführt; während dieser Zeit mußte das Geschäft lediglich an drei Tagen geschlossen werden. Die Umbaumaßnahmen führten durch Einbeziehung von Lagerräumen zu einer Vergrößerung der Verkaufsfläche von 51 auf 145 qm; außerdem wurde der Eingang zum Dorfplatz hin verlegt und eine zeitgemäße Ladeneinrichtung installiert. Die Gesamtkosten der Umbaumaßnahmen beliefen sich auf DM 300.000, wovon die Hälfte durch den Ladeninhaber aufgebracht werden mußte. Das Land beteiligte sich mit DM 100.000, Kreis und Gemeinde mit jeweils DM 25.000. Flankierende Maßnahmen im Bereich des Dorfplatzes wurden aus allgemeinen Dorferneuerungsmitteln finanziert.

Bei den Zusatzfunktionen konnten die Verhandlungen überwiegend positiv abgeschlossen werden. Bereits vor Beginn der Umbaumaßnahmen konnte zum Jahresbeginn 1990 eine Zahlstelle der Raiffeisenbank im Geschäft eingerichtet werden. Mit der Nordwest-Lotto-Zentrale wurde ebenfalls relativ kurzfristig ein Vertrag geschlossen, der jedoch erst im Dezember 1991, d.h. nach dem erfolgten Ausbau, in Kraft trat. Die Verhandlungen mit der Bundespost verliefen anfangs erfolglos; um ihren Kunden jedoch zumindest ein Minimalangebot bieten zu können, verkauften die Ladeninhaber vorerst Briefmarken auf eigene Rechnung. Während der Realisierung des Modellvorhabens änderte sich jedoch die Haltung der Post. Nach der Aufteilung der Bundespost in drei Unternehmensbereiche erklärte sich die Sparte *Postdienst* bereit, zum 1. Oktober 1992 die bundesweit erste Postagentur nach dem oben dargestellten Organisationsmodell in Bimöhlen zu eröffnen.

Das Lebensmittelgeschäft in Bimöhlen hat durch die Umgestaltung und Funktionserweiterung den Charakter eines dörflichen Handels- und Dienstleistungszentrums angenommen, das sich eines regen Zuspruchs der örtlichen Bevölkerung erfreut. Die ersten Analysen zeigen, daß die Kaufkraftbindung deutlich erhöht und damit die wirtschaftliche Basis des Betriebes verbreitert werden konnte; genauere Ergebnisse werden von der begleitenden Untersuchung der Betriebswirtschaftlichen Beratungsstelle des Einzelhandels (BBE) erwartet. In diesem Zusammenhang muß freilich deutlich darauf hingewiesen werden, daß die Aufwertung des Betriebes nur möglich war, weil die Inhaber sowohl erforderliche Flexibilität und Risikobereitschaft (Eigenkapital) mitbrachten als auch von ihren persönlichen Voraussetzungen her die Rolle als Betreiber des „Ortszentrums" ausfüllen konnten.

5. Ausblick

Es wurde dargestellt, daß durch Nachbarschaftsläden sowie durch (teilweise in diese integrierte) Postagenturen in der Regel keine neuen Arbeitsplätze geschaffen werden, daß jedoch – neben der Sicherung der Grundversorgung der Dorfbewohner/innen – damit durchaus einzelne Arbeitsplätze gesichert werden können. Bei dem anhaltenden Trend zum „Dorf der Teilzeitbewohner" darf diese Auffangstrategie nicht unterschätzt werden. Es wird jedoch zukünftig verstärkt darauf ankommen, derartige Auffangstrategien gezielt zu begleiten und zu moderieren. Bei der Aktion in Dänemark hatte sich die Landesplanung dieser Aufgabe mit großem Erfolg angenommen. Hervorzuheben ist, daß das Konzept in Dänemark genau in diesem Sinne auf Beratung und Moderation aufbaute und keine Fördermittel vergeben wurden. Aus der Sicht des Verfassers wäre es eine lohnende Aufgabe der Regionalplanung in den ländlichen Räumen, diese Moderation und Beratung zu übernehmen.

Literaturhinweise

Bähr, J., Priebs, A. (1989): Sicherung der Grundversorgung im Rahmen der Dorferneuerung. 2. Bericht, vorgelegt im Auftrag der Schleswig-Holsteinischen Landgesellschaft mbH. (Hrsg.: Geographisches Institut der Universität Kiel).

Bähr, J., Kühl, D., Priebs, A. (1991): Verbesserung der Grundversorgung ländlicher Gemeinden Schleswig-Holsteins im Rahmen der Dorferneuerung – Möglichkeiten und Grenzen. In: Kieler Geographische Schriften, Bd. 80, S. 1-19, Kiel.

Bundesforschungsanstalt für Landeskunde und Raumordnung (Hrsg., 1993): ExWoSt-Informationen zum Forschungsfeld „Städtebauliche Erneuerung" Nr. 4 und 5.

Bundesminister für Raumordnung, Bauwesen und Städtebau (Hrsg., 1990): Nachbarschaftsladen 2000 und Tele-Servicecenter für den ländlichen Raum – Grundlagenstudie (Bearbeitet von HLT Gesellschaft für Forschung Planung Entwicklung GmbH, Wiesbaden). Schriftenreihe Forschung 476, Bonn-Bad Godesberg.

Gemeinde Drochtersen, Postamt Stade (Hrsg., 1989): Abschlußbericht zu dem Pilotprojekt „Verlagerung einfacher kommunaler Dienstleistungen auf die Poststellen" in der Gemeinde Drochtersen.

Hesse, W. (1982): Neues Konzept zur Postversorgung auf dem Lande. – In: Der Landkreis, S. 282-284.

Jäger, H. (1991):Nachbarschaftsladen Hutten. (Herausgeber: Stadt Schlüchtern)

Knyrim, G. (1989): Das postalische Amtsstellennetz. – In: Postpraxis 40, S. 188-191.

Kbyrim, G. (1990): Vermittlung kommunaler Dienstleistungen in Postanstalten oder: Die Post und der „Rückzug aus der Fläche". – In: Postpraxis 41, S. 85-88.

Krogmann, E., Priebs, A. (1988): Die Veränderung der Standortstruktur des Lebensmitteleinzelhandels im Nahbereich Wesselburen, Kreis Dithmarschen. In: Berichte zur deutschen Landeskunde 62, S. 27-49

Planstyrelsen (Hrsg., 1989): Nye veje for landsbybutikken (Rapport Nr. 5), Kopenhagen.

Priebs, A. (1985): Nahversorgung im Dorf – ein Stück Lebensqualität. In: Gewerbe-Report Nr. 21, S. 10-11.

Priebs, A. (1988): Haushaltsnahe Grundversorgung der Bevölkerung. – In: Stand und Perspektiven der Forschungen über den ländlichen Raum. Bundesminister für Raumordnung, Bauwesen und Städtebau (Hrsg.): Schriftenreihe Forschung 464, Bonn-Bad Godesberg.

Priebs, A. (1990): Dorfbezogene Politik und Planung in Dänemark unter sich wandelnden gesellschaftlichen Rahmenbedingungen. – Kieler Geographische Schriften 75, Kiel.

Priebs, A., Bähr, J. (1990): Integrierte Versorgungsstützpunkte – Ein zukunftsweisender Ansatz in der Dorferneuerung? In: Raumforschung und Raumordnung 48, S. 332-334.

Außerlandwirtschaftliche Arbeitsplätze im ländlichen Raum

„Resolution von Bleiwäsche 1994"
(9. Essener Dorfsymposium des Arbeitskreises Dorfentwicklung „Bleiwäscher Kreis" – 9.-10. Mai 1994 in Bleiwäsche, Kreis Paderborn)

Seit 1979 beschäftigt sich der „Bleiwäscher Kreis" mit aktuellen Problemen ländlicher Räume in Mitteleuropa. Im „Bleiwäscher Kreis" kommen Wissenschaftler, Planer und Politiker zu regelmäßigen interdisziplinären Tagungen zusammen. Das 9. Dorfsymposium beschäftigte sich mit Strategien zur Schaffung außerlandwirtschaftlicher Arbeitsplätze im ländlichen Raum. Die Tagungsteilnehmerinnen und -teilnehmer faßten ihre zweitägigen Diskussionen und Vorträge in der folgenden Resolution zusammen:

1. Probleme
Die Marktbeziehungen des Weltwirtschaftssystems reichen in jeden Winkel der ländlichen Räume in Deutschland. Eigenständige Regionalentwicklungen werden dadurch erschwert. Gemessen an der Vielfalt im 19. und in der ersten Hälfte des 20. Jahrhunderts sind die Erwerbsmöglichkeiten in ländlichen Räumen drastisch reduziert. Insbesondere kann heute der durch die römischen Verträge von 1957 veranlaßte Abbau landwirtschaftlicher Arbeitsplätze nicht mehr ausgeglichen werden. Peripheren ländlichen Räumen drohen weiterhin Abwanderung und Funktionsverlust mit allen negativen Folgen für Lebens- und Kulturvielfalt. Dies widerspricht dem Grundsatz der Raumordnungspolitik, gleichwertige Lebensbedingungen in allen Teilräumen des Staates zu schaffen.

2. Strategien
Der ländliche Raum bedarf aufgrund seiner Differenziertheit unterschiedlicher Strategien zur wirtschaftlichen Neubelebung. Gebiete mit traditionell klein- und mittelständischen Betrieben, guter beruflicher Qualifikation der Bevölkerung und vielfältigen Infrastrukturen zeigen sich selbst in Zeiten schneller Veränderung als wirtschaftlich stabil und innovativ (Beispiel Hochsauerlandkreis). In peripherent kreativen Modellförderungsprogrammen neue lokale und regionale Strategien zu erproben. Diese müssen unter entscheidender Beteiligung der Region entwickelt werden, da sie nur mit den Menschen und für die Menschen durchzusetzen sind. Von den Zentren können Anregungen und müssen die ersten Finanzhilfen kommen. Planung sollte Moderation sein und Kommunikation stiften. Auf diese Weise konnten jüngst z. B. in den neuen Bundesländern kulturelle und soziale Einrichtungen fallweise auf dem Lande gehalten und zu Mittelpunkten neuer Erwerbsmöglichkeiten entwickelt werden.

3. Regionale und lokale Modelle
Kommunale Wirtschaftsförderung ist in Deutschland flächendeckend verbreitet und häufig durch Ausweisung von Gewerbegebieten gekennzeichnet. In jüngster Zeit sind punkthaft neue Modellprojekte zur Schaffung und Sicherung außerlandwirtschaftlicher Arbeitsplätze im ländlichen Raum entwickelt und z. T. bereits erfolgversprechend erprobt worden. Es handelt sich dabei sowohl um staatliche als auch um private Initiativen, häufig in gemischten Förderungen und Trägerschaften. Anregungen zur Neuschaffung von Arbeitsplätzen kommen vielfach aus dem Ausland. Die Akzeptanz für innovative Projekte scheint derzeit am höchsten in den neuen Bundesländern zu sein. Modelle sind wegen der regionalen und lokalen Eigenarten nicht einfach übertragbar, können aber Anregungen stiften. Beispiele:

- Jobbörsen für Misch- und Mehrfachbeschäftigungen
- Innerörtliche kommunale Gewerbeförderung
- Existenzgründungen
- Arbeitskräftequalifikation durch regionale Großprojekte
- Informations- und Kommunikationszentren
- Kleine Einrichtungen gemischter Waren- und Dienstleistungsangebote, z. B. Nachbarschaftsläden
- Dezentrale Energieversorgung unter Nutzung von erneuerbaren Energiequellen (Biomasse, Wind, Sonne usw.)
- Direktvermarktung von Handwerks- und Landwirtschaftsartikeln in Verknüpfung mit Tourismus
- Ganzheitliche, d. h. auch eine den sanften Tourismus integrierende, Dorferneuerung und ökologische Flurbereinigung

4. Konsequenzen

- Die Kenntnisse über die Vielfalt der Möglichkeiten von Arbeitsplatzsicherung und -schaffung in ländlichen Räumen sind zumeist gering. Informationssysteme hierüber sind aufzubauen.
- Es muß ein Ordnungsrahmen geschaffen werden, damit der Ertrag regionaler Investitionen der Region selber zu Gute kommt.
- Eine sektorale Verwaltung bzw. sektorale Förderungsinstitutionen sind der Lösung von Querschnittsaufgaben in der Regel nicht gewachsen. Es bedarf daher dringend regionaler Koordinierungsinstanzen und einer Änderung der bisherigen Fördermodalitäten, damit eine regionale Vernetzung der Aktivitäten ebenso möglich wird wie eine lokale Kombination der Förderungsmittel.
- Mehrfachbeschäftigungen und Anreizqualifikationen über den „zweiten Arbeitsmarkt" können helfen, Lebens- und Funktionsvielfalt in ländlichen Räumen zu erhalten und zu fördern. Hierfür sind sozial verträgliche Flexibilisierungen der Rahmenordnungen für Beschäftigungsverhältnisse und für die Arbeitsförderung notwendig.

Unterzeichner: (*= Referenten)

Pastor Georg Austen, Paderborn
Dr. Reinhold Bange, Schmallenberg
Dr. Heinrich Becker, Bonn
Dipl.-Ing.-Architekt Hubertus Braun, Münster
Dipl.-Ing. Agr. Michael Busch, Göttingen
Dipl.-Geogr. Rainer Danielzyk, Oldenburg
Dipl.-Geographin Ulrike Drosse, Kassel
Günter Eichenlaub, Magdeburg
Prof. Dr. Siegfried Feldmann, Bernburg
Dr. Christian Fiebig, Stuttgart
Dr.-Ing. Peter Gerlach, Ober-Ramstadt
Ute Gerlach, Frankfurt
* Dr. Doris Habermann, Berlin
* Dr. Werner Hartung, Hannover
Prof. Dr. Carl-Hans Hauptmeyer, Hannover
* Prof. Dr. Gerhard Henkel, Essen
Wilfried Henschel, Zossen
Dr. Gabriele Kaufmann, Wiesbaden
Dipl.-Ing. Erhard Kinder, Dresden
Dr. Ulrich Klingshirn, Augsburg
MSGR Dr. Wilhem Kuhne, Winterberg
* Dr. Friedrich Lenger, Tübingen
Prof. Dr. habil. Max Linke, Weißenfels
* Ernst von Lüneburg, Essenrode
Dipl.-Betriebswirt Rainer Mühlnickel, Götz
Dipl. Kulturwissenschaftler Arnim Niemeyer, Berlin-Buch
Ministerialrat Diethard Osmenda, Mainz
* Dipl.-Geogr. Dr. Axel Priebs, Bremen
* Bürgermeister Karl-Heinz Prinz, Görzke/Brandenburg
Dipl.-Ing. Monika Rech, Aßlar
Dipl.-Ing. Klaus Richter, Potsdam
Karl Schade, Wünnenberg
Dr.-Ing. Christiane Schilling, Bamberg
Dr. KH Schneider, Obernkirchen
Dipl.-Ing. Dietmar Schröder, Radeburg
Hochschuldozent Dr. Heinz Schürmann, Mainz
Prof. Detlev Simons, Stuttgart
Dipl.-Ing. Josef Stegt, Bonn
Josef Störmann-Belting, Würzburg
Dipl.-Ing. (FH) Annett Teichmann, Radeburg
Dr. habil. Siegfried Thieme, Potsdam-Golm
Prof. Dr. Peter Weber, Münster
Prof. Dr.-Ing. Hartmut Wenzel, Weimar
Jan Peter Wiborg M. A., Hagenburg
* Verwaltungsdirektor Baldur Wienke, Meschede
Dr. Peter Wirth, Dresden
* Prof. Dr. E. Zillenbiller, Veringenstadt
* Bürgermeister Hans Otto Zimmermann, Schotten/Hessen

Essen, den 03.08.1994
Gerhard Henkel

Anhang
Übersicht über die bisherigen neun Dorfsymposien des Bleiwäscher Kreises (1977-1994)

Der Bleiwäscher „Arbeitskreis Dorfentwicklung" besteht seit nunmehr 17 Jahren. Er verfolgt das Ziel, anstehende Fragen und Probleme des ländlichen Raumes aufzugreifen und im Diskurs von Wissenschaft und Praxis, von Experten und Dorfbewohnern zu behandeln und gegebenenfalls wissenschaftliche und politische Anregungen abzuleiten. Zu den wesentlichen Tätigkeiten dieses interdisziplinären Arbeitskreises gehörte es, alle zwei Jahre einschlägige Dorfsymposien durchzuführen. Der innere Kern des sehr locker organisierten Arbeitskreises Dorfentwicklung wird gebildet von Kolleginnen und Kollegen der Fachrichtungen Architektur (u. a. Simons, Stuttgart), Geographie (Henkel, Essen; Priebs, Kiel), Geschichte (Hauptmeyer, Hannover), Soziologie (Haindl, Frankfurt). Dazu kommen Planer, Fachexperten und Beamte aus Bundes- und Länderministerien, Kreisen und Kommunen sowie einschlägigen Akademien, Forschungsinstituten, Verbänden und Arbeitsgemeinschaften (z. B. ASG, GEWOS, ECOVAST, Landkreistag).

Die Dorfsymposien in Bleiwäsche bzw. Wilhelmsthal haben stets ein interdisziplinäres und z.T. internationales Referenten- und Teilnehmerfeld an Wissenschaftlern und Praktikern. Durch die Beschränkung auf wenige einführende Vorträge und eine überschaubare Teilnehmerzahl ergeben sich jeweils sehr intensive Arbeitssitzungen mit großen Freiräumen zum Nachdenken und Diskutieren. Außerdem stellt man sich bewußt der Aufgabe, die Tagungsergebnisse in knapper Form zusammenzufassen. Die so entstandenen „Bleiwäscher Resolutionen" wurden in den verschiedenartigsten Fachorganen sowie in Presse und Rundfunk publiziert und damit zu einem bekannten Markenzeichen der bisherigen Arbeit. Insgesamt haben sich die interdisziplinären Dorfsymposien des Arbeitskreises Dorfentwicklung bis heute zu einem anerkannten Forum wissenschaftlicher und gesellschaftspolitischer Bemühungen um den ländlichen Raum entwickelt.

Der Arbeitskreis Dorfentwicklung entstand 1977 im Rahmen des Arbeitskreises für genetische Siedlungsforschung in Mitteleuropa, der sich vor allem aus Geographen, Historikern und Archäologen zusammensetzte. Er sah seine Aufgabe zunächst darin, die Kenntnisse und Methoden der genetischen Siedlungsforschung für die gegenwärtige und zukünftige Dorfentwicklung – in Dorfforschung und Dorfpolitik – nutzbar zu machen. Der rasche Struktur- und Funktionswandel, der in den zurückliegenden Jahrzehnten die Dörfer grundlegend veränderte, hatte zu einem erheblichen Verlust der überkommenen historisch-geographischen Substanzen geführt. Die allmählich einsetzenden ordnenden Maßnahmen der Dorfsanierung, Modernisierung, Dorferneuerung u.ä. blieben zunächst vor allem den ausführenden Institutionen wie Flurbereinigung oder Landesentwicklungsgesellschaften vorbehalten, ohne daß sich diejenigen Wissenschaften, die traditionell über ländliche Siedlungen arbeiteten, mit diesen aktuellen Fragestellungen auseinandersetzten. Auf diese Lücke seitens der Wissenschaft wollte der Arbeitskreis zunächst aufmerksam machen bzw. zum Abbau des Defizits beitragen. Die damals gestellte Aufgabe, die Dorfentwicklung mit den Möglichkeiten der genetischen Siedlungsforschung zu fundieren, ist heute zwar nicht erfüllt, aber doch als solche aufgezeigt und weitgehend akzeptiert. Die inzwischen allgemeingültigen politischen Programme der „erhaltenden Dorferneuerung" sind nicht zuletzt auf die ersten Bleiwäscher Arbeiten und Aktivitäten zurückzuführen. Der Arbeitskreis Dorfentwicklung hat seinen ursprünglichen Ansatz bis heute nicht vernachlässigt, er hat sich jedoch durch seine zunehmend ganzheitlichen Fragestellungen zu einem weiter gespannten interdisziplinären Dorfforum entwickelt.

Die bisherigen inhaltlichen Schwerpunkte des Arbeitskreises Dorfentwicklung lassen sich an den Programmen und publizierten Ergebnissen der Bleiwäscher Dorfsymposien ablesen:

Bleiwäsche 1, vom 28.-30. März 1979
Thema: Die erhaltende Dorferneuerung als Objekt der genetischen Siedlungsforschung
Im wesentlichen ging es darum, die Wissenschaft für die im politischen Raum neu gestellte Aufgabe Dorferneuerung zu interessieren. Darüber hinaus wurden die inhaltlichen und methodischen Möglichkeiten der genetischen Siedlungsforschung für die gegenwärtige und zukünftige Siedlungsentwicklung aufgezeigt. Außerdem wurden die Kriterien der erhaltenden Erneuerung, die eine angemessene Bewahrung der überlieferten Dorfmerkmale bzw. Dorfidentität bei Erneuerungsmaßnahmen beinhaltet, aufgearbeitet. Der genetischen Siedlungsforschung wurden die folgenden Aufgaben gestellt: Wissenschaftliche Analyse, Klassifizierung und Darstellung der historisch-geographischen Substanzen in der heutigen Kulturlandschaft; Erläuterungen der heutigen Funktionen vor dem Hintergrund der früheren Bedeutungen und des funktionalen Wandels; Erforschung der Beziehungen der Dorfbewohner zur historische entstandenen Umwelt; Transparentmachen der wissenschaftlichen Ergebnisse für Dorfbewohner, Politiker und Planer, um deren kritisches historisches Bewußtsein – als Grundlage zur Durchführung einer erhaltenden Dorferneuerung – zu stärken.
Publikation: Berichte zur deutschen Landeskunde, Bd. 53, H. 1, 1979, S. 49 ff.

Bleiwäsche 2, vom 19.-21. März 1980
Thema: Die erhaltende Dorferneuerung zwischen Wissenschaft, Praxis und Denkmalpflege
Diese Tagung galt vor allem dem intensiven Erfahrungsaustausch zwischen Wissenschaft, Verwaltung und Planung über die Ziele und Maßnahmen der Dorferneuerung. In Erweiterung des 1. Bleiwäscher Dorfforums wurde das Konzept einer ganzheitlichen Dorfentwicklung erarbeitet, die nicht nur das äußere Bild, sondern auch das innere Funktionieren eines Dorfes, die Arbeits- und Lebensverhältnisse der Dorfbewohner berücksichtigt. Für Förderungsmaßnahmen im Dorf wurden daher u.a. folgende neue Schwerpunkte gefordert: Erhaltung bzw. Wiedergewinnung der wirtschaftlichen und infrastrukturellen Funktionsvielfalt im Dorf, z. B. Geschäft, Gasthof, Schule, Kindergarten, Post; Erhaltung bzw. Erneuerung räumlicher Kommunikationsbereiche im Dorf wie Straßen, Plätze und Höfe, die als traditionelle Arbeits-, Spiel- und Feierabendräume dienen. Als besonders notwendig erschien es, die zunehmende soziale und demographische Aushöhlung der alten Dorfkerne zu stoppen und vor allem junge Familien für das Leben in den Dorfmitten zu gewinnen. Es wurde festgestellt, daß vielfach ein zu enges Ressortdenken in Wissenschaft und Politik die ganzheitliche Betrachtung und Behandlung des Dorfes verhindert.
Publikation: Berichte zur deutschen Landeskunde, Bd. 54, H. 1, 1980, S. 39 ff.

Bleiwäsche 3, vom 17.-19. März 1982
Thema: Dorfbewohner und Dorfentwicklung
Im Mittelpunkt stand das Bemühen von Wissenschaft, Verwaltung und Politik, dem Dorfbewohner näher zu kommen. Diese Zielsetzung resultierte aus der allgemeinen Erkenntnis, daß in der Vergangenheit bei den meisten Dorfplanungen und auch Dorfforschungen die Vorstellungen der Dorfbewohner ignoriert bzw. zu wenig nachgefragt worden sind. Die bisher geübten Formen der „Bürgerbeteiligung" wurden von Forschern, Planern und Dorfbewohnern als unzureichend beurteilt. Ein grundlegendes Problem liegt darin, daß die wissenschaftlichen Zugänge zum Dorf äußerst schwierige sind. Über die hierzu geeigneten Methoden besteht in der Dorfforschung weder Zufriedenheit noch Konsens. In dem Bemühen, die Vorstellungen der Dorfbewohner besser zu erfahren und stärker zur Geltung zu bringen, sind von Forschern und Planern folgende Grundsätze zu beachten: Dorfforschung und -planung erkennen und akzeptieren die Notwendigkeit einer wirklich lokalspezifischen Dorfentwicklung. Forschung und Planung sind von Beginn an kommunikativ, d.h. als ein beidseitiger Lehr-Lern-Vorgang angelegt. In der Vergangenheit war es vielfach so, daß „Experten" Analysen und Konzepte erarbeitet haben, die erst nach Fertigstellung den Dorfbewohnern vorgestellt und erläutert wurden. Statt dessen sollten die Dorfbewohner bei Planungen von Anfang an zum Mitdenken, Mitsprechen und Mitverantworten

angehalten werden, um die ständigen Gefahren der Fremdbestimmung zu mindern.
Publikation (einschl. der Bleiwäscher „Resolution" 1,2 und 3) Henkel, G. (Hg.): Dorfbewohner und Dorfentwicklung. Essener Geographische Arbeiten, 2, F. Schöningh, Paderborn 1982.

Bleiwäsche 4, vom 21.-22. Mai 1984
Thema: Leitbilder des Dorfes. Neue Perspektiven für den ländlichen Raum
Die gegenwärtigen Leitbilder („gedachte Ordnungen" oder „geistige Formprinzipien") zeigen den wahrscheinlichen Weg in die Zukunft. Die Frage nach der Zukunft des Dorfes bzw. ländlichen Raumes ist damit zugleich eine Frage nach den gegenwärtig dominierenden politischen, wirtschaftlichen, kulturellen und wissenschaftlichen Leitbildern. Das Thema Leitbilder des Dorfes wurde zunächst – über den „Umweg" der Spezialdisziplinen – aus der Sicht sieben verschiedener Fächer behandelt: Agrarwissenschaft, Architektur/Siedlungsplanung, Geographie, Geschichte, Kommunal-/Verwaltungs-/Politikwissenschaft, Soziologie, Wirtschaftswissenschaft. In einer Zusammenschau ließen sich einige übergreifende Leitbilder bzw. Entwicklungslinien herausfiltern: Die Entwicklung zum politischen, administrativen, wirtschaftlichen und kulturellen Zentralismus verläuft in unserer Gesellschaft zumindest mittelfristig ungebremst. Die zurückliegenden Reformen, z. B. im kommunalen, schulischen, postalischen, agrarischen Bereich, haben fast systematisch die Entmündigung des Landes begünstigt. Durch ständige Autonomie- und Autarkieverluste sind die vielfältigen Möglichkeiten des Selbsthandelns und Selbstverantwortens im ländlichen Raum auf ein Minimum reduziert. Die Frage, ob sich der ländliche Raum in absehbarer Zeit aus der Fremdsteuerung durch die Verdichtungsgebiete und höherrangigen zentralen Orte befreien kann, wurde sehr zurückhaltend beurteilt. Übereinstimmung bestand darin, daß die zukünftigen Leitbilder des ländlichen Raumes positiv durch mehr Selbstverantwortung Selbstbestimmung geprägt sein müssen. Hilfe „von oben" im Sinne einer umfassenden funktionalen Dezentralisierung ist jedoch nur begrenzt zu erwarten. Es bleibt daher die Hoffnung auf die eigene Regenerationskraft des ländlichen Raumes.
Publikation: Henkel, G. (Hg.): Leitbilder des Dorfes. Neue Perspektiven für den ländlichen Raum. Verlag Dr. Tesdorpf, Berlin, Vilseck 1984.

Bleiwäsche 5, vom 12.-13. Mai 1986
Thema: Kommunale Gebietsreform und Autonomie im ländlichen Raum
Das Thema „Kommunale Gebietsreform" hat wie kaum eine andere Reform in der Geschichte der Bundesrepublik Deutschland die innenpolitische Diskussion beschäftigt. In den überregionalen Schlagzeilen waren seinerzeit zwar die Eingemeindungen von Städten wie Wattenscheid oder Gießen und Wetzlar, die Masse der Eingemeindungen vollzog sich jedoch im ländlichen Raum, und die Veränderungen waren hier nicht minder einschneidend. Etwa 16.000 Dörfer der Bundesrepublik verloren in den 60er und 70er Jahren ihre politische Selbständigkeit. Ungefähr 250.000 kommunale Parlamentssitze wurden im ländlichen Raum beseitigt. Mit der Distanz von 10-15 Jahren erfolgte in Bleiwäsche eine kritische Auseinandersetzung mit der kommunalen Gebietsreform und ihren verschiedenartigen Auswirkungen. Es wurde gefragt nach den „vorbereitenden" Beweggründen und Argumenten in den 60er und frühen 70er Jahren sowie nach den tatsächlichen positiven und negativen Ergebnissen und Konsequenzen der Reform. Es wurden empirische Erhebungen vorgetragen, die belegen, daß die Eingemeindungen von den betroffenen Bürgern auch heute noch als substantieller und schmerzhafter Verlust empfunden werden. Es wurde von neugebildeten „Dorfräten" berichtet, die quasi im außerparlamentarischen Raum entstehen, um die Defizite an lokalpolitischer Meinungs- und Willensbildung abzubauen. Nach einer umfassenden Bestandsanalyse gelang es in Bleiwäsche, eine Reihe von Vorschlägen zur Minderung der schwerwiegenden Folgen der Gebietsreform und zur Stärkung lokaler Autonomien zu erarbeiten.
Publikation: Henkel, G. (Hg.): Kommunale Gebietsreform und Autonomie im ländlichen Raum. Essener Geographische Arbeiten, 15, F. Schöningh, Paderborn, 1986.

Bleiwäsche 6, vom 16.-17. Mai 1988
Thema: Kultur auf dem Lande

Die Existenz einer eigenständigen ländlichen Kultur wird bisweilen bestritten, die evtl. im ländlichen Raum anzutreffende Kultur wird nicht selten als „abgesunkene Stadtkultur" bezeichnet.

Die städtische Kultur gilt vielfach als Hochkultur und damit höherwertig als die Kultur des ländlichen Raumes. Dabei steht vor allem die institutionalisierte Kultur in Form von Opern- und Schauspielhäusern, Museen und Kunstgalerien im Zentrum der Betrachtung. Mist solchen Wertungen wird jedoch der Kulturbegriff verkürzt. Kultur wurde in Bleiwäsche definiert als die Gesamtheit von Wertorientierung, Verhaltensweisen und geistigen wie gestalterischen Leistungen („Kulturschöpfungen"), die von den Menschen – als kulturfähigen Wesen – in der Auseinandersetzung mit der Mitwelt geschaffen und praktiziert werden. Bei einem solch ganzheitlichen Verständnis von Kultur, das auch das soziale Leben einschließt, gewinnt die Kultur auf dem Lande eine gleiche Wertigkeit wie die Stadtkultur. Ländliche Kultur ist persönlicher, dichter, konkreter und mehr durch Handeln, durch aktive Teilhabe der Bevölkerung geprägt („Aktiv-Kultur"), ihr Charakteristikum bleibt – trotz der Wechselbeziehungen zur städtischen Kultur – die Überschaubarkeit und Lokaltypik. Nach einer ausführlichen Beschreibung der (Veränderungen der) ländlichen Kultur in der Industrie- und Dienstleistungsgesellschaft wurden die aktuellen Möglichkeiten und zukünftigen Chancen für die ländliche Kultur erörtert. Eine der wesentlichen gesellschaftlichen Aufgaben der ländlichen Kultur wurde darin gesehen, „Frieden mit der Natur" zu schaffen.

Publikation: Henkel, G. (Hg.): Kultur auf dem Lande. Essener Geographische Arbeiten, 16, F. Schöningh, Paderborn 1988.

Bleiwäsche 7, vom 7.-8. Mai 1990
Thema: Schadet die Wissenschaft dem Dorf?

Das sicherlich z.T. rhetorisch gemeinte Tagungsthema hat seine Begründung und Schubkraft in der bisherigen politischen Behandlung des ländlichen Raumes, die zunehmend von einer urbanzentralistischen Fremdsteuerung geprägt wird. Der Staat trägt mit vielen externen Maßnahmen der Strukturpolitik (über Raumordnung und Fachpolitiken) dazu bei, ländliche Gebiete zu schwächen. Hieraus wurde die Kernfrage der Tagung abgeleitet: Leistet die Wissenschaft der zunehmenden politischen Fernsteuerung und Schwächung des ländlichen Raumes Vorschub? Schadet die Wissenschaft also dem Dorf? Kann die Wissenschaft in einer so eindeutig von den urbanen Zentralen bestimmten Gesellschaft überhaupt gegen die allgemeinen Trends steuern, gar zu einem Anwalt des Dorfes werden? Gibt es Ansätze für neue wissenschaftliche Zugänge zum Dorf, für eine dorfgerechte Raumordnungs- und Infrastrukturpolitik? Wie können die von Politik und Wissenschaft entmündigten Bürger und Politiker des ländlichen Raumes wieder in den Stand gebracht werden, an der Gestaltung ihrer Lebensräume durch eigenes Verantworten und Handeln mitzuwirken? Tatsächlich kündigt sich in jüngster Zeit ein wichtiger Paradigmenwechsel in der Wissenschaft an: die Abkehr vom herkömmlichen Zentrale-Orte-Konzept in der Raumordnung und bei den Fachplanungen.

Publikation: Henkel, G. (Hg.): Schadet die Wissenschaft dem Dorf? Essener Geographische Arbeiten, 22, F. Schöningh, Paderborn 1990.

Bleiwäsche 8 (in Wilhelmsthal/Thüringen) vom 25.-26. Mai 1992
Thema: Der ländliche Raum in den neuen Bundesländern

Die Tagung, die erstmals nicht in Bleiwäsche sondern dem Thema entsprechend im neuen Bundesland Thüringen stattffand, hatte drei Ziele: Analyse der Entwicklung des ländlichen Raumes in der DDR, Beleuchtung der gegenwärtigen Situation nach der Wiedervereinigung, Vorstellung von Perspektiven für die Zukunft. Nach der Behandlung raumordnungspolitischer Konzepte für den ländlichen Raum standen die Dörfer mit ihren Wirtschafts-, Siedlungs-, Sozial- und Kommunalstrukturen im Mittelpunkt des Interesses. Der Beschreibung von spezifischen Potentialen und Problemen des ländlichen Raumes bzw. Dorfes folgte die Formulierung von Leitzielen. Zu-

letzt wurde der politische Handlungsbedarf auf einige wesentliche Strategien konzentriert:
1. Regional orientierte, lokal präsente „aktivierende" Wirtschaftsförderung, um vorhandene Arbeits- und Erwerbsmöglichkeiten zu erhalten und neue zu schaffen, mit Augenmaß: nicht jedes Dorf benötigt ein riesiges Gewerbegebiet, aber jedes Dorf darf auch Wirtschaftsstandort sein.
2. Langfristige Stabilisierung der mehrgliedrigen Agrarstruktur (Genossenschaften, Gruppenlandwirtschaft, Einzelbetriebe).
3. Vorrang von Erhalt und Umnutzung gegenüber Flächensanierung in der Dorferneuerung, Revitalisierung der Ortskerne.
4. Stärkung der kommunalen Kompetenz im Sinne des Subsidiaritätsprinzips, Aufbau starker Kommunalverwaltungen in „Ämtern" oder „Verwaltungsgemeinschaften".
5. Förderung des Ehrenamtes, des Vereins- und Verbandswesens sowie der regionalen Aktivitäten.

Publikation: Henkel, G. (Hg.): Der ländliche Raum in den neuen Bundesländern. Essener Geographische Arbeiten, 24, F. Schöningh, Paderborn 1992.

Bleiwäsche 9, vom 9.-10. Mai 1994
Thema: Ausserlandwirtschaftliche Arbeitsplätze im ländlichen Raum
Publikation in diesem Band.
Für die zukünftige Arbeit gibt es kein festes Programm. Der Arbeitskreis Dorfentwicklung ist dementsprechend offen für jede Art von Mitarbeit und einschlägige Anregungen.
Sprecher des interdisziplinären Arbeitskreises (federführend): Prof. Dr. G. Henkel, Institut für Geographie der Universität Essen.

Essen, im August 1994
G. Henkel

ESSENER GEOGRAPHISCHE ARBEITEN

Band 1: Ergebnisse aktueller geographischer Forschungen an der Universität Essen. – 207 Seiten, 47 Abbildungen, 30 Tabellen. 1982. DM 18,–

Band 2: Dorfbewohner und Dorfentwicklung. Vorträge und Ergebnisse der Tagung in Bleiwäsche vom 17.-19. März 1982 (Hg. v. G. Henkel). – 127 Seiten, 6 Abbildungen. 1982. DM 15,–

Band 3: *J.-F. Venzke*: Geoökologische Charakteristik der wüstenhaften Gebiete Islands. – 206 Seiten, 44 Abbildungen, 15 Tabellen, 1 Karte als Beilage. 1982. DM 25,–

Band 4: *J. Bieker u. G. Henkel*: Erhaltung und Erneuerung auf dem Lande. Das Beispiel Hallenberg. – 255 Seiten, 53 Abbildungen, 46 Tabellen, 55 Schwarz-Weiß-Fotos, 2 Farbfotos. 1983. DM 35,–

Band 5: *W. Trautmann*: Der kolonialzeitliche Wandel der Kulturlandschaft in Tlaxcala. Ein Beitrag zur historischen Landeskunde Mexikos unter besonderer Berücksichtigung wirtschafts- und sozialgeographischer Aspekte. – 420 Seiten, 13 Figuren, 25 Fotos, 10 Karten, 7 Tabellen. 1983. DM 35,–

Band 6: Beträge zum 1. Essener Symposium zur Küstenforschung (Hg. v. D. Kelletat). – 312 Seite, 97 Abbildungen, 7 Tabellen. 1983. DM 35,–

Band 7: *D. Kelletat*: Internationale Bibliographie zur regionalen und allgemeinen Küstenmorphologie (ab 1960). – 218 Seiten, 1 Abbildung. 1983. DM 18,–

Band 8: Ländliche Siedlungen einheimischer Völker Außereuropas – Genetische Schichtung und gegenwärtige Entwicklungsprozesse. Arbeitskreissitzung des 44. Deutschen Geographentages 1983 (Hg. v. G. Henkel u. H.-J. Nitz). – 148 Seiten, 35 Abbildungen, 21 Fotos, 4 Karten, 5 Tabellen. 1984. DM 18,–

Band 9: *H.-W. Wehling:* Wohnstandorte und Wohnumfeldprobleme in der Kernzone des Ruhrgebietes. – 285 Seiten, 38 Abbildungen, 24 Tabellen, 10 Übersichten. 1984. DM 34,–

Band 10: Beiträge zur Geomorphologie der Varanger-Halbinsel, Nord-Norwegen (Hg. v. D. Kelletat). (Kelletat: Studien zur spät- und postglazialen Küstenentwicklung der Varanger-Halbinsel, Nord-Norwegen; Meier: Studien zur Verbreitung, Morphologie, Morphodynamik und Ökologie von Palsas auf der Varanger-Halbinsel, Nord-Norwegen). – 243 Seiten, 63 Abbildungen, 8 Figuren, 45 Tabellen. 1985. DM 34,–

Band 11: *D. Kelletat*: Internationale Bibliographie zur regionalen und allgemeinen Küstenmorphologie (ab 1960). – 1. Supplementband (1960-1985). – 244 Seiten, 1 Abbildung. 1985. DM 18,–

Band 12: *H.-W. Wehling*: Das Nutzungsgefüge der Essener Innenstadt – Bestand und Veränderungen seit 1978. – 1986. DM 30,–

Band 13: *W. Kreuer*: Landschaftsbewertung und Erholungsverkehr im Reichswald bei Kleve. Eine Studie zur Praxis der Erholungsplanung. – 205 Seiten, 45 Abbildungen, 46 Tabellen. 1986. DM 28,–

Band 14: Beiträge zur Geographie Nord-Schottlands (Kelletat: Die Bedeutung biogener Formung im Felslitoral Nord-Schottlands: Wehling: Leben am Rande Europas. Wirtschafts- und Sozialstrukturen in der Crofting-Gemeinde Durness). – 176 Seiten, 85 Abbildungen, 6 Tabellen. 1986. DM 28,–

Band 15: *G. Henkel* (Hg.): Kommunale Gebietsreform und Autonomie im ländlichen Raum. Vorträge und Ergebnisse der Tagung in Bleiwäsche vom 12. und 13. Mai 1986. – 160 Seiten. 1986. DM 20,–

Band 16: *G. Henkel* (Hg.): Kultur auf dem Lande. Vorträge und Ergebnisse des 6. Dorfsymposiums in Bleiwäsche vom 16.-17. Mai 1988. – 231 Seiten, 22 Fotos, 2 Tabellen. 1988. DM 32,–

Band 17: *D. Kelletat* (Hg.): Neue Ergebnisse zur Küstenforschung. Vorträge der Jahrestagung Wilhelmshaven 18. und 19. Mai 1989. – 388 Seiten, 23 Fotos, 119 Abbildungen. 1989. DM 37,–

Band 18: *E. C. F. Bird & D. Kelletat* (Eds.): Zonality of Coastal Geomorphology and Ecology. Proceedings of the Sylt Symposium, August 30

– September 3, 1989. – 295 Seiten, 88 Fotos, 52 Abbildungen, 7 Tabellen. 1989. DM 45,–

Band 19: *G. Henkel & R. Tiggemann* (Hg.): Kommunale Gebietsreform – Bilanzen und Bewertungen. Beiträge und Ergebnisse der Fachsitzung des 47. Deutschen Geographentages Saarbrücken 1989. – 124 Seiten, 9 Abbildungen, 5 Tabellen. 1990. DM 18,–

Band 20: *W. Kreuer:* Tagebuch der Heilig Land-Reise des Grafen Gaudenz von Kirchberg, Vogt von Matsch/Südtirol im Jahre 1470. – 349 Seiten, 3 beigelegte Karten, 7 Karten, 26 Abbildungen. 1990. DM 70,–

Band 21: *J.-F. Venzke:* Beiträge zur Geoökologie der borealen Landschaftszone. Geländeklimatologische und pedologische Studien in Nord-Schweden. – 254 Seiten, 27 Fotos, 81 Abbildungen, 12 Tabellen. 1990. DM 42,–

Band 22: *G. Henkel* (Hg.): Schadet die Wissenschaft dem Dorf? Vorträge und Ergebnisse des 7. Dorfsymposiums in Bleiwäsche vom 7.-8. Mai 1990. – 150 Seiten. 1990. DM 22,–

Band 23: *D. Kelletat & L. Zimmermann*: Verbreitung und Formtypen rezenter und subrezenter organischer Gesteinsbildungen an den Küsten Kretas. – 163 Seiten, 37 Fotos, 45 Abbildungen, 7 Tabellen. 1991. DM 40,–

Band 24: *G. Henkel* (Hg.): Der ländliche Raum in den neuen Bundesländern. Vorträge und Ergebnisse des 8. Essener Dorfsymposiums in Wilhelmsthal. Gemeinde Eckardtshausen in Thüringen (bei Eisenach) vom 25.-26. Mai 1992. – 105 Seiten. 1992. DM 34,–

Band 25: *J.-F. Venzke,* Ökologie und Gefährdung. DM 65,–

Band 26: *G. Henkel* (Hg.): Außerlandwirtschaftliche Arbeitsplätze im ländlichen Raum. Vorträge und Ergebnisse des 9. Essener Dorfsymposiums in Bleiwäsche vom 9.-10.5.1995.

Zu beziehen durch:
Band 1-25: Selbstverlag, Institut für Geographie, Universität/GH Essen, Fachbereich 9, Universitätsstr. 5, 45117 Essen
Band 26: Klartext Verlag, Dickmannstr. 2, 45143 Essen, Tel. 0201 / 86206-31/32, Fax 0201 / 86206-22

Essener Geographische Arbeiten

Sonderband 1: Festausgabe aus Anlaß des 65. Geburtstages von Dieter Weis. – 1986.
Sonderband 2: Essen im 19. und 20. Jahrhundert. Karten und Interpretationen zur Entwicklung einer Stadtlandschaft. Herausgegeben vom Vorstand der Geographischen Gesellschaft für das Ruhrgebiet, Essen. – 1990.

Essener Geographische Schriften (EGS)

Band 1: *Schulte-Derne, F. & H.-W. Wehling:* Atlas des Handwerks in Gelsenkirchen. – 128 Seiten, mit 10 Abbildungen, 53 Tabellen, 22 Farbfotos, 54 Farbkarten. Essen 1993 (ISBN 3-9803484-0-7). DM 79,80
Band 2: *Kreuer, W.:* Imago Civitatis. Stadtbildsprache des Spätmittelalters. – 195 Seiten, mit 71 Abbildungen, 32 Faksimiles, Großformat im Schuber. Essen 1993 (ISBN 3-9803484-1-5). DM 390,–

Zu beziehen durch:
Selbstverlag, Institut für Geographie, Universität/GH Essen, Fachbereich 9, Universitätsstr. 5, 45117 Essen

Lenger, F.: Das Landhandwerk im neuzeitlichen Deutschland: Grundlinien der Entwicklung Essener Geographische Arbeiten Band 26 Essen, 1994	***Zimmermann, H.-O.:*** Informations- und Kommunikationstechniken im ländlichen Raum. Das Beispiel „Gelbes Haus" in Schotten, Vogelsbergkreis (Hessen) Essener Geographische Arbeiten Band 26 Essen, 1994
Zarth, M.: Bilanz und Perspektiven der Beschäftigungsentwicklung im ländlichen Raum Essener Geographische Arbeiten Band 26 Essen, 1994	***Zillenbiller, E.:*** Sanfter Tourismus als Wirtschaftsfaktor? Beispiele und Erfahrungen aus Sachsen Essener Geographische Arbeiten Band 26 Essen, 1994
Wienke, B.: Ursachen der relativ niedrigen Arbeitslosenquote im Hochsauerlandkreis Essener Geographische Arbeiten Band 26 Essen, 1994	***Lüneburg, E. von:*** Ländliche Arbeitsplätze durch dezentrale Energieversorgung. Das Projekt Strohheizwerk Schkölen, Landkreis Eisenberg (Thüringen) Essener Geographische Arbeiten Band 26 Essen, 1994
Hartung, W.: Arbeitsplatzsicherung durch Kultur Essener Geographische Arbeiten Band 26 Essen, 1994	***Priebs, A.:*** Nachbarschaftsläden und Postagenturen Essener Geographische Arbeiten Band 26 Essen, 1994
Prinz, K.-H.: Kommunalpolitik und dörfliches Handwerk. Das Beispiel Görzke im Kreis Potsdam-Mittelmark Essener Geographische Arbeiten Band 26 Essen, 1994	***Henkel, G. (Hg.):*** Außerlandwirtschaftliche Arbeitsplätze im ländlichen Raum. Vorträge und Ergebnisse des 9. Essener Dorfsymposiums in Bleiwäsche vom 9.-10. Mai 1994 Essener Geographische Arbeiten Band 26 Essen, 1994
Habermann, D.: Schaffung von Arbeitsplätzen für Frauen. Beispiele aus den neuen Bundesländern. Essener Geographsiche Arbeiten Band 26 Essen, 1994	